Widukind von Corvey | Res gestae Saxonicae

Widukind von Corvey
Res gestae Saxonicae
Die Sachsengeschichte

Lateinisch / Deutsch

Übersetzt und herausgegeben von
Ekkehart Rotter und Bernd Schneidmüller

Reclam

RECLAMS UNIVERSAL-BIBLIOTHEK Nr. 14295
1981, 2022 Philipp Reclam jun. Verlag GmbH,
Siemensstraße 32, 71254 Ditzingen
info@reclam.de
Gestaltung: Cornelia Feyll, Friedrich Forssman
Karten: Theodor Schwarz
Druck und Bindung: Elanders Waiblingen GmbH,
Anton-Schmidt-Straße 15, 71332 Waiblingen
Printed in Germany 2025
RECLAM, UNIVERSAL-BIBLIOTHEK und
RECLAMS UNIVERSAL-BIBLIOTHEK sind eingetragene Marken
der Philipp Reclam jun. GmbH & Co. KG, Stuttgart
ISBN 978-3-15-014295-0
reclam.de

Widukindi monachi Corbeiensis
rerum gestarum Saxonicarum libri tres
Die Sachsengeschichte des
Widukind von Corvey in drei Büchern

[1] [Ad dominam Mathildam imperatoris filiam libri primi incipit prephatio.]

Flore virginali cum maiestate imperiali ac sapientia singulari fulgenti dominae Mahthildae ultimus servulorum Christi martyrum Stephani atque Viti, Corbeius Widukindus, totius servitutis devotissimum famulatum veramque in salvatore salutem. Quamvis te paternae potentiae gloria singularis magnificet ac clarissima decoret sapientia, nostra tamen humilitas presumit de proxima sceptris semper clementia, quia nostra devotio a tua pietate suscipiatur, etiam si non mereatur. Nam cum nostro labore patris potentissimi avique tui gloriosissimi res gestas memoriae traditas legeris, habes, unde ex optima et gloriosissima melior gloriosiorque efficiaris. Nec tamen omnia eorum gesta nos posse comprehendere fatemur, sed strictim et per partes scribimus, ut sermo sit legentibus planus, non fastidiosus. Sed et de origine statuque gentis, in qua ipse rerum dominus Heinricus primus regnavit, pauca scribere [2] curavi, ut ea legendo animum oblectes, curas releves, pulchro otio vaces. Legat igitur tua claritas istum libellum ea pietate nostri memor, qua est conscriptus devotione. Vale.

[Explicit prephatio.]

Es beginnt die Vorrede zum ersten Buch an die Herrin Mathilde, die Tochter des Kaisers.[1]

Der Herrin Mathilde, die durch jungfräuliche Blüte, kaiserliche Hoheit und einzigartige Weisheit glänzt, entbietet Widukind von Corvey, der Geringste unter den Dienern der Märtyrer Christi Stephanus und Vitus, voller Gehorsam untertänigste Ergebenheit und aufrichtigen Gruß im Erlöser. Obwohl dich der einzigartige Ruhm der väterlichen Macht erhöht und herrliche Weisheit schmückt, erwartet unsere geringe Person trotzdem von der den Zeptern stets eigenen Nachsicht, dass unsere Ergebenheit von deiner Barmherzigkeit angenommen wird, auch wenn sie es nicht verdient. Denn wenn du die Taten deines so mächtigen Vaters und deines ruhmreichen Großvaters durch meine Arbeit der Nachwelt überliefert lesen wirst, kannst du, so tugendhaft und ruhmreich du bereits bist, noch tugendhafter und ruhmreicher werden. Wir gestehen jedoch, dass wir nicht alle ihre Taten mitteilen können, sondern wir schreiben knapp und in Auswahl, damit die Erzählung für die Leser verständlich, aber nicht ermüdend sei. Ich habe mich darum bemüht, auch über den Ursprung und Zustand des Volks, über das der so mächtige Herr Heinrich als erster König regierte, einiges zu berichten, auf dass du bei der Lektüre deinen Geist erfreust, die Sorgen verscheuchst und dich angenehm zerstreust. Deine erlauchte Person möge daher dieses Büchlein lesen und mit dem Maß an Huld unser gedenken, mit dem an Ergebenheit es verfasst ist. Lebe wohl!

Es endet die Vorrede.

[Incipiunt capitula.

1 Quia alios libellos scripserit preter istum.
2 De origine gentis Saxonice variam opinionem multorum narrat.
3 Quod navibus advecti sint in locum qui dicitur Hathalaon.
4 Quod graviter adventum eorum Thuringi ferant et cum eis pugnent.
5 Quomodo adolescens terram auro comparavit.
6 Thuringi accusant Saxones de rupto foedere; Saxones autem victores existunt.
7 Unde Saxones dicantur.
8 Nomen Saxonum celebre fit, et a Brettis in auxilium sumuntur.
9 Thiadricus in regem eligitur et Saxones vocat in auxilium contra Hirminfridum.
10 Iring Thiadricum contra Saxones instigat.
11 Hathagath Saxones ad bellandum provocat.
12 Saxones capta urbe deponunt aquilam.
13 Thiadricus Saxonibus terram tradit, et Hirminfridus occiditur.
14 Qualiter Saxones agros dividunt, et quia triformi genere ac lege vivunt.
15 Qualiter eos Magnus Carolus Christianos fecit.
16 De Luthwico et Brunone et Oddone et Conrado rege.
17 De rege Heinrico. [3]
18 De Ungariis, qui et Avares dicuntur.
19 Ungarii a Magno Carolo clausi, sed ab Arnulfo dimissi.

Es beginnt das Inhaltsverzeichnis.

20 Qualiter Ungarii Saxoniam vastabant.
21 Heinricus fit dux Saxoniae.
22 De Heinrico et episcopo Hathone et comite Adelberhto.
23 De Conrado et eius fratre Evurhardo.
24 Conradus obsedit Heinricum.
25 Conradi regis sermo ante mortem.
26 Evurhardus regem constituit Heinricum.
27 Heinricus autem rex factus confusum in brevi colligit regnum.
28 De Luthwico et filiis eius.
29 De Carolo et Odone et posteris eorum.
30 Qualiter Heinricus regnum Lothariorum obtinuit.
31 De filiis regis Heinrici et regina Mathilda et genealogia eius.
32 De Ungariis et de captivo eorum, et quia pax per eum novem annis firmata sit.
33 De manu Dyonisii martyris.
34 De sancto martire Vito.
35 Qualiter rex Heinricus novem annos pacis habuerit.
36 De Redariis quomodo victi sunt.
37 De nuptiis filii regis.
38 Contio regis, et quomodo Ungarios publico bello vicit.
39 Quomodo victor reversus est, et de moribus eius.
40 Quomodo Danos vicit.
41 Quomodo morbo gravatur et moritur et ubi sepelitur.

Expliciunt capitula.]

Es endet das Inhaltsverzeichnis.

[4] Incipit liber primus rerum gestarum Saxonicarum

1 Post operum nostrorum primordia, quibus summi imperatoris militum triumphos declaravi, nemo me miretur principum nostrorum res gestas litteris velle commendare; quia in illo opere professioni meae, ut potui, quod debui exolvi, modo generis gentisque meae devotioni, ut queo, elaborare non effugio.

2 Et primum quidem de origine statuque gentis pauca expediam, solam pene famam sequens in hac parte, nimia vetustate omnem fere certitudinem obscurante. Nam super hac re varia opinio est, aliis arbitrantibus de Danis Northmannisque originem duxisse Saxones, aliis autem aestimantibus, ut ipse adolescentulus audivi quendam predicantem, de Graecis, quia ipsi dicerent Saxones reliquias fuisse Macedonici exercitus, qui secutus Magnum Alexandrum inmatura morte ipsius per totum orbem sit dispersus. Caeterum gentem antiquam et nobilem fuisse non ambigitur; [5] de quibus et in contione Agrippae ad Iudaeos in Iosepho oratio contexitur, et Lucani poetae sententia probatur.

3 Pro certo autem novimus Saxones his regionibus navibus advectos et loco primum applicuisse qui usque hodie nuncupatur Hadolaun.

Es beginnt das erste Buch der Sachsengeschichte.

1 Niemand soll sich wundern, dass ich, nachdem ich in unseren ersten Werken die Triumphe der Streiter des höchsten Gebieters verkündet habe, nun die Taten unserer Fürsten aufschreiben will. Da ich in der erstgenannten Arbeit nach Kräften versucht habe, was ich als Mönch schuldigerweise tun musste, entziehe ich mich nun nicht der Pflicht, meine Kräfte, so gut wie möglich, der Verehrung gegenüber meinem Stand und meinem Volk[1] zu weihen.

2 So werde ich zunächst einiges wenige über Ursprung und Zustand des Volks vorausschicken, worin ich fast ausschließlich der Sage folge, da die allzu ferne Zeit fast jede Gewissheit verdunkelt. Denn die diesbezüglichen Meinungen sind verschieden, zumal die einen glauben, die Sachsen stammten von den Dänen und Normannen ab, andere aber deren Herkunft von den Griechen behaupten, wie ich selbst als Jugendlicher jemanden rühmen hörte, dass die Griechen selbst angeben, die Sachsen seien die Reste des makedonischen Heeres gewesen, das Alexander dem Großen[2] gefolgt und nach seinem zu frühen Tod über die ganze Erde zerstreut worden sei. Im Übrigen besteht kein Zweifel, dass es ein altes und edles Volk gewesen ist.[3] Sie werden nämlich in der Rede des Agrippa an die Juden bei Josephus erwähnt, und auch ein Ausspruch des Dichters Lukan wird dafür geltend gemacht.[4]

3 Sicher aber wissen wir, dass die Sachsen mit Schiffen in diese Gegenden gekommen und zuerst an dem Ort gelandet sind, der bis heute Hadeln genannt wird.

4 Incolis vero adventum eorum graviter ferentibus, qui Thuringi traduntur fuisse, arma contra eos movent; Saxonibus vero acriter resistentibus portum obtinent. Diu deinde inter se dimicantibus et multis hinc inde cadentibus, placuit utrisque de pace tractare, foedus inire. Ictumque est foedus eo pacto, quo haberent Saxones vendendi emendique copiam, ceterum ab agris, a caede hominum atque [6] rapina abstinerent. Stetitque illud foedus inviolabiliter multis diebus. Cumque Saxonibus defecisset pecunia, quid venderent aut emerent non habentibus, inutilem sibi pacem esse arbitrabantur.

5 Ea igitur tempestate contigit adolescentem quendam egredi de navibus oneratum multo auro, torque aurea simulque armillis aureis. Cui obvius quidam Thuringorum: ›Quid sibi vult‹, inquit, ›tam ingens aurum circa tuum famelicum collum?‹ – ›Emptorem‹, inquit, ›quaero; ad nichil aliud istud aurum gero. Qui enim fame periclitor, quo auro delecter?‹ At ille qualitatem quantitatemque pretii rogat: ›Nullum‹, inquit, ›michi est‹, Saxo, ›discrimen in pretio: quicquid dabis gratum teneo.‹ Ille vero subridens adolescentem: ›Quid si‹, inquit, ›de isto pulvere sinum tibi inpleo?‹ Erat enim in presenti loco egesta humus plurima. Saxo nichil cunctatus aperit sinum et accipit humum, ilicoque Thuringo tradidit aurum. Laetus uterque ad suos repedat. Thuringi Thuringum laudibus ad caelum tollunt, qui

4 Aber die Einwohner, angeblich Thüringer, ließen sich ihre Ankunft nicht gefallen und erhoben ihre Waffen gegen sie. Die Sachsen hingegen leisteten kräftigen Widerstand und behaupteten den Hafen. Als sie nun lange gegeneinander gekämpft hatten und viele hier und dort gefallen waren, beschlossen beide Seiten, Friedensverhandlungen einzuleiten und einen Vertrag zu schließen. Der Vertrag wurde unter der Bedingung geschlossen, dass die Sachsen kaufen und verkaufen dürften, sich jedoch der Ländereien enthalten und von Mord und Räubereien absehen sollten. Dieser Vertrag bestand viele Tage hindurch unverletzt. Als aber den Sachsen das Geld ausging und sie nichts mehr zu kaufen und zu verkaufen hatten, meinten sie, der Friede sei nutzlos für sie.

5 Nun traf es sich damals, dass ein junger Mann, beladen mit viel Gold, einer goldenen Kette und goldenen Spangen, die Schiffe verließ. Ihm begegnete ein Thüringer und sagte: »Wozu hast du eine solche Menge Gold um deinen abgezehrten Hals?« – »Ich suche einen Käufer«, erwiderte jener, »zu keinem anderen Zweck trage ich dieses Gold; denn wie soll ich mich, während ich vor Hunger sterbe, am Gold erfreuen?« Darauf fragte der andere, was und wie hoch der Preis sei. »Der Preis«, sagte der Sachse, »kümmert mich nicht. Was du geben willst, nehme ich dankbar an.« – »Wie ist es«, sagte jener höhnisch zu dem jungen Mann, »wenn ich mit diesem Staub dein Kleid fülle?« Gerade an dieser Stelle lag nämlich ein großer Erdhaufen ausgehoben. Sogleich öffnete der Sachse sein Gewand, erhielt die Erde und übergab auf der Stelle dem Thüringer das Gold. Beide eilten fröhlich zu ihren Leuten zurück. Die Thüringer erhoben den Thüringer mit Lobsprüchen in den Himmel, dass er

nobili fraude Saxonem deceperit, fortunatumque eum inter omnes mortales fuisse, qui vili pretio tam ingens aurum possederit. Caeterum certi de victoria, de Saxonibus iam quasi triumphabant. Interea Saxo privatus auro, oneratus vero multa humo, appropiat navibus. Sociis igitur ei occurrentibus et quid ageret admirantibus, alii eum irridere coeperunt amicorum, alii arguere, omnes pariter amentem eum crediderunt. At ille postulato silentio: ›Sequimini‹, inquit, ›me, optimi Saxones, et meam vobis amentiam probabitis utilem.‹ At illi, licet dubii, sequuntur tamen ducem. Ille autem sumpta humo per vicinos agros quam potuit subtiliter sparsit et castrorum loca occupavit. [7]

6 Ut autem viderunt Thuringi castra Saxonum, intolerabilis res eis visa est. Et missis legatis conquesti sunt de rupto foedere ac violato pacto ex parte Saxonum. Saxones respondent se hactenus foedus inviolabiliter servasse: terram proprio auro comparatam cum pace velle obtinere aut certe armis defendere. His auditis incolae iam maledicebant aurum Saxonicum, et quem paulo ante felicem esse predicabant, auctorem perditionis suae suaeque regionis fatentur. Ira deinde accensi caeco marte sine ordine et sine consilio irruunt in castra. Saxones vero parati hostes excipiunt sternuntque. Et rebus prospere gestis proxima circumcirca loca iure belli obtinent. Diu itaque crebroque

den Sachsen mit einer so edlen Gaunerei betrogen habe und wie glücklich er vor allen Sterblichen sei, da er für einen Spottpreis in den Besitz einer solchen Menge Gold gekommen sei. Ihres Sieges im Übrigen gewiss, triumphierten sie sozusagen schon über die Sachsen. Mittlerweile näherte sich der Sachse ohne sein Gold, jedoch schwer mit Erde beladen, den Schiffen. Als ihm seine Gefährten nun entgegenkamen und sich wunderten, was er denn mache, fing ein Teil seiner Freunde an, ihn auszulachen; andere machten ihm Vorwürfe, alle aber stimmten überein, dass er verrückt sei. Doch dieser forderte Ruhe und sagte: »Folgt mir, meine guten Sachsen, und ihr werdet euch überzeugen, dass meine Verrücktheit euch von Nutzen ist.« Sie waren zwar ungläubig, doch folgten ihm nach. Er aber nahm die Erde, streute sie so dünn wie möglich über die benachbarten Felder aus und besetzte einen Lagerplatz.

6 Als aber die Thüringer das Lager der Sachsen sahen, fanden sie diese Tatsache unerträglich. Sie schickten Gesandte und beschwerten sich, dass von den Sachsen der Friede gebrochen und der Vertrag verletzt worden sei. Die Sachsen antworteten, sie hätten bisher den Vertrag unverbrüchlich eingehalten. Das für ihr eigenes Gold erworbene Land wollten sie in Frieden behaupten oder aber auf jeden Fall mit den Waffen verteidigen. Hierauf verwünschten die Anwohner das sächsische Gold und erklärten denjenigen, den sie kurz vorher glücklich gepriesen hatten, zum Urheber des Unheils für sie und ihr Land. Dann stürmten sie zornentbrannt und voll blinder Wut ohne Ordnung und Plan auf das Lager los. Die Sachsen hingegen empfingen die Feinde gut vorbereitet, warfen sie nieder und nahmen nach glücklichem Kampfausgang nach Kriegsrecht von der

cum ab alterutris pugnatum foret, et Thuringi Saxones sibi superiores fore pensarent, per internuntios postulant utrosque inermes convenire et de pace iterum tractare condicto loco dieque. Saxones postulatis se obedire respondent. Erat autem illis diebus Saxonibus magnorum cultellorum usus, quibus usque hodie Angli utuntur, morem gentis antiquae sectantes. Quibus armati Saxones sub sagis suis procedunt castris occurruntque Thuringis condicto loco. Cumque viderent hostes inermes et omnes principes Thuringorum adesse, tempus rati totius regionis obtinendae, cultellis abstractis super inermes et inprovisos irruunt et omnes fundunt, ita ut ne unus quidem ex eis superfuerit. Saxones clari existere et nimium terrorem vicinis gentibus incutere coeperunt.

7 Fuerunt autem et qui hoc facinore nomen illis inditum tradant. Cultelli enim nostra lingua ›sahs‹ dicuntur, ideoque Saxones nuncupatos, quia cultellis tantam multitudinem fudissent. [8]

8 Dum ea geruntur apud Saxoniam quae ita modo vocitatur regionem, Brittannia a Vespasiano principe iam olim inter provincias redacta et sub clientela Romanorum multo tempore utiliter degens a vicinis nationibus inpugnatur, eo quod auxilio Romanorum destituta videretur. Populus namque Romanus, Martiali imperatore a militibus interfec-

nächsten Umgebung Besitz. Als nun beiderseits sehr lange gekämpft worden war und die Thüringer erkannten, dass die Sachsen ihnen überlegen waren, forderten sie durch Unterhändler, dass beide Teile unbewaffnet zusammenkommen und erneut über den Frieden verhandeln sollten; und sie bestimmten Ort und Tag. Die Sachsen antworteten, sie würden dem Wunsch nachkommen. Nun waren damals bei den Sachsen große Messer üblich, wie sie die Angeln nach altem Brauch des Volks bis heute tragen. Damit unter den Kleidern bewaffnet, zogen die Sachsen aus ihrem Lager und gingen den Thüringern zum festgesetzten Ort entgegen. Da sie sahen, dass die Feinde unbewaffnet und alle Fürsten der Thüringer anwesend waren, hielten sie den Zeitpunkt für günstig, sich der ganzen Gegend zu bemächtigen, zogen ihre Messer hervor, stürzten sich auf die Wehrlosen und Überraschten und stießen alle nieder, so dass nicht einer von ihnen überlebte. Damit fingen die Sachsen an, bekannt zu werden und den benachbarten Völkern einen gewaltigen Schrecken einzujagen.

7 Einige aber behaupteten auch, dass sie von dieser Tat ihren Namen bekommen hätten, denn Messer heißen in unserer Sprache Sachs. Sie seien darum Sachsen genannt worden, weil sie mit ihren Messern eine solche Menge Menschen niedergehauen hätten.

8 Während dies in Sachsen, wie diese Gegend nun genannt wird, geschah, wurde Britannien, das schon lange vorher von Kaiser Vespasian[5] unter die Provinzen aufgenommen worden war und sich unter römischer Schutzherrschaft lange Zeit gut entwickelt hatte, von den Nachbarvölkern angegriffen, weil es von der Unterstützung der Römer verlassen schien. Denn das römische Volk war, nach

to, externis bellis graviter fatigatus non sufficiebat solita auxilia administrare amicis. Extructo tamen ingenti opere ad munimen regionis inter confinia a mari usque ad mare, ubi inpetus [9] hostium videbatur fore, relinquebant regionem Romani. Sed hosti acriori et ad bellandum prompto, ubi gens mollis et pigra belli resistit, nulla difficultas in destruendo opere fuit. Igitur fama prodente de rebus a Saxonibus prospere gestis, supplicem mittunt legationem ad eorum postulanda auxilia. Et procedentes legati: ›Optimi‹, inquiunt, ›Saxones, miseri Bretti crebris hostium incursionibus fatigati et admodum contriti, auditis victoriis a vobis magnifice patratis, miserunt nos ad vos, supplicantes, ut ab eis vestra auxilia non subtrahatis. Terram latam et spatiosam et omnium rerum copia refertam vestrae mandant ditioni parere. Sub Romanorum hactenus clientela ac tutela liberaliter viximus; post Romanos vobis meliores ignoramus, ideo sub vestrae virtutis alas fugere quaerimus. Vestra virtute, vestris armis hostibus tantum superiores inveniamur, et quicquid inponitis servitii, libenter sustinemus.‹ Patres ad haec pauca respondent: ›Certos amicos Brettis Saxones sciatis et eorum necessitatibus atque commodis aeque semper affuturos.‹ Legati laeti redierunt in patriam, exoptato nuntio socios laetiores reddentes. Deinde promis-

der Ermordung des Kaisers Martial[6] durch seine Krieger und durch auswärtige Kriege völlig erschöpft, nicht in der Lage, seinen Freunden die gewohnten Hilfstruppen zu stellen. So verließen die Römer das Land, nachdem sie immerhin zu seinem Schutz ein ungeheures Bollwerk[7] an der Grenze von einem Meer zum anderen, wo man den Angriff des Feindes erwarten musste, errichtet hatten. Aber dem kühneren und kriegsbereiten Feind bereitete die Zerstörung des Bollwerks keine Schwierigkeit, da ihm ein weichliches, dem Krieg abgeneigtes Volk gegenüberstand. So kam es, dass sie auf das Gerücht von den siegreichen Taten der Sachsen hin eine unterwürfige Gesandtschaft schickten, um von ihnen Hilfe zu erbitten. Die Gesandten traten vor und sagten: »Ihr guten Sachsen! Die unglücklichen Briten sind durch die häufigen Einfälle der Feinde sehr erschöpft und ziemlich zermürbt. Sie haben von euren großartigen Siegen gehört und uns mit der Bitte zu euch gesandt, ihnen eure Hilfe nicht zu verweigern. Sie unterwerfen ihr weites und großes Land, das mit der Fülle aller Güter gesegnet ist, eurer Hoheit. Unter der römischen Schutzherrschaft haben wir bisher frei gelebt. Nach den Römern kennen wir keine Besseren als euch und wollen unter die Flügel eurer Tapferkeit flüchten. Nur durch eure Tapferkeit und eure Waffen sind wir den Feinden überlegen und ertragen gern jede von euch auferlegte Knechtschaft.« Die Vorväter erwiderten hierauf kurz: »Ihr sollt wissen, dass die Sachsen den Briten zuverlässige Freunde und gleichermaßen auf ihre Bedürfnisse und Vorteile bedacht sein werden.« Die Gesandten kehrten fröhlich in ihre Heimat zurück und riefen mit der erwünschten Nachricht bei ihren Gefährten noch größere Freude hervor. Nun wurde das

sus in Brittaniam mittitur exercitus, et gratanter ab amicis susceptus, in brevi liberat regionem a latronibus, restituens patriam incolis. Neque enim in id agendo multum laboris fuit, quippe qui iam olim audita fama Saxonum perculsi terrebantur, dummodo presentia eorum procul pelluntur. Erant enim hae gentes Brettis adversae Scotti et Pehtti, adversus quos militantes Saxones accipiebant a Brettis omnia ad usum necessaria. Manserunt itaque in illa regione aliquanto tempore, vicaria Brettorum bene usi amicitia. Ut autem viderunt principes exercitus terram latam ac fertilem et incolarum manus ad bellandum pigras, se vero ac maximam partem Saxonum sine [10] certis sedibus, mittunt ad revocandum maiorem exercitum, et pace facta cum Scottis et Pehttis, in commune contra Brettos consurgunt eosque regione propellunt, suae ditioni regionem distribuunt; et quia illa insula in angulo quodam maris sita est, Anglisaxones usque hodie vocitantur. De quibus omnibus si quis plenius scire voluerit, historiam gentis eiusdem legat, et ibi inveniet, quomodo aut sub quibus ducibus haec omnia acta sint, vel qualiter ad Christianitatis nomen per virum suis temporibus sanctissimum, papam videlicet Gregorium, pervenerint. Nos vero coeptam historiae viam recurramus.

9 Post haec moritur Huga rex Francorum, nullumque alium heredem regni relinquens preter unicam filiam nomine Amalbergam, quae nupserat Irminfrido regi Thuringorum. Populus autem Francorum a seniore suo humane clemen-

versprochene Heer nach Britannien geschickt und freudig von den Freunden empfangen. Schnell befreite es das Land von den Räubern und gab den Einwohnern ihre Heimat zurück. Es war nämlich keine große Mühe, dies zu bewerkstelligen, da diejenigen, die von dem längst bekannten Ruf der Sachsen erschreckt wurden, sich bereits durch deren bloße Anwesenheit weit in die Flucht jagen ließen. Die den Briten feindlichen Völker waren die Schotten und Pikten. Solange die Sachsen gegen sie ins Feld zogen, erhielten sie alles Lebensnotwendige von den Briten. Sie blieben einige Zeit im Land und nutzten die gegenseitige Freundschaft mit den Briten gut aus. Als aber die Heerführer sahen, wie das Land weit und fruchtbar, die Hände der Einwohner zum Krieg ungeschickt, sie aber und der größte Teil der Sachsen ohne feste Wohnsitze waren, ließen sie ein größeres Heer nachkommen und schlossen mit Schotten und Pikten Frieden. Dann erhoben sie sich alle gegen die Briten, vertrieben diese aus ihrem Land und nahmen das Land unter ihre Herrschaft. Und weil diese Insel in einem Winkel des Meeres liegt, werden sie bis heute Angelsachsen genannt. Wenn jemand über dies alles Genaueres erfahren will, soll er die Geschichte dieses Volks lesen; er wird dort finden, wie und unter welchen Führern dies alles geschah und wie sie zum christlichen Glauben durch den heiligsten Mann seiner Zeit, nämlich durch Papst Gregor, gelangten. Wir aber wollen uns zu dem begonnenen Gang durch die Geschichte zurückbegeben.

9[8] Danach starb Huga[9], König der Franken, und hinterließ keinen anderen Erben des Reichs außer einer einzigen Tochter namens Amalberga[10], die Irminfrid, den König der Thüringer, geheiratet hatte. Aber der Adel der Franken, von

terque tractatus, pro gratiarum actione rependenda filium quem ex concubina genuit nomine Thiadricum ungunt [11] sibi in regem. Thiadricus autem designatus rex mittere curavit legationem ad Irminfridum pro pace atque concordia. Et ingressus legatus ad Irminfridum: ›Mortalium‹, inquit, ›optimus maximus, dominus meus Thiadricus misit me ad te, exoptans te bene valere et lato magnoque diu imperio vigere, seque tibi non dominum, sed amicum, non imperatorem, sed propinquum, propinquitatisque iura inviolabiliter tibi finetenus velle servare demandat; tantum ut a populi Francorum concordia non discordes, rogat: ipsum namque sibi regem sequuntur constitutum.‹ Ad haec Irminfridus, iuxta quod regalem decuit dignitatem, clementer legato respondit placita sibi placere populi Francorum, ab eorum concordia non discordare, pace omnimodis indigere; super negotio vero regni responsionem suam in amicorum presentiam velle differre. Virumque honorifice tractans fecit eum secum aliquamdiu manere. Audiens autem regina legatum fratris supervenisse et locutum cum rege super negotio regni, suasit Iringo, ut pariter persuaderent viro, quia sibi regnum cessisset iure hereditario, utpote quae filia regis erat et filia reginae; Thiadricum vero suum servum tamquam ex concubina natum, et ideo indecens fore proprio servo umquam manus dare. Erat autem Iring vir audax, [12] fortis manu, acer ingenio, acutus consilio,

seinem Herrscher menschenfreundlich und gütig behandelt, salbte sich aus Dankbarkeit einen Sohn mit Namen Thiadrich[11] zum König, den er mit einer Konkubine gezeugt hatte. Zum König bestimmt, schickte Thiadrich eine Gesandtschaft um des Friedens und der Einigkeit willen zu Irminfrid. Und zu Irminfrid vorgelassen, sagte der Gesandte: »Der Beste und Größte der Sterblichen, mein Herr Thiadrich, hat mich zu dir geschickt. Er wünscht dir alles Gute und kraftvolles Regieren in deinem weiten und großen Herrschaftsbereich. Er lässt dir melden, dass er dir nicht Herr, sondern Freund, nicht Gebieter, sondern Vertrauter sei und dass er dir seine Verpflichtungen als Verwandter unverbrüchlich bis ans Ende bewahren wolle. Er bittet dich inständig, die Eintracht des Frankenvolks nicht zu stören: denn sie folgen dem, den sie sich als König gewählt haben.« Darauf antwortete Irminfrid, königlicher Würde entsprechend, dem Gesandten gnädig, er sei mit den Beschlüssen des Frankenvolks einverstanden, wolle ihre Eintracht nicht stören und benötige unbedingt Frieden. Aber bezüglich der Thronfolge wolle er seine Antwort bis zur Anwesenheit seiner Freunde verschieben. Den Gesandten behandelte er ehrenvoll und ließ ihn einige Zeit bei sich bleiben. Als jedoch die Königin hörte, dass ein Bote des Bruders angekommen sei und mit dem König über die Thronfolge gesprochen habe, riet sie Iring, mit ihr zusammen ihren Mann zu überzeugen, dass nach Erbrecht das Reich ihr zufalle, weil sie Tochter des Königs und gleichzeitig Tochter der Königin war; Thiadrich sei als Sohn einer Konkubine aber sein Diener, und es gehöre sich nicht, dem eigenen Knecht jemals zu huldigen. Iring war nun ein kühner Mann, tatkräftig, intelligent und scharfsinnig, beharrlich im Handeln

pertinax in agendis rebus, facilis ad suadendum quae vellet, hisque rebus animum sibi Irminfridi connexerat. Convocatis principibus et necessariis amicis Irminfridus verba legati in presentiam eorum contulit. At illi unanimiter suadebant quae pacis atque concordiae sunt eum sentire, quia inpetus Francorum ferre non posset, maxime qui acrioribus hostium armis ex alia parte premeretur. Iring vero votis lascivae mulieris satisfaciens, suasit Irminfrido Francis cedere non debere, super negotio regni iustiorem causam se habere, latum preterea imperium, militum manus et arma ceterasque belli copias sibi ac Thiadrico parum procedere. Secundum haec verba Irminfridus respondit legato amicitiam quidem sui et propinquitatem Thiadrico non negare, mirari tamen non posse, quomodo usurpare vellet prius imperium quam libertatem; servum natum, et quomodo sui quaereret dominium? proprio servo non posse manus dare. Legatus contra haec satis commotus: ›Mallem‹, inquit, ›hoc caput meum tibi tradere quam huiuscemodi verba a te audire, sciens ea multo sanguine Francorum atque Thuringorum diluenda.‹ Et haec dicens reversus est ad Thiadricum; quae audivit non celat. Thiadricus autem nimiam iram vultu celans sereno: ›Oportet nos‹, inquit, ›ad servitium Irminfridi festinare, quatinus, qui libertate privamur, inani saltem vita fruamur.‹

Et cum gravi exercitu appropians terminis Thuringorum invenit cum valida quoque manu generum suum se expec-

und leicht in der Lage, anderen seinen Willen einzureden, und hatte damit den Sinn Irminfrids für sich gewonnen. Bei einer Zusammenkunft der Fürsten und Freunde legte Irminfrid ihnen die Worte des Gesandten vor. Sie rieten aber übereinstimmend, Friede und Eintracht zu bewahren, weil er den Angriffen nicht gewachsen sei, zumal er von einer anderen Seite durch heftigere, feindliche Angriffe bedrängt werde. Um die Wünsche der mutwilligen Frau zufriedenzustellen, riet Iring dem Irminfrid, er dürfe den Franken nicht nachgeben, er vertrete bei der Thronfolge die gerechtere Sache, habe außerdem ein weites Herrschaftsgebiet und sei dem Thiadrich an Kriegerzahl, Waffen und übrigen Mitteln zum Krieg durchaus gleich. Gemäß diesen Worten antwortete Irminfrid dem Legaten, er wolle Thiadrich zwar die Freundschaft und Verwandtschaft nicht verweigern, könne sich aber dennoch nicht [genug] wundern, wie er die Herrschaft noch vor der persönlichen Freiheit erringen wolle; er sei als Unfreier geboren, wie verlange er nun die Herrschaft für sich? Dem eigenen Diener könne er nicht huldigen. Sehr erregt sagte der Gesandte daraufhin: »Ich würde dir lieber meinen Kopf überantworten als derartige Worte von dir zu hören, da ich weiß, dass sie durch viel Blut der Franken und Thüringer gesühnt werden müssen.« Nach dieser Rede kehrte er zu Thiadrich zurück, und was er gehört hatte, verschwieg er nicht. Thiadrich aber verbarg seinen ungeheuren Zorn durch eine heitere Miene und sagte: »Wir müssen zum Dienst bei Irminfrid eilen, damit wir – der Freiheit beraubt – wenigstens das nackte Leben retten.«

Als er sich mit mächtigem Heer den Grenzen der Thüringer näherte, fand er – ebenfalls mit einer tüchtigen Truppe – seinen Schwager, der ihn schon an einem Platz namens

tantem in loco qui dicitur Runibergun. Et commisso certamine [13] pugnatum est ancipiti bello una die et secunda. Tertia vero die victus Irminfridus cessit Thiadrico et fugiens tandem se recepit cum reliquo comitatu in urbe quae dicitur Scithingi, sita super fluvium quod dicitur Unstrod. Thiadricus autem congregatis ducibus ac militum principibus exercitus sui, rogat sententiam, utrumnam censerent Irminfridum persequendum, an patriam remeandum. Inter quos Waldricus consultus: ›Censeo‹, inquit, ›causa caesos sepeliendi, vulneratos curandi, maiorem exercitum congregandi patriam remeandum; neque enim arbitror multis milibus tuorum amissis sufficere nos posse ad peragendum presens bellum. Si enim barbarae nationes [14] innumerae in nos consurgant, multis nostrorum debilitatis, per quos vincis?‹ Erat autem Thiadrico servus satis ingeniosus, cuius consilium expertus est saepius probum, eique propterea quadam familiaritate coniunctus. Hic rogatus sententiam dare: ›In rebus‹, inquit, ›honestis pulcherrimam semper esse arbitror perseverantiam, quam ita coluerunt maiores nostri, ut a ceptis negotiis raro vel numquam deficerent. Nec tamen labores nostros eorum aequandos putaverim, qui parvis copiis ingentes gentium copias superaverunt. Nunc terra in nostra est potestate, et discessione nostra victis occasionem vincendi prestabimus? Amplecterer et ipse patriam redire, familiarem necessitudinem videre, si hostem nostrum eo spatio scirem otio vacare. Sed vulnerati nostri forsitan hac re indigent. Castrorum esto

Runibergun[12] erwartete. Im Kampf stritt man unentschieden einen Tag und einen zweiten. Am dritten Tag zog sich Irminfrid besiegt vor Thiadrich zurück und floh mit seinem verbliebenen Anhang auf die Burgscheidungen über dem Fluss Unstrut. Nachdem aber die Heerführer und Hauptmänner seines Heeres versammelt waren, erbat Thiadrich ihr Urteil, ob man Irminfrid verfolgen oder in die Heimat zurückkehren solle. Unter ihnen sprach – um Rat gefragt – Waldrich: »Um die Toten zu begraben, die Verwundeten zu pflegen und um ein größeres Heer zu sammeln, sollte man meiner Meinung nach in die Heimat zurückkehren; denn ich glaube nicht, dass wir es nach dem Verlust vieler Tausend der Deinigen fertigbringen, diesen Krieg zu beenden. Denn wenn sich unzählige barbarische Völker[13] gegen uns erheben, mit wem willst du bei unseren Ausfällen noch gewinnen?« Thiadrich aber hatte einen sehr intelligenten Diener, dessen Rat er häufig als vernünftig erfahren hatte, weswegen er ihm freundschaftlich verbunden war. Um seine Meinung gebeten, sagte dieser: »In ehrenvollen Dingen erachte ich immer für das Schönste die Standhaftigkeit, die unsere Vorfahren so pflegten, dass sie von begonnenen Aktionen selten oder nie abließen. Dennoch glaube ich nicht, dass man unsere Mühen mit den ihren vergleichen kann, die ja mit geringen Kräften ungeheure Truppen anderer Völker überwanden. Nun ist das Land in unserer Gewalt, wollen wir da mit unserem Abzug den Besiegten die Gelegenheit zum Sieg bieten? Auch ich würde gerne in die Heimat zurückkehren und meine Angehörigen sehen, wenn ich wüsste, dass unser Feind in dieser Zeit ruhig bliebe. Aber vielleicht benötigen unsere Verwundeten diese Pause? Dies soll Angelegenheit des Lagerdienstes sein; frohen

labor, inpigris animis, reor, pro maxima voluptate est. Ergo caesa multitudine exercitus est vehementer attenuatus. Hostesne omnes evaserunt? certe rarissimus. Ipse namque dux ut quaedam bestiola suo munitur latibulo, urbis circumdatur claustro, nec ipsum caelum secure audet inspicere, nostro cogente timore. Sed non desunt ei pecuniae, quibus conducantur nationes barbarae, non deest militum manus, licet lassa; quae tamen omnia nostra absentia redintegrantur. Indecorum est victoribus victis vincendi locum dare. Num singulis urbibus administranda sufficimus presidia? Et eas omnes perdimus, [15] dum imus et redimus.‹

Haec eo prosequente placuit Thiadrico omnibusque gloria victoriae avidis manere in castris et mittere ad Saxones, qui iam olim erant Thuringis acerrimi hostes, quatinus ei essent in auxilio: si quidem vincerent Irminfridum urbemque caperent, terram eis in possessionem aeternam traderet. Saxones nichil cunctati novem duces cum singulis milibus militum destinare non dubitant. Et ingressi duces in castra, singuli cum centenis militibus, reliqua multitudine extra castra dimissa, salutant Thiadricum verbis pacificis. Quod cum Thiadricus hilarior suscepisset, dextris datis et acceptis, copiam viris fandi concessit. At illi: ›Populus‹, aiunt, ›Saxonum tibi devotus et tuis parens imperiis misit nos ad te; et ecce assumus parati ad omne quodcumque tibi voluntas suggesserit, parati, ut aut hostes tuos vincamus aut, si fortuna aliud iusserit, pro te moriamur. Aliam enim

Sinnes zu sein – denke ich – ist das größte Vergnügen. Nun ist das Heer durch die Menge der Gefallenen bedeutend geschwächt. Sind alle Feinde entkommen? Gewiss nur die wenigsten. Denn der Heerführer schützt sich gleich einem Tierchen in seinem Schlupfwinkel, von der Burgmauer umgeben, und wagt nicht, den Himmel ruhig anzuschauen, da ihn die Furcht vor uns bedrängt. Aber es fehlt ihm nicht an Geld, barbarische Völker zu versammeln, nicht an Truppen, auch wenn sie erschöpft sind. Dies alles wird während unserer Abwesenheit wieder ergänzt. Es ist schändlich für Sieger, Besiegten die Möglichkeit zu geben, [selbst] zu siegen. Sollten wir etwa in jeder einzelnen Burg eine Besatzung zum Schutz belassen? Wir verlieren sie ohnehin alle, während wir hin- und herziehen.«

Diesen Worten entsprechend wollten Thiadrich und alle, die auf Siegesruhm aus waren, im Lager bleiben und nach den Sachsen, die schon lange die grimmigsten Feinde der Thüringer waren, schicken, damit sie ihnen halfen: Falls sie Irminfrid besiegten und die Burg eroberten, so würde er ihnen das Land zu ewigem Besitz übergeben. Die Sachsen zögerten nicht und entsandten sogleich neun Heerführer mit je tausend Kriegern. Diese Heerführer betraten mit je hundert Kriegern das Lager – den Rest hatten sie außerhalb zurückgelassen – und begrüßten Thiadrich mit friedvollen Worten. Dies nahm Thiadrich hocherfreut entgegen, gab ihnen die Hand und erteilte ihnen das Wort. Sie sagten: »Das Volk der Sachsen, dir ergeben und deinen Befehlen gehorchend, schickt uns zu dir. Und hier sind wir nun, bereit zu allem, was dein Wille dir eingibt, bereit, entweder deine Feinde zu besiegen oder für dich, falls das Schicksal anderes befiehlt, zu sterben. Denn du sollst wissen, dass es für

causam nullam Saxonibus esse scias, nisi vincere velle aut certe vivere nolle. Neque enim gratiam maiorem amicis exhibere possumus, quam ut pro eis mortem contempnamus. Et ut hoc experimento discas, omnino desideramus.‹ Illis haec loquentibus mirati sunt Franci prestantes corpore et animo viros, mirati sunt et novum habitum, arma quoque et diffusos scapulas caesarie et supra omnia ingentem animi constantiam. Nam vestiti erant sagis [16] et armati longis lanceis et subnixi stabant parvis scutis, habentes ad renes cultellos magnos. Erant etiam qui dicerent tantis ac talibus amicis Francos non indigere; indomitum genus hominum fore, et si presentem terram inhabitarent, eos procul dubio esse, qui Francorum imperium quandoque destruerent. Thiadricus vero propriis utilitatibus consulens suscepit in fide viros, demandans, ut ad obpugnandam urbem prepararentur. Illi a rege regressi castra metati sunt ad meridianam plagam urbis in pratis fluvio contiguis; et postera die prima luce surgentes sumptis armis obpugnant oppidum incenduntque. Capto oppido et incenso aciem ordinant ex adverso portae orientalis. Clausi muris dum acies vident ordinatas ac se in ultimis neccessitatibus constitutos, audacter erumpunt portis caecoque furore irruunt in adversarios, et telis emissis gladiis proinde res agitur. Cumque grave bellum oriretur, plures hinc, plures inde sternuntur. Istis pro pa-

Sachsen nichts anderes gibt als siegen oder nicht weiterleben wollen. Wir können nämlich den Freunden keine größere Gunst bezeugen, als für sie den Tod zu verachten. Dass du dies durch eigene Anschauung erfahren sollst, ist unser größter Wunsch.« Während sie das sagten, bewunderten die Franken die an Körperkraft und Geist hervorragenden Männer, bestaunten die für sie neuartige Kleidung, die Waffen und die über die Schultern herabhängenden Haare, besonders aber die ungeheure Beharrlichkeit im Mut. Denn sie trugen Mäntel, waren mit langen Lanzen bewaffnet, stützten sich auf kleine Schilde und trugen an den Hüften lange Messer. Einige sagten auch, die Franken hätten so viele und solche Freunde nicht nötig. Sie seien ein unbezähmbarer Menschenschlag, und wenn sie dieses Land bewohnten, würden sie zweifellos einst das Frankenreich zerstören. Aber Thiadrich, auf seinen eigenen Vorteil bedacht, nahm die Männer als Verbündete auf und befahl, dass sie sich zur Erstürmung der Burg vorbereiten sollten. Vom König zurückgekehrt, errichteten sie ein Lager südlich der Burg in den Flusswiesen; und beim ersten Licht des folgenden Tages erhoben sie sich, griffen ihre Waffen, stürmten die Vorburg und zündeten sie an. Nachdem die Vorburg eingenommen und in Brand gesteckt war, ordneten sie gegenüber dem Osttor ihre Schlachtreihe. Als die in den Mauern Eingeschlossenen die aufgestellten Schlachtreihen sahen und sich selbst in äußerster Not erkannten, unternahmen sie kühn durch die Tore einen Ausfall und stürmten in blinder Wut auf ihre Feinde ein; man schleuderte die Speere, dann ging die Auseinandersetzung mit Schwertern weiter. Und da ein harter Kampf entstand, wurden viele auf beiden Seiten getötet. Die einen kämpften um ihre Heimat, für Frau-

tria, pro uxoribus ac natis, [17] postremo pro ipsa vita pugnantibus, Saxonibus vero pro gloria et pro terra adquirenda certantibus, attollitur clamor virorum invicem exhortantium, fragor armorum et gemitus morientium, talique spectaculo tota dies illa trahitur. Cumque ubique fierent caedes, ubique ululatus, et neuter agmen loco cessisset, iam tardior hora prelium diremit. Eo die ex Thuringis multi interfecti, multi sauciati, de Saxonibus vero numerati sunt sex milia caesa.

10 Mittitur igitur Iring ab Irminfrido cum supplici legatione et omnibus suis thesauris ad Thiadricum pro pace ac spontanea deditione. Et accedens Iring: ›Haec‹, ait, ›misit tibi quondam tuus propinquus, modo servus, ut, si non sui serearis, miserae saltem tuae sororis serearis, nepotum quoque tuorum in ultima necessitate constitutorum.‹ Dum haec lacrimans dixisset, interpellatio principum auro corruptorum adiecit, quia decens foret clementiae regali, quo talem supplicationem non sperneret, communium quoque naturae rerum non oblivisceretur, utiliusque esse eum in fide suscipere, quem iam superatum haberet tamque contritum, ut numquam se contra eum possit levare, quam illud genus hominum indomabile et ad omnem laborem perdurabile, a quo nichil expectaret Francorum imperium nisi solum periculum. In peracto quoque bello considerare posset, quam duri et insuperabiles existerent Saxones, ideoque melius esse, ut susceptis Thuringis pariter eos eicerent de finibus suis. His dictis, licet invitus, flectitur tamen Thiadricus promisitque postera die generum suum se

en, Kinder und schließlich für das eigene Leben, die Sachsen aber für Ruhm und Landgewinn; dabei erhoben sich das Geschrei der sich gegenseitig anspornenden Männer, der Waffenlärm und das Stöhnen der Sterbenden, und über diesem Schauspiel verging der ganze Tag. Während überall gemordet und geschrien wurde und kein Heer seinen Platz verließ, unterbrach erst die vorgerückte Zeit den Kampf. An diesem Tag starben viele Thüringer, viele wurden verletzt; unter den Sachsen aber wurden sechstausend Tote gezählt.

10 Darum wurde Iring von Irminfrid mit unterwürfiger Botschaft und allen seinen Schätzen zu Thiadrich um Frieden und freiwillige Unterwerfung geschickt. Iring trat näher und sagte: »Dieses hat dir dein früherer Verwandter, nun dein Diener, geschickt, damit du dich, wenn schon nicht seiner, dann wenigstens deiner unglücklichen Schwester und Neffen erbarmst, die in höchster Not sind.« Als er dies weinend gesagt hatte, fügte ein Einspruch der mit Gold bestochenen Fürsten noch hinzu, königlicher Milde sei es angemessen, eine solche Bitte nicht abzuweisen; er solle auch die Art der Gemeinsamkeiten nicht vergessen; und es sei nützlicher, den als Verbündeten zu gewinnen, den er schon überwunden und so geschwächt habe, dass er sich niemals mehr gegen ihn erheben könne, als jenen unbezähmbaren und in jeder Mühe ausdauernden Menschenschlag, von dem das Frankenreich nichts anderes als nur Gefahr erwarten könne. In dem gerade durchgestandenen Krieg könne er erkennen, wie hart und unüberwindlich die Sachsen seien, so dass es besser sei, das Angebot der Thüringer anzunehmen und jene gemeinsam aus ihrem Gebiet zu verjagen. Durch diese Worte ließ sich Thiadrich widerstrebend dennoch umstimmen und versprach, am

suscepturum Saxonesque abiecturum. His auditis Iring vestigiis prosternitur regis, laudavitque sententiam clementiae imperialis, et [18] misso ad dominum optato nuntio laetum eum omnemque urbem securiorem reddidit; mansitque ipse in castris, ne quid adversi nox ipsa moliretur. Interea urbe ex pace promissa securiore reddita, egressus est quidam cum accipitre victum quaeritans supra litus fluvii supradicti. Emisso vero volucre, quidam ex Saxonibus in ulteriore ripa ilico eum suscepit. Quo rogante, ut remitteretur, Saxo dare negavit. Ille autem: ›Da‹, inquit, ›et secretum tibi sociisque utile prodam.‹ Saxo econtra: ›Dic, ut accipias quod quaeris.‹ – ›Reges‹, inquit, ›inter se pace facta decretum tenent, si cras inveniamini in castris, capiamini aut certe occidamini.‹ Ad haec ille: ›Serione haec an ludo ais?‹ – ›Secunda hora‹, ait, ›sequentis diei probabit, quia vos oporteat sine ludis agere. Quapropter consulite vobis ipsis et fuga salutem quaerite.‹ Saxo statim emittens accipitrem, sociis retulit quae audivit. Illi satis commoti in promptu non inveniebant, quid super hoc agere debuissent.

11 Erat autem tunc in castris quidam de veteranis militibus iam senior, sed viridi senectute adhuc vigens, qui merito bonarum virtutum pater patrum dicebatur, nomine Hathagat. Hic arripiens signum, quod apud eos habebatur

nächsten Tag seinen Schwager aufzunehmen und sich von den Sachsen zu trennen. Als er dies hörte, warf sich Iring dem König zu Füßen, lobte die Entscheidung herrscherlicher Huld, schickte die gewünschte Botschaft seinem Herrn und machte ihn fröhlich, die ganze Burg sicherer. Er selbst blieb im Lager, damit jene Nacht nichts Ungünstiges brächte. Aus der inzwischen durch den versprochenen Frieden beruhigten Burg kam einer mit einem Falken, um Nahrung am Ufer des oben erwähnten Flusses zu suchen. Als er den Vogel hatte wegfliegen lassen, nahm ihn einer der Sachsen am anderen Flussufer sofort in Empfang. Auf die Bitte, ihn zurückzuschicken, weigerte sich der Sachse. Nun sagte jener: »Gib ihn her, und ich werde dir ein Geheimnis anvertrauen, das dich und deine Gefährten interessiert.« Darauf der Sachse: »Sprich, damit du erhältst, was du willst.« – »Die Könige«, sagte er, »haben untereinander Frieden geschlossen und vereinbart, dass ihr, trifft man euch morgen im Lager, gefangen genommen oder sogar getötet werden sollt.« Da erwiderte der Sachse: »Sagst du das im Ernst oder im Spaß?« – »Die zweite Stunde«, sagte jener, »des folgenden Tages wird beweisen, dass ihr ohne Spaß handeln müsst. Darum beratet euch untereinander und sucht euer Heil in der Flucht.« Der Sachse ließ sofort den Falken fliegen und meldete seinen Gefährten, was er gehört hatte. Diese waren tief betroffen und wussten nicht sofort, was sie daraufhin tun sollten.

11 Im Lager aber war ein schon älterer Krieger, jedoch im fortgeschrittenen Alter noch kräftig, der zum Lohn für seine hervorragenden Eigenschaften »Vater der Väter« genannt wurde; er hieß Hathagat. Der ergriff ein Feldzeichen, das von ihnen für heilig gehalten wurde, mit dem Abbild

sacrum, leonis atque draconis et desuper aquilae volantis insignitum effigie, quo ostentaret fortitudinis atque prudentiae et earum rerum efficatiam, et motu corporis animi constantiam declarans ait: ›Hucusque inter optimos Saxones vixi, et ad hanc fere ultimam senectutem aetas me perduxit, et numquam [19] Saxones meos fugere vidi; et quomodo nunc cogor agere quod numquam didici? Certare scio, fugere ignoro nec valeo. Si fata non sinunt ultra vivere, liceat saltem, quod michi dulcissimum est, cum amicis occumbere. Exempli michi paternae virtutis sunt amicorum corpora circa nos prostrata, qui maluerunt mori quam vinci, inpigras animas amittere quam coram inimicis loco cedere. Sed quid necesse habeo exhortationem protrahere tantisper de contemptu mortis? Ecce ad securos ibimus, ad caedem tantum, non ad pugnam. Nam de promissa pace ac nostro gravi vulnere nichil suspicantur adversi, hodierno quoque prelio fatigati quemadmodum sunt, sine metu, sine vigiliis et solita custodia manent. Irruamus igitur super inprovisos et somno sepultos, parum laboris est; sequimini me ducem, et hoc canum caput meum vobis trado, si non evenerit quod dico.‹

Illius igitur optimis verbis erecti quod supererat diei in reficiendis suis corporibus expendebant; deinde prima vigilia noctis dato signo, qua solet sopor gravior occupare mortales, sumptis armis, precedente duce irruunt super

eines Löwen und eines Drachen und darüber dem eines fliegenden Adlers, durch das er die Wirksamkeit der Tapferkeit, Weisheit und anderer Eigenschaften zeigte, demonstrierte durch seine Körperhaltung die Festigkeit seines Geistes und sagte: »Bisher habe ich unter den vortrefflichen Sachsen gelebt, bis hierhin, fast bis zum äußersten Greisenalter, hat mich mein Leben geführt, und nie habe ich meine Sachsen fliehen sehen; und warum soll nun der Zwang bewirken, was ich nie gelernt habe? Ich kann kämpfen, davonlaufen kann ich nicht. Wenn mich das Schicksal nicht weiterleben lässt, soll es mir wenigstens erlauben, mit meinen Freunden – was mir am liebsten ist – zu sterben. Beispiele der väterlichen Tapferkeit sind für mich die rings um uns hingestreckten Körper der Freunde, die lieber sterben als sich besiegen lassen, die lieber die unbezwungenen Seelen aushauchen als vor den Feinden ihren Platz verlassen wollten. Aber wie habe ich es nötig, eine solche Aufforderung zur Todesverachtung zu geben? Wir werden nämlich gegen Sorglose marschieren, eher zum Töten als zur Schlacht. Denn wegen des versprochenen Friedens und unserer schweren Verluste vermuten sie kein Unheil. Sie bleiben, so wie sie durch die heutige Schlacht erschöpft sind, ohne Furcht, ohne Wachen oder die gewohnte Vorsicht. Stürzen wir uns darum auf die Unvorbereiteten und Schlaftrunkenen, es macht nicht viel Arbeit. Folgt mir als eurem Führer, und dieses mein graues Haupt übergebe ich euch, wenn nicht eintrifft, was ich sage.«

Durch seine hervorragenden Worte ermutigt, verbrachten sie den Rest des Tages damit, sich auszuruhen. Dann ergriffen sie in der ersten Nachtwache, in der ein tieferer Schlaf die Sterblichen befällt, auf ein Zeichen hin ihre Waf-

muros, invenientesque sine vigiliis ac custodiis, ingressi sunt urbem cum clamore valido. Quo excitati adversarii, alii fuga salutem quaesierunt, alii per plateas et muros urbis ut ebrii erraverunt, alii in Saxones, cives suos putantes, inciderunt. Illi vero omnes perfectae aetatis morti tradiderunt, inpuberes predae servaverunt. Eratque nox illa plena clamoribus, caede atque rapina, nullusque locus in omni urbe quietus, donec aurora rutilans surgit et incruentam declarat victoriam. Cumque penes regem, videlicet [20] Irminfridum, summa victoria esset, requisitus cum uxore ac filiis ac raro comitatu evasisse repertus est.

12 Mane autem facto ad orientalem portam ponunt aquilam, aramque victoriae construentes secundum errorem paternum sacra sua propria veneratione venerati sunt: nomine Martem, effigie columpnarum imitantes Herculem, loco Solem, quem Graeci appellant Apollinem. Ex hoc apparet aestimationem illorum utcumque probabilem, qui Saxones [21] originem duxisse putant de Graecis, quia Hirmin vel Hermis Graece Mars dicitur; quo vocabulo ad laudem vel ad vituperationem usque hodie etiam ignorantes utimur. Per triduum igitur dies victoriae agentes et spolia hostium dividentes exequiasque caesorum celebrantes laudibus ducem in caelum attollunt, divinum ei animum inesse caelestemque virtutem acclamantes, qui sua constantia tantam eos egerit perficere victoriam. Acta sunt autem haec omnia, ut maiorum memoria prodit, die Kal. Octobris, qui

fen, stürzten hinter dem Führer her über die Mauern und stürmten unter großem Geschrei die Burg, die sie ohne Wachen fanden. Die dadurch aufgeschreckten Gegner suchten zum Teil ihr Heil in der Flucht, zum Teil irrten sie wie Betrunkene auf den Straßen und Mauern der Burg umher; wieder andere gerieten in die Hände der Sachsen, die sie für ihre Mitbürger hielten. Jene aber brachten alle Erwachsenen zu Tode, die Jüngeren hoben sie für die Beute auf. Und jene Nacht war voll von Lärmen, Mord und Raub und kein Platz in der ganzen Burg ruhig, bis sich die rosige Morgendämmerung erhob und den unblutigen Sieg offenbarte. Da aber die Festnahme des Königs Irminfrid der höchste Erfolg gewesen wäre, suchte man ihn und fand, dass er mit Frau, Kindern und geringem Gefolge entkommen war.

12 Als es aber Morgen geworden war, stellten sie den Adler an das Osttor, bauten der Siegesgöttin einen Altar und verehrten sie in ihrem eigenen heiligen Ritus gemäß der Irrlehre der Väter; im Namen gleicht sie Mars, im Bild den Säulen des Herkules, im Ort der Sonne, die die Griechen Apollo nennen. Daher liegt es auf der Hand, dass die Meinung derjenigen glaubhaft sein kann, die die Sachsen für Nachkommen der Griechen halten, weil Hirmin oder Hermis griechisch Mars genannt wird. Unbewusst gebrauchen wir dieses Wort bis heute noch zu Lob oder Tadel. Drei Tage lang hielten sie nun ihre Siegesfeiern, verteilten die Feindesbeute und hielten Totenfeiern ab. Sie lobten ihren Führer über alles, riefen, ihm müsse ein göttlicher Geist und eine himmlische Tapferkeit innewohnen, da er es durch seine Beständigkeit vollbracht habe, dass sie diesen Sieg errungen hätten. Dies alles aber geschah, wie uns die Überlieferung unserer Vorfahren berichtet, an einem 1. Ok-

dies erroris religiosorum sanctione virorum mutati sunt in ieiunia et orationes, oblationes quoque omnium nos precedentium Christianorum. [22]

13 His itaque omnibus peractis reversi sunt ad Thiadricum in castra, et ab eo suscepti satisque laudati et terra presenti in aeternam possessionem donati sunt. Socii quoque Francorum et amici appellati urbem, cui ab igne ut propriis moeniis pepercere, primum incoluerunt. Qui autem finis reges secutus sit, quia memorabilis fama est, prodere non negligo. Missus denique Iring ad Thiadricum eo die, quo capta est civitas, proxima nocte susceptus ab eo permansit in castris. Audito autem, quia elapsus esset Irminfridus, egit, ut dolo revocaretur et Iring eum interficeret, tamquam claris muneribus ab ipso donandus ac magna potestate in regno honorandus; ipse vero Thiadricus caedis illius quasi alienus existeret. Quod cum Iring aegre suscepisset, falsis promissionibus corruptus tandem cessit seque parere voluntati illius confessus est. Revocatus itaque Irminfridus prosternitur vestigiis Thiadrici; Iring vero tamquam armiger regalis stans secus evaginato gladio prostratum dominum trucidavit. Statimque ad eum rex: ›Tali facinore omnibus mortalibus odiosus factus, dominum tuum interficiendo, viam habeto apertam a nobis discedendi; sortem vel partem tuae nequitiae nolumus habere.‹ – ›Merito‹, inquit Iring, ›odiosus omnibus [23] mortalibus factus sum, quia

tober; und dieser Tag des Irrtums wurde auf Anordnung frommer Männer in Fasten, Gebete und Opfergaben für alle vor uns verstorbenen Christen verwandelt.

13 Nach Vollendung all dieser Angelegenheiten kehrten sie zu Thiadrich ins Lager zurück, wurden von ihm empfangen, sehr gelobt und erhielten das Land zu ewigem Besitz. Sie wurden auch Bundesgenossen und Freunde der Franken genannt und bewohnten die Burg, die sie gleich eigenen Mauern vom Feuer verschont hatten, zum ersten Mal. Welches Ende aber die Könige nahmen, will ich nicht vergessen zu überliefern, da diese Sage erwähnenswert ist. Iring wurde nämlich an dem Tag, an dem die Burg erobert wurde, zu Thiadrich gesandt, von ihm in der folgenden Nacht aufgenommen und blieb im Lager. Aber als Thiadrich hörte, Irminfrid sei entkommen, versuchte er ihn mit List zurückzurufen, damit Iring ihn töte, zumal dieser von ihm hervorragende Geschenke erhalten hatte und mit großer Machtfülle im Reich geehrt worden war; Thiadrich selbst wollte an seinem Mord sozusagen unbeteiligt erscheinen. Obwohl Iring unwillig diesen Auftrag empfing, gab er schließlich, durch falsche Versprechungen bestochen, nach und erklärte sich bereit, dem Willen Thiadrichs zu gehorchen. Der zurückgerufene Irminfrid warf sich nun Thiadrich zu Füßen; Iring aber tötete – als königlicher Waffenträger mit entblößtem Schwert danebenstehend – seinen knienden Herrn. Sofort sprach der König zu ihm: »Durch ein solches Verbrechen, dem Mord an deinem Herrn, bist du allen Sterblichen verhasst geworden, aber du sollst freien Weg haben, von uns wegzugehen; wir wollen keine Schuld und keinen Teil an deiner Frevelhaftigkeit haben.« – »Zu Recht«, sagte Iring, »bin ich allen Sterblichen verhasst

tuis parui dolis; antequam tamen exeam, purgabo hoc scelus meum vindicando dominum meum.‹ Et ut evaginato gladio stetit, ipsum quoque Thiadricum obtruncavit, sumensque corpus domini posuit super cadaver Thiadrici, ut vinceret saltem mortuus, qui vincebatur vivus. Viamque ferro faciens discessit. Si qua fides his dictis adhibeatur, penes lectorem est. Mirari tamen non possumus in tantum famam prevaluisse, ut Iringis nomine, quem ita vocitant, lacteus caeli circulus usque in presens sit notatus.

14 Saxones igitur possessa terra summa pace quieverunt, societate Francorum atque amicitia usi. Parte quoque agrorum cum amicis auxiliariis vel manumissis distributa, reliquias pulsae gentis tributis condempnaverunt. Unde usque hodie gens Saxonica triformi genere ac lege preter conditionem servilem dividitur. A tribus etiam principibus totius gentis ducatus administrabatur, certis terminis exercitus congregandi potestate contenti, quos suis locis ac vocabulis novimus signatos, in orientales scilicet populos, Angarios atque [24] Westfalos. Si autem universale bellum ingruerit, sorte eligitur, cui omnes obedire oportuit, ad administrandum inminens bellum. Quo peracto, aequo iure ac lege propria contentus potestate unusquisque vivebat. De legum vero varietate nostrum non est in hoc libello disserere, cum apud plures inveniatur lex Saxonica diligenter

geworden, weil ich deinen Listen gehorchte. Bevor ich nun weggehe, will ich mein Vergehen sühnen und meinen Herrn rächen.« Und wie er mit blankem Schwert dastand, metzelte er auch Thiadrich nieder, nahm den Körper des Herrn und legte ihn über Thiadrichs Leiche, damit der im Tode wenigstens siege, der im Leben überwunden worden war. Und mit dem Schwert sich einen Weg bahnend, ging er weg. Ob diesen Worten zu trauen ist, liegt beim Leser. Wir können uns jedoch nicht genug darüber wundern, dass die Sage so bedeutend war, dass nach Irings Name die sogenannte Milchstraße am Himmel bis heute bezeichnet wird.

14 Nach der Besetzung des Lands suchten die Sachsen mit höchster Friedfertigkeit die Gemeinschaft und Freundschaft der Franken zu erhalten. Einen Teil der Felder teilten sie auch mit Freunden, die ihnen zu Hilfe gekommen waren, und mit Freigelassenen, die Überlebenden des geschlagenen Volks verurteilten sie zur Tributpflicht. Von daher wird das Volk der Sachsen – sieht man vom Sklavenstand ab – bis heute nach Abstammung und Gesetz in drei Teile geteilt. Auch wurde die militärische Führung des ganzen Volks von drei Fürsten verwaltet, die sich mit der Macht, das Heer innerhalb bestimmter Fristen zusammenzurufen, begnügten; wir wissen, dass sie nach ihren Wohnorten und Namen als Ostfalen, Engern und Westfalen bezeichnet wurden. Falls aber ein allgemeiner Krieg ausbrach, wurde jemand, dem alle gehorchen mussten, durch Los zur Führung des drohenden Kriegs erwählt. Danach lebte jeder unter gleichem Recht und Gesetz, zufrieden mit der eigenen Macht. Wir wollen über die Verschiedenheit der Gesetze in diesem Büchlein nicht handeln, da man das Sachsenrecht bei vielen sorgfältig aufgezeichnet findet. Die jenseits

descripta. Suavi vero Transbadani illam quam incolunt regionem eo tempore invaserunt, quo Saxones cum Longobardis Italiam adierunt, ut eorum narrat historia, et ideo aliis legibus quam Saxones utuntur. Igitur Saxones variam fidem Francorum experti, de quibus [25] nobis non est dicendum, cum in eorum gestis inveniatur scriptum, paterno errore obligati usque ad tempora Karoli Magni perdurabant.

15 Magnus vero Karolus cum esset regum fortissimus, non minori sapientia vigilabat. Enimvero considerabat, quia suis temporibus omni mortali prudentior erat, finitimam gentem nobilemque vano errore retineri non oportere; modis omnibus satagebat, quatinus ad veram viam duceretur. Et nunc blanda suasione, nunc bellorum inpetu ad id cogebat, tandemque tricesimo imperii sui anno obtinuit – imperator quippe ex rege creatus est –, quod multis temporibus elaborando non defecit: ob id qui olim socii et amici erant Francorum, iam fratres et quasi una gens ex Christiana fide, veluti modo videmus, facta est.

16 Ultimus vero Karolorum apud orientales Francos imperantium Hluthowicus ex Arnulfo fratruele Karoli, huius Lotharii regis proavi, natus erat. Qui cum accepisset [26] uxorem nomine Liudgardam, sororem Brunonis ac magni ducis Oddonis, non multis post haec vixerat annis. Horum pater erat Liudulfus, qui Romam profectus transtulit reliquias beati Innocentii papae. Ex quibus Brun cum ducatum administrasset totius Saxoniae, duxit exercitum con-

der Bode lebenden Sueben hatten die Region, die sie bewohnen, in der Zeit besetzt, in der die Sachsen mit den Langobarden, wie ihre Geschichte erzählt, nach Italien gingen, und gebrauchen darum andere Gesetze als die Sachsen. Nachdem nun die Sachsen die wechselhafte Treue der Franken, über die wir nichts sagen müssen, da man sie in ihrer Geschichtsschreibung aufgezeichnet findet, erfahren hatten, blieben sie der väterlichen Irrlehre bis zu den Zeiten Karls des Großen verhaftet.

15 Aber Karl der Große, der tapferste der Könige, stach durch große Weisheit hervor. Denn er dachte, da er zu seiner Zeit klüger als jeder Sterbliche war, dass sein berühmtes Nachbarvolk nicht im leeren Irrglauben verharren dürfe. Er überlegte hin und her, wie das Volk auf den rechten Weg zu führen sei. Und er zwang es teils durch sanfte Überredung, teils durch kriegerische Attacken dazu. Im dreißigsten Jahr seines Kaisertums[14] – zuerst König, wurde er zum Kaiser gewählt – erreichte er schließlich durch seine Bemühung, was er in der ganzen Zeit nie vernachlässigt hatte: So wurden die, die einst Bundesgenossen und Freunde der Franken waren, nun Brüder, und wie wir jetzt sehen, wurde aus dem christlichen Glauben gleichsam ein Volk.

16 Der letzte über die Ostfranken herrschende Karolinger aber war Ludwig,[15] der Sohn Arnulfs, eines Neffen Karls, der wiederum Urgroßvater des jetzt herrschenden Königs Lothar[16] war. Dieser hatte Liudgard[17], eine Schwester Bruns und des großen Herzogs Otto, geheiratet, lebte aber danach nicht mehr viele Jahre. Der Vater der beiden war Liudolf, der nach Rom ging und die Reliquien des seligen Papstes Innozenz herüberholte. Von den beiden Brüdern hatte Brun das Herzogtum über ganz Sachsen inne

tra Danos, et inundatione repentina circumfusus non habens locum pugnandi periit cum omni exercitu, fratri natu quidem minori, sed omni virtute multo potiori relinquens ducatum. Regi autem Hluthowico non erat filius, omnisque populus Francorum atque Saxonum quaerebat Oddoni diadema inponere regni. [27] Ipse vero quasi iam gravior recusabat imperii onus; eius tamen consultu Cuonradus quondam dux Francorum ungitur in regem. Penes Oddonem tamen summum semper et ubique fiebat imperium.

17 Natus est autem ei filius toto mundo necessarius, regum maximus optimus, Heinricus, qui primus libera potestate regnavit in Saxonia. Qui cum primaeva aetate omni genere virtutum vitam suam ornaret, de die in diem proficiebat precellenti prudentia et omnium bonorum actuum gloria; nam maximum ei ab adolescentia studium erat in glorificando gentem suam et pacem confirmando in omni potestate sua. Pater autem videns prudentiam adolescentis et consilii magnitudinem reliquit ei exercitum et militiam adversus Dalamantiam, contra quos diu ipse militavit. Dalamanci vero [28] inpetum illius ferre non valentes conduxerunt adversus eum Avares, quos modo Ungarios vocamus, gentem belli asperrimam.

18 Avares autem, ut quidam putant, reliquiae erant Hunorum. Huni egressi sunt de Gothis, Gothi autem de insula, ut Iordanis narrat, nomine Sulza egressi sunt. A proprio autem duce nomine Gotha Gothi appellati sunt. Coram quo cum quaedam mulieres in exercitu suo rerum veneficarum

und führte ein Heer gegen die Dänen; durch eine plötzliche Überschwemmung eingeschlossen, hatte er keinen Platz zum Kämpfen und kam mit dem ganzen Heer um. Das Herzogtum hinterließ er dem jüngeren Bruder, der ihm aber in aller Tugend weit überlegen war. Dem König Ludwig aber war kein Sohn geboren, und das ganze Volk der Franken und Sachsen wollte Otto die Königskrone aufsetzen. Jener aber wies die Last der Herrschaft ab, da er zu alt sei. Auf seinen Rat wurde jedoch der bisherige Frankenherzog Konrad[18] zum König gesalbt. Trotzdem befand sich bei Otto, wo und wann immer, die höchste Machtfülle.

17 Ihm wurde ein Sohn geboren, wie ihn die ganze Welt nötig hatte, Heinrich, größter und bester unter den Königen, der als Erster aus freier Machtfülle in Sachsen herrschte. Er reicherte sein Leben schon in früher Jugend mit allen Vorzügen an, und seine übergroße Klugheit und der Ruhm aus allen guten Taten machten von Tag zu Tag Fortschritte. Denn von Jugend an bemühte er sich ganz besonders, sein Volk berühmt zu machen und mit all seiner Macht den Frieden zu festigen. Der Vater aber bemerkte die Klugheit und große Weisheit des jungen Mannes und überließ ihm ein Heer und die Führung eines Feldzuges gegen die Dalminzier[19], mit denen er selbst schon lange kämpfte. Die Dalminzier konnten seinem Angriff nicht widerstehen und holten gegen ihn die Awaren, die wir nun Ungarn nennen, ein im Krieg sehr hartes Volk.

18 Wie manche glauben, waren die Awaren Reste der Hunnen. Die Hunnen sind von den Goten, die Goten aber von der Insel Sulza, wie Jordanes erzählt,[20] ausgegangen. Nach ihrem eigenen Herzog mit Namen Gotha sind sie Goten genannt worden. Als vor ihm einige Frauen in seinem

arguerentur, requisitae sunt et inventae culpabiles. Quarum cum esset multitudo, a merita quidem poena abstinuit, ab exercitu tamen omnes eiecit. Eiectae autem silvam proximam petierunt. Quae cum mari cingeretur et Meoticis paludibus, inde exeundi aditus non patebat. Pregnantes autem iam quaedam ex illis ibidem partum ediderunt. A quibus cum alii atque alii nascerentur, facta est gens valida; ferarumque more viventes, inculti et indomiti, facti sunt venatores acerrimi. Post multa vero saecula, cum aliam mundi partem illic commorantes penitus ignorarent, contigit cervam venatu inveniri eamque persequi, donec ipsa precedente omnibus retro mortalibus intransmeabilem hactenus viam per Meoticas [29] paludes transmearent; ibique urbes et oppida et invisum antea genus hominum videntes, eadem via reversi sunt, sociis talia referentes. Illi autem curiositatis causa cum multitudine perrexerunt audita probare. Finitimae autem urbes et oppida cum ignotam multitudinem et corpora cultu habituque horrenda vidissent, daemonia esse credentes fugiebant. Illi vero ad novas rerum facies stupentes admirati, primum quidem a caede atque rapina abstinuerunt, sed nemine resistente humana tacti cupidine, multa caede hominum facta, nulli rei proinde parcebant. Et capta preda magna ad sedes suas reversi sunt. Videntes autem, quia res eis secus cederent, cum uxo-

Heer der Giftmischerei beschuldigt wurden, verhörte man sie und befand sie für schuldig. Da es viele waren, sah er von der verdienten Strafe ab, verwies sie jedoch alle aus dem Heer. Die Verstoßenen gingen aber in den nächsten Wald. Da dieser vom Meer und den Mäotischen Sümpfen umschlossen war, bot er keine Gelegenheit zu entrinnen. Einige von ihnen waren aber bereits schwanger und entbanden hier. Als von deren Nachkommen wieder Nachwuchs geboren wurde, entstand ein mächtiges Volk. Nach Art wilder Tiere lebend, ungebildet und ungebändigt, wurden sie sehr eifrige Jäger. Aber nach vielen Jahrhunderten, als sie dort lebten und überhaupt keinen anderen Teil der Welt kannten, geschah es, dass sie auf der Jagd eine Hirschkuh fanden und sie verfolgten, bis sie, ihr nachsetzend, einen Weg durch die Mäotischen Sümpfe fanden, der allen früheren Sterblichen bis dahin als ungangbar [galt]. Dort sahen sie Burgen und Städte und einen ihnen früher unbekannten Menschenschlag, kehrten auf gleichem Weg zurück und berichteten dies ihren Gefährten. Diese brachen aus Neugier massenhaft auf, das Gehörte zu prüfen. Als aber die Bewohner der Grenzburgen und -städte die unbekannte Menge und ihre Gestalten, furchtbar in Kleidung und Bewegung, sahen, glaubten sie, es seien böse Geister, und flohen. Jene aber waren wegen des neuartigen Aussehens der Dinge verblüfft, wunderten sich und enthielten sich zunächst des Mordes und Raubes. Aber als niemand Widerstand leistete, richteten sie, von menschlicher Gier gepackt, dann doch ein großes Morden unter den Einwohnern an und schonten jetzt nichts mehr. Und mit großer Beute kehrten sie zu ihren Wohnsitzen zurück. Da sie sahen, dass ihnen Erfolg beschieden war, kamen sie erneut

ribus ac filiis et omni agresti suppellectili iterum venientes et finitimas gentes circumquaque vastantes, Pannoniam postremo inhabitare coeperunt.

19 Victi autem a Magno Karolo et trans Danubium pulsi ac ingenti vallo circumclusi, prohibiti sunt a consueta gentium depopulatione. Imperante autem Arnulfo destructum est opus, et via eis nocendi patefacta, eo quod iratus esset imperator Centupulcho regi Marorum. Deinde quantam stragem quantamque iniuriam imperio Francorum fecerint, urbes ac regiones adhuc desolatae testantur. Haec ideo de hac gente dicere arbitrati sumus, ut possit tua claritas agnoscere, cum qualibus avo tuo patrique certandum fuerit, vel a quibus hostibus per eorum providentiae virtutem et armorum insignia tota iam fere Europa liberata sit.

20 Predictus igitur exercitus Ungariorum a Sclavis conductus, multa strage in Saxonia facta et infinita capta preda, Dalamantiam reversi obvium invenerunt alium exer-[30]citum Ungariorum; qui comminati sunt bellum inferre amicis eorum, eo quod auxilia eorum sprevissent, dum illos ad tantam predam duxissent. Unde factum est, ut secundo vastaretur Saxonia ab Ungariis, et priori exercitu in Dalamantia secundum expectante, ipsa quoque in tantam penuriae miseriam ducta sit, ut aliis nationibus eo anno relicto proprio solo pro annona servirent.

21 Igitur patre patriae et magno duce Oddone defuncto, illustri et magnifico filio Heinrico totius Saxoniae reliquit

mit ihren Frauen und Kindern und dem ganzen bäuerlichen Gerät, plünderten ringsumher die Nachbarvölker und begannen schließlich, sich in Pannonien anzusiedeln.

19 Von Karl dem Großen besiegt, über die Donau getrieben und mit einem großen Ringwall eingeschlossen, mussten sie von ihren gewohnten Beutezügen zu anderen Völkern ablassen. Unter Arnulfs Herrschaft[21] aber wurde das Werk zerstört und ihnen der Weg, Schaden anzurichten, geebnet, weil der Kaiser dem Mährerkönig Swatopluk[22] zürnte. Welche Zerstörung und welches Unheil sie daraufhin im Frankenreich anrichteten, bezeugen noch heute die zerstörten Burgen und Landschaften. Dies über das Volk zu berichten, erachteten wir für notwendig, damit deine Hoheit erkennen kann, mit welchen Menschen dein Großvater und dein Vater kämpfen mussten und von welchen Feinden nun fast ganz Europa durch ihre vorausschauende Tugend und ruhmreichen Waffen befreit worden ist.

20 Das oben genannte Heer der Ungarn, von den Slawen herbeigerufen, richtete in Sachsen großen Schaden an und machte unendliche Beute; bei der Rückkehr nach Dalminzien trafen sie ein anderes ungarisches Heer, das ihre Freunde zu bekriegen drohte, da diese ihre Hilfe verschmäht, während sie das erste Heer zu großer Beute geführt hatten. Und so geschah es, dass Sachsen ein zweites Mal von Ungarn verwüstet wurde. Während das erste Heer das zweite in Dalminzien erwartete, wurde dieses Land auch in eine derartige Not gebracht, dass sie in diesem Jahr den eigenen Grundbesitz verließen und anderen Völkern für ihren Lebensunterhalt dienten.

21 Als nun der Vater des Vaterlands und große Herzog Otto gestorben war,[23] hinterließ er seinem erhabenen und

ducatum. Cum autem ei essent et alii filii, Thancmarus et Liudulfus, ante patrem suum obierunt. Rex autem Cuonradus cum saepe expertus esset virtutem novi ducis, veritus est ei tradere omnem potestatem patris. Quo factum est, ut indignationem incurreret totius exercitus Saxonici; ficte tamen pro laude et gloria optimi ducis plura locutus promisit se maiora sibi daturum et honore magno glorificaturum. Saxones vero huiuscemodi simulationibus non adtendebant, sed suadebant duci suo, ut, si honore paterno eum nollet sponte honorare, regi invito quae vellet obtinere posset. Rex autem videns vultum Saxonum erga se solito austeriorem, nec posse publico bello eorum ducem conterere, subpeditante illi fortium militum manu, exercitus quoque innumera multitudine, egit, ut quoquo modo interficeretur dolo;

22 [B] ad hocque negotium habens, ut fertur, maxime [B31] idoneum Mogonciacae sedis episcopum nomine Hathonem. Hic obscuro genere natus ingenioque acutus, et qui difficile discerneretur, melior consilio foret an peior. Quod ex uno eius actu colligi potest. Nam cum bellum esset Cuonrado regis Cuonradi patri et Adelberto Heinrici ex sorore nepoti, primum interfectus est frater Adelberti; postea in ultionem fratris Cuonradus quoque occisus est ab Adelberto, nec ullus regum tam ingens bellum inter eminentes viros potuit sedare. Summus postremo pontifex

großartigen Sohn Heinrich das Herzogtum ganz Sachsens. Seine anderen Söhne, Thankmar und Liudolf, waren schon vorher gestorben. Da aber König Konrad oft die Vorzüge des neuen Herzogs erfahren hatte, scheute er sich, ihm die ganze Machtfülle des Vaters zu übertragen. Und so geschah es, dass er sich die Entrüstung des ganzen sächsischen Heeres zuzog. Heuchlerisch sagte er trotzdem vieles zu Lob und Ruhm des besten Herzogs und versprach, dass er ihm Größeres geben und ihn mit großer Würde ehren wolle. Aber auf derartige Vorspiegelungen achteten die Sachsen nicht, sondern rieten ihrem Herzog, er könne dem König zum Trotz gewinnen, was er wünsche, wenn dieser ihn mit der väterlichen Würde nicht freiwillig ehren wolle. Als aber der König sah, dass sich die Mienen der Sachsen ihm gegenüber verfinsterten und dass er ihren Herzog nicht in offenem Kampf überwinden könne, weil ihm eine Gruppe tapferer Krieger und ein ungeheuer großes Heer zur Verfügung standen, versuchte er, ihn irgendwie mit List zu töten.

22 [B; erste Fassung][24] Für diese Aufgabe stand ihm angeblich als hervorragend geeignet der Mainzer Bischof Hatto[25] zur Verfügung. Der war von unsicherer Herkunft und scharfem Verstand, und nur schwerlich kann über ihn entschieden werden, ob sein Rat besser oder schlechter zu bewerten sei. Das mag man aus einer seiner Taten erkennen. Während einer militärischen Auseinandersetzung zwischen Konrad, dem Vater König Konrads, und Adalbert, dem Neffen Heinrichs, wurde zuerst Adalberts Bruder getötet;[26] dann wurde Konrad aus Rache für den Bruder von Adalbert umgebracht. Keiner der Könige konnte damals die furchtbare Auseinandersetzung zwischen den führenden Männern abmildern. Schließlich wurde der Erzbischof ge-

mittitur ad sedandam tam ingentem discor-[B32]diam, et ingressus civitatem Adelberti sub iureiurando spopondit aut ei pacem cum rege facturum aut incolumem loco suo restituturum. His pactis consentiens Adelbertus, fidei gratia et amicitiae quod dignaretur aliquid gustare, rogavit. Quo negante ilico egressus est urbem. Cumque pertransisset oppidum cum omni comitatu, fertur clamasse: ›Proh‹, inquit, ›saepius petit, qui oblata spernit; taedet me longioris viae tardiorisque horae. Nam ieiuni tota die non possumus ambulare.‹ Laetus Adelbertus inclinatur ad genua pontificis et, ut gustandi gratia in urbem reverteretur, deposcit. Pontifex in urbem reversus cum Adelberto liberatur a lege iuramenti, ut sibi videbatur, eo quod incolumem eum loco suo constituisset. Post haec regi a pontifice presentatus Luthowico et dampnatus capitalem accepit sententiam. [B33] Hac igitur perfidia quid nequius? Attamen uno capite caeso multorum capita populorum salvantur. Et quid melius eo consilio, quo discordia dissolveretur et pax redderetur? Ea itaque varietate [B34] virum nobis proprie a summa clementia concessum aggressus est, fecitque ei torquem auream fabricari, et invitavit ad convivium, quo magnis ab eo muneribus honoraretur. Interea pontifex opus considerandi gratia ingreditur ad aurificem et visa torque ingemuisse fertur. Gemitus causam aurifex interrogat. Cui respondit, quia optimi viri et sibi carissimi, scilicet Heinrici,

sandt, die tiefe Zwietracht zu schlichten. Er betrat Adalberts Burg[27] und schwor, ihm entweder Frieden mit dem König zu verschaffen oder ihn unversehrt an seinen Wohnort zurückzubringen. Adalbert war mit diesem Vertrag zufrieden und bat ihn, um der Treue und der Freundschaft willen aus Anstand eine Kleinigkeit zu essen. Dieser wollte nicht und verließ sogleich die Burg. Und als er mit seinem ganzen Gefolge den Ort verlassen hatte, soll er gerufen haben: »Oh, oft bittet man um das, was man ablehnt, wenn es angeboten wird. Mich stört der zu lange Weg und die zu späte Stunde. Denn hungrig können wir nicht den ganzen Tag reisen.« Freudig verneigte sich Adalbert zu den Knien des Bischofs und bat inständig, in die Burg zurückzukehren, um etwas zu essen. Der Bischof kehrte mit Adalbert in die Burg zurück und war seiner Meinung nach von der eidlichen Verpflichtung befreit, weil er ihn unversehrt an seinen Wohnort zurückgebracht hätte. Daraufhin wurde Adalbert vom Bischof dem König Ludwig übergeben, verurteilt und hingerichtet. Was gibt es nun Schlimmeres als diese Treulosigkeit? Aber dennoch wurde durch den Tod des einen das Leben vieler gerettet. Und was war besser als dieser Rat, durch den die Zwietracht beendet und der Friede erneuert wurde. Mit der gleichen Wendigkeit[28] machte er sich an den Mann, der uns allein von der höchsten Gnade geschenkt worden war, ließ ihm eine goldene Kette herstellen[29] und lud zu einem Gastmahl ein, wo er ihn mit reichen Geschenken ehrte. Unterdessen ging der Bischof, um das Werk zu betrachten, zum Goldschmied und seufzte – so wird erzählt – beim Anblick der Kette. Der Goldschmied fragte nach dem Grund des Seufzers. Der Bischof antwortete ihm, die Kette müsse durch das Blut eines hervorra-

sanguine illa torques deberet intingui. Aurifex audita silentio texit, et opere perfecto traditoque missionem petit et accipit; et obvians duci eunti ad ea negotia indicavit ei quae audivit. Ipse autem vehementer iratus vocat legatum pontificis, qui iam pridem aderat invitandi eum gratia: ›Vade‹, inquit, ›dic Hathoni, quia durius collum non gerit Heinricus quam Adelberhtus, [B35] et quia melius rati sumus domi sedere et de eius servitio tractare quam comitatus nostri multitudine modo eum gravare.‹ Et statim omnia quae iuris ipsius erant in omni Saxonia vel Thuringorum terra occupavit. Burchardum quoque et Bardonem, quorum alter gener regis erat, in tantum afflixit et bellis frequentibus contrivit, ut terra cederent eorumque omnem possessionem suis militibus divideret. Hatho autem videns suis calliditatibus finem inpositum, nimia tristitia ac morbo pariter non post multos dies confectus interiit. Fuerunt etiam qui dicerent, quia fulmine caeli tactus eoque ictu dissolutus post tertium diem defecisset.

22 [A32] Denique ab amicis regiis ei insidie machinantur. Que tamen ab aurifice torquem auream ad usus doli fabricante deteguntur. Quidam enim insidias tendentium ingressus ad aurificem opus considerandi gratia eoque inspecto altius ingemuisse fertur. Tanti ge-[A33]mitus causam dum faber interrogat, hoc responsi accepit, quia optimi viri

genden und ihm werten Mannes, nämlich Heinrichs, benetzt werden. Der Goldschmied verbarg das Gehörte im Stillschweigen und bat nach Vollendung und Übergabe des Werks um Urlaub und erhielt ihn. Dem Herzog, der gerade wegen des Geschenks unterwegs war, ging er entgegen und teilte ihm mit, was er gehört hatte. Jener aber rief sehr erzürnt den Gesandten des Bischofs, der schon vor längerer Zeit angekommen war, um ihn einzuladen, und sagte: »Geh und sag Hatto, dass Heinrich keinen härteren Hals als Adalbert hat und dass wir denken, es sei besser, zu Hause zu bleiben und über den Dienst bei ihm zu verhandeln als ihm mit der Menge unseres Gefolges nur lästig zu werden.«[30] Und sofort besetzte Heinrich alle bischöflichen Besitzungen in ganz Sachsen und im Land der Thüringer. Auch griff er Burchard und Bardo[31] an, von denen einer Schwager des Königs war, und besiegte sie in mehreren Kämpfen, worauf sie das Land verließen und er ihren ganzen Besitz unter seine Krieger verteilte. Hatto aber sah, dass seinen Listen ein Ende gesetzt war, und starb, von großem Leid und Krankheit aufgerieben, nach wenigen Tagen. Es gab auch einige, die erzählten, dass er von einem Blitz aus dem Himmel getroffen und durch den Schlag gelähmt gewesen und drei Tage später gestorben sei.

22 [A; für die Kaisertochter bestimmte Fassung] Von den Freunden des Königs wurde ihm schließlich nach dem Leben getrachtet, was aber von einem Goldschmied, der eine goldene Kette für den Anschlag hergestellt hatte, enthüllt wurde. Denn einer der am Anschlag Beteiligten kam zum Goldschmied, um das Werk zu betrachten, und soll bei dem Anblick angeblich laut geseufzt haben. Als der Schmied nach dem Grund des schweren Seufzers fragte, erhielt er

Heinrici post modicum deberet illa torques sanguine infundi. Audita faber tanquam parvipendens silentio texit. Opere perfecto traditoque missionem petit et accepit, occurrensque duci iuxta locum qui dicitur Cassala secreto interrogat, quo iturus esset. Ille se ad convivium munusque honorificum invitatum et ad hoc ire velle respondit. Aurifex ilico audita prodit et ducem ab itinere prohibuit. Vocat autem legatum, qui ea hora invitandi eum gratia aderat, imperatque suis dominis gratias agere pro fideli invitatione, non posse vero in presenti eos visitare propter repentinas barbarorum incursiones; ceterum in sui servitio incunctanter permansurum. Ad orientem autem versus cum suo comitatu collecta manu omnia que erant pontificis, qui eo tempore Maguntie preerat, Hathonis in omni Saxonia vel Thuringorum terra occupavit. Burchardum quoque et Bardonem, quorum [A34] alter gener regis erat, in tantum afflixit et bellis frequentibus contrivit, ut terra cederent, eorumque omnem possessionem suis militibus divideret. Hattho autem videns suis artibus finem impositum Saxonumque res florescere, nimia tristicia ac morbo pariter confectus, non post multos dies deficiens, diem extremum obiit; vir magne prudentie, et qui tempore Ludewici adolescentis super imperio Francorum acri cura vigilabat, multas discordias in regno reconciliabat, templum Maguntie nobili structura illustrabat. [A35]

23 Rex autem misit fratrem cum exercitu in Saxoniam eam devastandam. Qui appropians urbi quae dicitur Heres-

die Antwort, dass jene Kette schon bald vom Blut des hervorragenden Mannes Heinrich benetzt werde. Das Gehörte verschwieg der Schmied, als ob er es nicht beachten würde. Nach Vollendung und Übergabe des Werks erbat und erhielt er Urlaub, ging dem Herzog in die Nähe eines Kassel genannten Ortes entgegen und fragte ihn heimlich, wohin er gehen wolle. Der antwortete, er sei zu einem Gastmahl und zu einer Ehrengabe eingeladen und wolle dorthin gehen. Sofort vertraute ihm der Goldschmied das Gehörte an und hielt den Herzog von der Reise ab. Dieser aber rief den Gesandten, der in diesem Moment gekommen war, um ihn einzuladen, und befahl ihm, seinem Herrn Dank für die treue Einladung abzustatten; er könne sie aber im Moment wegen wiederholter Einfälle von Barbaren nicht besuchen. Ansonsten würde er ohne Zögern zu ihrem Dienst stehen. Mit seinem ganzen Gefolge wandte er sich nach Osten und besetzte alle Güter des Bischofs Hatto, der zu jener Zeit Mainz vorstand, in ganz Sachsen und im Land der Thüringer. Auch griff er Burchard und Bardo an, von denen einer Schwager des Königs war, und besiegte sie in mehreren Kämpfen, worauf sie das Land verließen und er ihren ganzen Besitz unter seine Krieger verteilte. Hatto aber sah, dass seinen Listen ein Ende gesetzt war und das Glück der Sachsen blühte, verlor nach wenigen Tagen an Kräften und starb, von tiefer Traurigkeit und Krankheit aufgerieben. Er war ein Mann von immenser Weisheit, der zur Zeit Ludwigs des Kindes mit großer Sorgfalt über das Reich der Franken wachte, viele Streitigkeiten im Königreich ausglich und den Mainzer Dom mit einem edlen Ausbau schmückte.

23 Aber der König schickte seinen Bruder mit einem Heer nach Sachsen, um es zu verwüsten. Als er sich der Eres-

burg, superbe locutum tradunt, quia nichil [36] ei maioris curae esset, quam quod Saxones pro muris se ostendere non auderent, quo cum eis dimicare potuisset. Adhuc sermo in ore eius erat, et ecce Saxones ei occurrerunt miliario uno ab urbe, et inito certamine tanta caede Francos multati sunt, ut a mimis declamaretur, ubi tantus ille infernus esset, qui tantam multitudinem caesorum capere posset. Frater autem regis Evurhardus liberatus a timore absentiae Saxonum – nam eos presentes vidit – et ab ipsis turpiter fugatus discessit.

24 Audiens autem rex male pugnatum a fratre, congregata omni virtute Francorum, perrexit ad requirendum Heinricum. Quem compertum in presidio urbis quae dicitur Grona, temptavit illud obpugnare presidium. Et missa legatione pro spontanea deditione spondet se per hoc sibi amicum affuturum, non hostem experturum. Huic legationi intervenit Thiatmarus ab oriente, vir disciplinae militaris peritissimus, varius consilioque magnus, et qui calliditate [37] ingenita multos mortales superaret. Hic superveniens legatis regis presentibus interrogat, ubi vellet exercitum castra metari. At ille iam suasus cedere Francis, accepit fiduciam, audiens de exercitu, credens ita esse; Thiatmarus vero ficte loquebatur. Cum quinque enim tantummodo viris venerat. De numero autem legionum sciscitante duce, ad

burg[32] näherte, soll er hochmütig gesagt haben, dass ihm nichts größere Sorge mache, als dass die Sachsen sich nicht vor den Mauern zu zeigen wagten, damit er mit ihnen kämpfen könne. Noch hatte er diese Rede auf den Lippen, als sich die Sachsen ihm eine Meile vor der Burg entgegenstellten und die Franken nach Schlachtbeginn mit einem solchen Morden züchtigten, dass von den fahrenden Sängern deklamiert wurde, wo es eine solche Hölle gebe, die diese Menge Getöteter aufnehmen könne. Eberhard aber, der Bruder des Königs, war von der Sorge, die Sachsen würden ausbleiben, befreit, denn er sah sie direkt vor sich, und schmachvoll von ihnen in die Flucht geschlagen, zog er weg.

24 Als der König vom unglücklichen Kampf des Bruders hörte, versammelte er das ganze Aufgebot der Franken und ging, um Heinrich aufzusuchen. Dieser – so erfuhr er – befand sich im Schutz einer Burg namens Grone; jene Festung versuchte der König zu besetzen. Er schickte eine Gesandtschaft mit der Forderung nach freiwilliger Unterwerfung und versprach, er werde dem Herzog als Freund zur Seite stehen und ihn nicht als Feind erachten. Während dieser Gesandtschaft kam Thiatmar[33] von Osten, ein im Kriegswesen sehr erfahrener Mann, gewandt, durch seine Ratschläge bedeutend und durch angeborene Schlauheit vielen Sterblichen überlegen. Er kam noch während der Anwesenheit der Legaten des Königs und fragte, wo er sein Heer lagern lassen solle. Und Heinrich, schon überredet, den Franken nachzugeben, gewann Zuversicht, als er von einem Heer hörte, und glaubte, es verhalte sich wirklich so. Was Thiatmar aber gesagt hatte, war erdichtet, denn er war nur mit fünf Männern gekommen. Als der Herzog nach der Zahl der Verbände fragte, antwortete Thiatmar, er könne

triginta fere legiones se producere posse respondit. Et ita delusi legati regressi sunt ad regem. Vicit vero eos calliditate sua Thiatmarus, quos ipse dux ferro vincere non potuit Heinricus. Nam antelucanum relictis castris Franci, unusquisque rediit in sua.

25 Rex autem profectus in Baioariam dimicavit cum Arnulfo, et ibi, ut quidam tradunt, vulneratus revertitur in patriam suam. Cumque se morbo sensisset laborare pariter cum defectione primae fortunae, vocat fratrem, qui eum visitandi gratia adierat, quemque ita alloquitur: ›Sentio‹, inquit, ›frater, diutius me istam vitam tenere non posse, Deo, qui ordinavit ita, imperante, gravique morbo id cogente. Qua-[38]propter considerationem tui habeto, et quod ad te maxime respicit, Francorum toto regno consulito, mei adtendendo, fratris tui, consilio. Sunt nobis, frater, copiae exercitus congregandi atque ducendi, sunt urbes et arma cum regalibus insigniis et omne quod decus regium deposcit preter fortunam atque mores. Fortuna, frater, cum nobilissimis moribus Heinrico cedit, rerum publicarum secus Saxones summa est. Sumptis igitur his insigniis, lancea sacra, armillis aureis cum clamide et veterum gladio regum ac diademate, ito ad Heinricum, facito pacem cum eo, ut eum foederatum possis habere in perpetuum. Quid enim necesse est, ut cadat populus Francorum tecum coram eo? ipse enim vere rex erit et imperator multorum populorum.‹ His dictis frater lacrimans se consentire respondit. Post haec autem rex ipse moritur, vir fortis et potens, domi mi-

fast dreißig Abteilungen ins Feld führen. So um ihre Hoffnung betrogen, kehrten die Gesandten zum König zurück. Und Thiatmar besiegte diejenigen mit seiner Schlauheit, die Herzog Heinrich selbst nicht mit dem Schwert bezwingen konnte. Denn vor Tagesanbruch verließen die Franken ihr Lager, und ein jeder kehrte in seine Heimat zurück.

25 Der König aber zog nach Bayern und kämpfte gegen Arnulf[34], wurde hier – wie einige berichten – verwundet und kehrte in seine Heimat zurück. Und da er fühlte, dass er krank war und sein anfängliches Glück dahinschwand, rief er seinen Bruder, der zu einem Besuch gekommen war, und sagte Folgendes zu ihm: »Ich fühle, Bruder, dass ich dieses Leben nicht länger behalten kann, da Gott es so befiehlt und eine schwere Krankheit mich bedrückt. Darum überlege bei dir selbst, sorge, was dich hauptsächlich angeht, für das ganze Frankenreich und beachte meinen brüderlichen Rat. Wir können, Bruder, Truppen aufstellen und ins Feld führen, wir besitzen Burgen, Waffen, die königlichen Insignien und alles, was die königliche Würde fordert; aber wir haben kein Glück und keine Eignung. Das Glück, Bruder, ist mit der hervorragendsten Befähigung an Heinrich übergegangen, die Entscheidung über das Reich liegt bei den Sachsen. Deshalb nimm diese Abzeichen, die heilige Lanze,[35] die goldenen Armspangen mit dem Mantel, das Schwert und die Krone der alten Könige, geh zu Heinrich und mach Frieden mit ihm, damit du ihn immer zum Verbündeten hast. Denn warum ist es nötig, dass das Frankenvolk mit dir vor ihm zusammensinkt? Er wird wahrhaftig König sein und Kaiser über viele Völker.« Nach diesen Worten erwiderte der Bruder weinend, er sei einverstanden. Darauf starb der König, ein tapferer und mächtiger Mann,

litiaque optimus, largitate serenus et omnium virtutum insigniis clarus; sepeliturque in civitate sua Wilinaburg, cum moerore ac lacrimis omnium Francorum. [39]

26 Ut ergo rex imperarat, Evurhardus adiit Heinricum seque cum omnibus thesauris illi tradidit, pacem fecit, amicitiam promeruit; quam fideliter familiariterque usque in finem obtinuit. Deinde congregatis principibus et natu maioribus exercitus Francorum in loco qui dicitur Fridisleri, designavit eum regem coram omni populo Francorum atque Saxonum. Cumque ei offerretur unctio cum diademate a summo pontifice, qui eo tempore Hirigerus erat, non sprevit, nec tamen suscepit: ›Satis‹, inquiens, ›michi est, ut pre maioribus meis rex dicar et designer, divina annuente gratia ac vestra pietate; penes meliores vero nobis unctio et diadema sit: tanto honore nos indignos arbitramur.‹ Placuit itaque sermo iste coram universa multitudine, et dextris in caelum levatis nomen novi regis cum clamore valido salutantes frequentabant.

27 Eo ordine rex factus Heinricus perrexit cum omni comitatu suo ad pugnandum contra Burchardum ducem Alamanniae. Hic cum esset bellator intolerabilis, [40] sentiebat tamen, quia valde prudens erat, congressionem regis sustinere non posse, tradidit semet ipsum ei cum universis urbibus et populo suo. Et rebus prospere gestis transiit inde in Baioariam, cui presidebat Arnulfus dux. Quo comperto in presidio urbis quae dicitur Reginesburg obsedit eum. Videns autem Arnulfus, quia resistere regi non sufficeret,

im Krieg wie im Frieden hervorragend, freigebig, mild und mit allen Vorzügen ausgestattet; begraben wurde er unter dem Jammer und den Tränen aller Franken in seiner Stadt Weilburg.[36]

26 Wie der König befohlen hatte, ging Eberhard zu Heinrich, stellte sich ihm mit allen Schätzen zur Verfügung, schloss Frieden und gewann seine Freundschaft, die er treu und fest bis zu seinem Ende bewahrte. Dann versammelte er die Führer und Adligen des fränkischen Heeres an einem Ort namens Fritzlar und rief Heinrich vor dem ganzen Volk der Franken und Sachsen zum König aus. Als diesem vom Erzbischof, der damals Heriger[37] hieß, die Salbung und die Krone angeboten wurde, verschmähte er sie nicht, nahm sie aber trotzdem nicht an und sagte: »Es genügt mir, dass ich meinen Vorfahren das voraushabe, dass ich wegen Gottes Wohlwollen und eurer Huld König genannt und dazu ausgerufen werde. Salbung und Krone aber sollen Besseren als mir zukommen; einer so großen Ehre halten wir uns für unwürdig.« Diese Rede gefiel nun der ganzen Menge, und mit zum Himmel gehobenen rechten Armen riefen sie mehrfach laut den Namen des neuen Königs.

27 So König geworden, brach Heinrich mit seinem ganzen Gefolge zum Kampf gegen Burchard[38], den Herzog Alamanniens, auf. Obwohl dieser ein unbesiegbarer Krieger war, merkte er als sehr kluger Mann trotzdem, dass er einen Kampf mit dem König nicht bestehen könne, und vertraute sich ihm mit allen seinen Burgen und seinem Volk an. Und nach diesem Erfolg zog Heinrich weiter nach Bayern, wo Arnulf[39] als Herzog herrschte. Als er erfuhr, dass der sich im Schutz der Burg von Regensburg aufhalte, belagerte er ihn. Aber Arnulf sah, dass er dem König nicht

apertis portis egressus est ad regem, tradito semet ipso cum omni regno suo. Qui honorifice ab eo susceptus amicus regis appellatus est. Rex autem de die in diem proficiens et crescens, robustior maiorque ac clarior pollebat. Cumque regnum sub antecessoribus suis ex omni parte confusum civilibus atque externis bellis colligeret, pacificaret et adunaret, signa movit contra Galliam et Lotharii regnum.

28 Lotharius enim erat filius Hluthowici imperatoris a Magno Karolo nati. Huic erant fratres Karolus et Hluthowicus. Karolo Aequitaniae et Wascanorum cessere regiones, terminum habens ab occidente Barcillonam Hispaniae urbem, ab aquilone Brittannicum mare et ad meridiem iuga Alpium, ad orientem vero Masam fluvium. Inter Masam vero fluvium et Renum Lothario regnum cessit. Hluthowico autem a Reno usque ad fines Illirici et Pannoniae, Adoram quoque fluvium et terminos Danorum [41] imperium erat. Sub his fratribus bellum famosum actum est in Phontinith, antequam haec divisio regni fieret. Postea vero facta inviolabiliter mansit, quousque iure hereditario haec regna omnia cederent Karolo, huius Lotharii proavo, de quo supra mentionem fecimus.

29 Hunc quidam ex orientalibus Francis adiens nomine Oda, vir fortis et prudens, egitque consilio suo, ut cum Danis bene pugnaretur, qui iam multis annis Karoli regnum vexabant, unaque die ex eis ad centum milia caederentur. Ex hoc ille Oda clarus et insignis habitus et a rege secundus significatus, cum ad eum venerit uno tantum servulo comite contentus. Moriens autem Karolus iussit Odonem me-

widerstehen könne, öffnete die Tore, trat hinaus zum König und unterwarf sich mit seinem ganzen Königreich.[40] Er wurde von Heinrich ehrenvoll empfangen und Freund des Königs genannt. Der König aber wurde von Tag zu Tag mächtiger, stärker, größer und berühmter. Und nachdem er das Königreich, das unter seinen Vorgängern überall durch innere und äußere Kriege erschüttert war, geeinigt, befriedet und wieder zusammengebracht hatte, zog er gegen Gallien und Lothringen.

28 Lothar[41] war nämlich der Sohn Kaiser Ludwigs, des Sohns Karls des Großen; seine Brüder waren Karl und Ludwig. Karl[42] hatte Aquitanien und die Gascogne erhalten; im Westen hatte er als Grenze Barcelona, im Norden das Britannische Meer und im Süden den Alpenkamm, im Osten aber die Maas. Das Reich zwischen Maas und Rhein fiel Lothar zu. Das Herrschaftsgebiet Ludwigs[43] erstreckte sich vom Rhein bis nach Illyrien und Pannonien, bis zum Fluss Adora[44] und zum Gebiet der Dänen. Unter diesen Brüdern wurde in Fontenoy eine Schlacht ausgetragen,[45] bevor die Teilung des Reichs vorgenommen wurde. Danach aber bestand sie dauerhaft, bevor alle diese Reiche Karl zufielen, dem Urgroßvater des oben erwähnten Lothar.[46]

29 Zu diesem kam aus Ostfranken Odo[47], ein tapferer und kluger Mann, und erreichte mit seinen Ratschlägen, dass wirkungsvoll gegen die Dänen gekämpft wurde, die schon viele Jahre das Reich Karls heimgesucht hatten, und dass an einem Tag hunderttausend erschlagen wurden. Dadurch wurde Odo berühmt, vielfach ausgezeichnet und als der Zweite nach dem König bezeichnet, obwohl er sich bei seiner Ankunft mit einem einzigen Knecht begnügt hatte. Der sterbende Karl aber befahl Odo, seiner Wohltat zu ge-

morem beneficii sui fore, et misericordiam sibi prestitam filio, si nasceretur, non negaret. Nam filius ei tunc non erat, sed regina pregnans fuit. Cumque post mortem patris filius nasceretur, Oda eum et regno pariter et nomine [42] paterno declaravit. Sed Arnulfus imperator, qui seniorem Karolum Germania expulit, post mortem eius omne regnum ipsius sibi vendicavit. Huic Oda et diadema et sceptrum et cetera regalia ornamenta obtulit, imperiumque domini sui gratia imperatoris Arnulfi obtinuit. Unde usque hodie certamen est de regno Karolorum stirpi et posteris Odonis, concertatio quoque regibus Karolorum et orientalium Francorum super regno Lotharii.

30 Ob quod Heinricus rex movit castra contra Karolum eiusque saepius fudit exercitum, iuvitque virum fortem fortuna. Nam Huga, cuius pater Rodberhtus, filius Odonis, ab exercitu Karoli occisus est, misit et dolo eum cepit posuitque in custodia publica, donec vitam finiret. Heinricus autem rex audiens casum Karoli dolebat humanaeque mutabilitatis communem admiratus est fortunam, quia non minori claruit religiositate quam armorum virtute. Iudicavitque abstinere quidem ab armis, verum potius arte superaturos speravit Lotharios, quia gens varia erat et artibus [43] assueta, bellis prompta mobilisque ad rerum novitates. Eo tempore erat quidam de Lothariis nomine Cristianus, qui videns regi cuncta prospere procedere, quaesivit, quomodo maiori gratia apud regem honoraretur; et simulata infirmitate vocavit ad se Isilberhtum, cui principatus regionis pa-

denken und die Barmherzigkeit seinem Sohn, wenn einer geboren würde, nicht zu verweigern. Denn er hatte damals noch keinen Sohn, aber die Königin war schwanger. Als nach dem Tod des Vaters ein Sohn geboren wurde, gab Odo ihm das Reich und des Vaters Namen. Aber Kaiser Arnulf, der den älteren Karl aus Ostfranken verdrängt hatte, riss nach dessen Tod sein ganzes Reich an sich. Ihm übertrug Odo die Krone, das Zepter und die übrigen königlichen Abzeichen und erhielt die Herrschaft seines früheren Herrn durch Kaiser Arnulfs Gnade.[48] Und darum ist bis heute ein Streit zwischen Karolingern und den Nachkommen Odos um dieses Reich wie auch zwischen den Karolingern und den ostfränkischen Königen um Lothringen.

30 Deshalb zog König Heinrich gegen Karl, schlug mehrmals dessen Heer, und dem tapferen Mann half das Glück. Denn Hugo, dessen Vater Robert,[49] Odos Sohn, vom Heer Karls getötet worden war, sandte nach Karl, nahm ihn listig gefangen und steckte ihn bis an sein Lebensende in den Kerker.[50] Als König Heinrich aber die Sache mit Karl hörte, schmerzte es ihn, und er wunderte sich über das wechselhafte menschliche Glück, weil er nicht weniger durch Frömmigkeit als durch Tapferkeit mit den Waffen ausgezeichnet war. Und er beschloss, vom Krieg abzusehen, hoffte aber, die Lothringer eher durch List zu überwinden, weil dieses Volk unzuverlässig, an Schliche gewöhnt, zum Krieg sofort bereit und zu Veränderungen der Lage geneigt war. Damals lebte unter den Lothringern einer namens Christian, der sah, dass dem König alles glückte, und überlegte, wie er von ihm durch größere Gnade geehrt werden könnte. Und unter Vortäuschung einer Krankheit rief er Giselbert[51] zu sich, dem die Herrschaft über das Land aus

terna successione cessit, cepitque eum arte et sub custodia regi Heinrico transmisit. Erat autem Isilberhtus nobili genere ac familia antiqua natus. Quem rex satis laetus suscepit, quia per ipsum solum totum Lotharii regnum se habiturum arbitratus est. Deinde videns adolescentem valde industrium, genere ac potestate, divitiis quoque clarum, liberaliter eum coepit habere, ac postremo desponsata sibi filia nomine Gerberga affinitate pariter cum amicitia iunxit eum sibi, sublegato omni ei Lotharii regno.

31 Genuit quoque ei et alios filios clara et nobilissima ac singularis prudentiae regina nomine Mahthilda, primogenitum mundi amorem nomine Oddonem, secundum patris nomine insignitum, virum fortem et industrium Heinricum, tertium quoque nomine Brunonem, quem pontificis [44] summi ac ducis magni vidimus officium gerentem. Ac ne quis eum culpabilem super hoc dixerit, cum Samuelem sanctum et alios plures sacerdotes pariter legamus et iudices. Aliam quoque filiam genuit, quae nupserat Hugoni duci. Erat namque ipsa domina regina filia Thiadrici, cuius fratres erant Widukind, Immed et Reginbern. Reginbern autem ipse erat, qui pugnavit contra Danos multo tempore Saxoniam vastantes, vicitque eos, liberans patriam ab illorum incursionibus usque in hodiernum diem. Et hi erant stirpis magni ducis Widukindi, qui bellum potens gessit contra Magnum Karolum per triginta ferme annos. [45]

32 Cumque iam civilia bella cessarent, iterum Ungarii totam Saxoniam percurrentes urbes et oppida incendio tradiderunt et tantam caedem ubique egerunt, ut ultimam de-

der väterlichen Nachfolge zugefallen war, nahm ihn mit List gefangen und übergab ihn unter Bewachung an König Heinrich. Dieser Giselbert aber war von edler Herkunft und aus alter Familie. Ihn empfing der König hocherfreut, weil er durch ihn allein Lothringen zu erhalten glaubte. Danach sah er, dass der junge Mann sehr fleißig und durch Herkunft, Macht und auch durch Reichtum hervorstach, und begann, ihn freundlicher zu behandeln; schließlich verlobte er ihn mit seiner Tochter Gerberga und band ihn durch Verwandtschaft ebenso wie durch Freundschaft an sich, nachdem er ihm ganz Lothringen übertragen hatte.

31 Die berühmte, edle und an Weisheit einzigartige Königin Mathilde[52] gebar ihm noch andere Söhne, als ersten nämlich den Liebling der Welt Otto, als zweiten einen mit Namen des Vaters und als dritten Brun, den wir das Amt eines Erzbischofs und eines großen Herzogs zugleich bekleiden sahen.[53] Niemand aber soll ihn darum für strafwürdig erachten, da wir vom heiligen Samuel und vielen anderen lesen, sie seien gleichermaßen Priester und Richter gewesen. Auch gebar sie ihm noch eine zweite Tochter, die den Herzog Hugo[54] heiratete. Jene Königin aber war die Tochter Thiadrichs, dessen Brüder Widukind, Immed und Reginbern hießen. Reginbern war der, der gegen die Dänen, die lange Zeit Sachsen verwüsteten, kämpfte, sie besiegte und die Heimat bis heute von ihren Einfällen befreite. Und sie waren aus der Familie des großen Herzogs Widukind, der fast dreißig Jahre lang einen gewaltigen Krieg gegen Karl den Großen führte.

32 Als nun die inneren Kämpfe ruhten, zogen die Ungarn erneut durch ganz Sachsen, zündeten Burgen und Städte an und richteten überall ein solches Blutbad an, dass eine tota-

populationem comminarent. Rex autem erat in presidio urbis quae dicitur Werlaon. Nam rudi adhuc militi et bello publico insueto contra tam saevam gentem non credebat. Quantam autem stragem fecerint illis diebus aut quanta monasteria succenderint, melius iudicavimus silere quam calamitates nostras verbis quoque iterare. Contigit autem quendam ex principibus Ungariorum capi vinctumque ad regem duci. Ungarii vero ipsum in tantum dilexerunt, ut pro redemptione illius innumera auri et argenti pondera offerrent. Rex autem spernens aurum expostulat pacem, tandemque obtinuit, ut reddito captivo cum aliis muneribus ad novem annos pax firmaretur.

33 Quando vero rex Renum transierat ad dilatandum super Lotharios imperium suum, occurrit ei legatus [46] Karoli, et salutato eo verbis humillimis: ›Dominus meus‹, inquit, ›Karolus, regia quondam potestate preditus, modo privatus, misit me ad te demandans, quia nichil ei ab inimicis circumvento iocundius, nichil dulcius esse possit quam de tui magnifici profectus gloria aliquid audire, fama virtutum tuarum consolari. Et hoc tibi signum fidei et veritatis transmisit‹; protulitque de sinu manum preciosi martyris Dionisii auro gemmisque inclusam. ›Hoc‹, inquit, ›habeto pignus foederis perpetui et amoris vicarii. Hanc partem unici solatii Francorum Galliam inhabitantium, postquam nos deseruit insignis martyr Vitus ad nostram perniciem

le Entvölkerung drohte. Der König befand sich aber im Schutz der Burg Werla. Denn er vertraute seinen ungeübten und im offenen Krieg mit einem so wilden Volk unerfahrenen Kriegern nicht. Welche Verheerung sie in diesen Tagen anrichteten und wie viele Klöster sie in Brand steckten, haben wir lieber verschweigen wollen, als unser Unglück nochmals mit Worten zu wiederholen. Aber es geschah, dass einer der Ungarnfürsten gefangen genommen und gefesselt zum König geführt wurde. An diesem hingen die Ungarn aber so sehr, dass sie für seine Freilassung eine ungeheure Menge Gold und Silber boten. Der König wies das Gold zurück und erbat Frieden, den er schließlich erhielt, so dass gegen Freilassung des Gefangenen und weitere Geschenke der Friede für neun Jahre geschlossen wurde.

33 Als aber der König den Rhein überschritt, um seine Herrschaft über die Lothringer auszudehnen,[55] kam ihm ein Gesandter Karls[56] entgegen, grüßte ihn mit sehr unterwürfigen Worten und sagte: »Mein Herr, Karl, früher mit königlicher Machtvollkommenheit versehen, jetzt derselben beraubt, hat mich zu dir geschickt, um zu fragen, dass ihm, den seine Feinde hintergangen hätten, nichts angenehmer und nichts süßer sei, als etwas über den Ruhm deines großartigen Aufstiegs zu hören und sich am Ruf deiner Begabungen zu trösten. Er schickt dir dieses Zeichen seiner Treue und Aufrichtigkeit.« Dabei zog er aus seinem Gewand die Hand des preiswürdigen Märtyrers Dionysius, in Gold und Edelsteine gefasst. »Dies«, sagte er weiter, »sollst du als Pfand des ewigen Bündnisses und der gegenseitigen Liebe behalten. Am liebsten wollte er dir dieses Stück des einzigen Trostes der Franken, die Gallien bewohnen, übergeben, nachdem der außerordentliche Märtyrer Vitus uns

vestramque perpetuam pacem Saxoniam visitavit, communicare tecum maluit. Neque enim, postquam translatum est corpus eius a nobis, civilia vel externa cessavere bella; eodem quippe anno Dani et Northmanni regionem nostram invaserunt.‹ Rex autem munus divinum cum omni gratiarum actione suscipiens prosternitur reliquiis sanctis et deosculans eas summa veneratione veneratus est.

34 Inclitus vero martyr, de quo legatus Karoli disseruit, erat in Licia provincia nobili natus familia, sed pagana. Quem pater presidi provinciae Valeriano presentavit, eumque ipse preses ad inmolandum simulacris coegit; sed interea manum perdidit et oratione ipsius iterum sanam recepit. Brachia tortoribus aruerunt, sed meritis martyris restituta sunt eis. Videns autem pater, quia tormenta irrisit, domum reduxit, cubiculo omnibus deliciis affluenti reclusit. Ibi cum archana quaedam Hylas – sic enim vocabatur pater eius – [47] conspiceret, caecus efficitur. Et coactus idolis abrenunciavit, Christum confessus est. Illuminatus autem per merita filii sui Viti Christum negavit et filium interficere quaesivit. Monitu angelico atque ductu Modestus, iam gravior pedagogus, puerum sumit, mare navigat, ad Siler fluvium pervenit. Ibi sub arbore quadam requiescentes vacant orationibus, aquilis victum cotidianum ministranti-

zu unserem Verderben verlassen hat und zu eurem immerwährenden Frieden nach Sachsen gekommen ist.[57] Denn seitdem sein Körper von uns weggebracht wurde, haben innere und auswärtige Kriege nicht aufgehört; in jenem Jahr haben Dänen und Normannen unser Gebiet angegriffen.« Der König aber nahm das göttliche Geschenk mit den Zeichen höchster Dankbarkeit an, kniete vor den heiligen Reliquien nieder und erwies ihnen durch einen Kuss die höchste Verehrung.

34 Aber der berühmte Märtyrer, von dem der Gesandte Karls sprach, war in der Provinz Lykien geboren und stammte aus einer edlen, aber heidnischen Familie. Sein Vater stellte ihn dem Provinzstatthalter Valerian vor, und dieser wollte ihn zum Opfern vor den Götzenbildern zwingen.[58] Doch unterdessen verdorrte ihm die Hand und wurde durch das Gebet des Vitus wieder gesund. Den Folterknechten erstarrten die Arme, aber durch die Verdienste des Heiligen wurden sie wiederhergestellt. Als der Vater nun sah, dass er allen Torturen widerstand, brachte er ihn wieder nach Hause und schloss ihn in ein mit allen Genüssen gefülltes Zimmer ein. Und als Hylas – denn so hieß sein Vater – hier gewisse Geheimnisse erblickte, wurde er blind. So schwor er gezwungenermaßen den Götzen ab und bekannte sich zu Christus. Als er aber durch die Verdienste seines Sohns Vitus wieder sehen konnte, verleugnete er Christus und versuchte, den Sohn zu töten. Auf die Ermahnung und unter Führung eines Engels nahm Modestus, der schon ältere Erzieher, den Knaben, segelte über das Meer und kam zum Fluss Sele. Hier ruhten sie unter einem Baum aus und widmeten sich ihren Gebeten, während ihnen Adler die tägliche Mahlzeit brachten. Den Leuten, die

bus. Populis eum visitantibus puer predicat Christum, plures convertit, plures baptismum suscipere fecit. Post haec a Diocletiano caesare vocatus Romam proficiscitur, et filio imperatoris per orationem Viti a daemonio purgato, thura diis offerre cogitur. Illi vero durius imperatori respondente, bestiis proicitur nec laeditur. Deinde in medium clibani ardentis iactatur, et angelo flammas sedante illaesus egreditur. Vinculorum ingenti ferro oneratus carceri traditur, sed ibi a Domino et multitudine angelorum visitatur. Postremo tormento quod catasta dicitur cum Modesto et quadam nobili femina Crescentia figitur et fractis omnibus membrorum motibus a Christo consolatur. Nam fulmine caeli tortores tacti et tonitru ingenti perterriti ab eo fugantur. Subitoque repertus est in loco, ubi prius orationi vacabat, angelo Domini ibi eum restituente; et ultima oratione celebrata animas caelo tradiderunt. Corpora vero Florentia, quaedam illustris femina, terrae tradidit in eodem loco qui dicitur Marianus. Eius ultimam orationem tuae gloriae significare curavi, ut inde sumas, quo eius amore ardeas et ardore ipsius amoris perpetuum eius patrocinium merearis. ›Domine‹, inquit, ›Iesu Christe, fili Dei vivi, perfice desiderium cordis eorum et libera eos ab omnibus inpedimentis huius saeculi et perduc eos ad gloriam tuam, qui pro me

ihn besuchen kamen, predigte der Knabe Christus, bekehrte einige und brachte andere dazu, sich taufen zu lassen. Dann ging er – von Kaiser Diokletian[59] gerufen – nach Rom und wurde gezwungen, den Göttern, nachdem der Sohn des Kaisers durch sein Gebet von einem Dämon erlöst worden war, Weihrauch zu streuen. Da er aber diesem Kaiser heftig widersprach, wurde er wilden Tieren vorgeworfen, aber nicht verletzt. Dann wurde er mitten in einen glühenden Ofen geworfen, aber ein Engel löschte die Flammen, und Vitus ging unverletzt daraus hervor. Beladen mit ungeheuren Eisenketten, brachte man ihn in den Kerker, aber er wurde dort von Gott und einer Engelschar besucht. Zuletzt wurde er zusammen mit Modestus und einer vornehmen Frau namens Kreszentia an ein Martergerät, Catasta genannt, gehängt und, als alle Gelenke seiner Glieder gebrochen waren, von Christus getröstet. Denn die Folterknechte wurden von einem Blitz aus dem Himmel getroffen und – durch einen fürchterlichen Donnerschlag erschreckt – von ihm weggescheucht. Und plötzlich fand er sich an dem Ort, wo er früher gebetet hatte, indem ihn der Engel des Herrn dorthin zurückbrachte. Sie sprachen ein letztes Gebet und übergaben ihre Seelen dem Himmel. Ihre Körper aber begrub Florentia, eine vornehme Dame, an dem Ort, der Marianus genannt wird. Sein letztes Gebet möchte ich deiner Hoheit mitteilen, damit du daraus entnehmen kannst, in welcher Liebe zu ihm du entbrennen und dass du in der Glut der Liebe zu ihm seinen andauernden Schutz verdienen sollst. »Herr Jesus Christus«, sagte er, »Sohn des lebendigen Gottes, erfülle du denen die Sehnsucht ihrer Herzen, befreie sie von allen Hindernissen ihrer Umgebung und führe die zu deinem Ruhm, die dich mei-

glori-[48]ficant te et volunt gloriari de mei martyrii passione.‹ Hanc vocem subsecuta est sponsio divinae promissionis rata et firma esse omnia quae rogasset. Post multa vero tempora Romam veniens quidam Fulradus nomine et ibi gesta legens preciosi martyris notavit locum sepulcri. Veniensque levavit reliquias sacras et collocavit eas in pago Parisiaco. Inde regnante Hluthowico imperatore translatae sunt in Saxoniam, et ut legatus Karoli confessus est, ex hoc res Francorum coeperunt minui, Saxonum vero crescere, donec dilatatae ipsa sua iam magnitudine laborant, ut videmus in amore mundi et totius orbis capite, patre tuo, cuius potentiae maiestatem non solum Germania, Italia atque Gallia, sed tota fere Europa non sustinet. Colito itaque tantum patronum, quo adveniente Saxonia ex serva facta est libera et ex tributaria multarum gentium domina. Neque enim talis ac tantus summi Dei amicus tui gratia indiget, nos vero famuli ipsius indigemus. Unde ut eum possis habere intercessorem apud caelestem imperatorem, habeamus te advocatum apud terrenum regem, tuum scilicet patrem atque fratrem.

35 Igitur Heinricus rex, accepta pace ab Ungariis ad novem annos, quanta prudentia vigilaverit in munienda patria et in expugnando barbaras nationes, supra nostram est virtutem edicere, licet omnimodis non oporteat taceri. Et primum quidem ex agrariis militibus nonum quemque [49] eligens in urbibus habitare fecit, ut ceteris confamiliaribus

netwegen preisen und sich wegen des Leidens meines Martyriums rühmen.« Dieser Rede folgte eine Versicherung des göttlichen Versprechens, dass alles, was er erbeten, in Erfüllung gehen würde. Nach langer Zeit aber kam ein gewisser Fulrad[60] nach Rom und entdeckte, während er die Taten des preiswürdigen Märtyrers las, sein Grab. Und er kam, hob die heiligen Reliquien und stellte sie im Gau Paris auf. Während der Herrschaft Kaiser Ludwigs wurden sie von dort nach Sachsen überführt, und danach begann, wie der Bote Karls gestand, das Glück der Franken nachzulassen, das der Sachsen hingegen zu wachsen, bis es so weit gespannt war, dass es unter seiner Größe schon leidet, wie wir in dem Liebling der Welt und dem Haupt des ganzen Erdkreises sehen, deinem Vater, für dessen Macht nicht nur Germanien, Italien und Gallien, sondern fast ganz Europa nicht mehr genügt. Verehre darum diesen Schutzherrn, durch dessen Ankunft Sachsen von einer Sklavin zur Freien, von einer Tributpflichtigen zur Herrin vieler Völker wurde. Denn ein solcher Freund des höchsten Gottes braucht zwar deine Gunst nicht, wir aber als seine Diener bedürfen ihrer. Damit du ihn als Fürsprecher bei dem himmlischen Herrscher hast, wollen wir dich als Beistand beim irdischen König, nämlich bei deinem Vater und deinem Bruder, haben.

35 König Heinrich nun sorgte sich, als er von den Ungarn einen Frieden für neun Jahre erhalten hatte, mit großer Klugheit um die Sicherung des Vaterlands und die Niederwerfung der barbarischen Völker; dies auszuführen geht zwar über unsere Fähigkeit, aber man darf es keinesfalls verschweigen. Zunächst wählte er unter den bäuerlichen Kriegern jeden Neunten aus und ließ ihn in den Burgen woh-

suis octo habitacula extrueret, frugum omnium tertiam partem exciperet servaretque. Caeteri vero octo seminarent et meterent frugesque colligerent nono et suis eas locis reconderent. Concilia et omnes conventus atque convivia in urbibus voluit celebrari; in quibus extruendis die noctuque operam dabant, quatinus in pace discerent, quid contra hostes in necessitate facere debuissent. Vilia aut nulla extra urbes fuere moenia. Tali lege ac disciplina cum cives assuefaceret, repente irruit super Sclavos qui dicuntur Hevelli, et multis eos preliis fatigans, demum hieme asperrima castris super glaciem positis [50] cepit urbem quae dicitur Brennaburg fame ferro frigore. Cumque illa urbe potitus omnem regionem signa vertit contra Dalamantiam, adversus quam iam olim reliquit ei pater militiam; et obsidens urbem quae dicitur Gana, vicesima tandem die cepit eam. Preda urbis militibus tradita, puberes omnes interfecti, pueri ac puellae captivitati servatae. Post haec Pragam adiit cum omni exercitu, Boemiorum urbem, regemque eius in deditionem accepit; de quo quaedam mirabilia predicantur, quae quia non proba-[51]mus, silentio tegi iudicamus. Frater tamen erat Bolizlavi, qui quamdiu vixit imperatori fidelis et utilis mansit. Igitur rex Boemias tributarias faciens reversus est in Saxoniam.

36 Cumque vicinae gentes a rege Heinrico factae essent tributariae, Apodriti, Wilti, Hevelli, Dalamanci, Boemi,

nen, um für seine acht Genossen Wohnungen zu errichten und den dritten Teil aller Früchte entgegenzunehmen und zu verwahren; die übrigen acht aber sollten für den Neunten säen, ernten, Früchte sammeln und sie an ihrem Platz aufbewahren. Gerichtstage, alle Zusammenkünfte und Gastmähler ließ er in den Burgen abhalten, an deren Bau man Tag und Nacht arbeitete, um im Frieden zu lernen, was im Notfall gegen die Feinde zu tun sei. Außerhalb der Burgen gab es nur minderwertige oder überhaupt keine Mauern. Während er die Bürger an solche Verordnung und Disziplin gewöhnte, fiel er plötzlich über die Slawen, die Heveller genannt werden, her, zermürbte sie in vielen Schlachten und nahm schließlich in einem sehr harten Winter, in dem er sein Lager auf dem Eis aufschlug, die Brennaburg mit Hunger, Schwert und Kälte. Nachdem er mit dieser Burg das ganze Gebiet beherrschte, zog er gegen Dalminzien, gegen das ihm schon früher sein Vater eine Truppe überlassen hatte; er belagerte die Burg Jahna und nahm sie schließlich am zwanzigsten Tag ein. Die in der Burg gemachte Beute übergab er seinen Kriegern, alle Erwachsenen wurden getötet, die Jungen und Mädchen für die Gefangenschaft verschont. Danach zog er mit seinem ganzen Heer nach Prag, der Burg der Böhmen, und nahm die Unterwerfung ihres Königs[61] entgegen. Über diesen König wird allerhand Wunderbares erzählt, was wir mit Stillschweigen übergehen wollen, zumal wir es nicht beweisen können. Immerhin war er ein Bruder des Boleslaw, der während seines Lebens dem Kaiser treu und von Vorteil blieb. So machte der König Böhmen tributpflichtig und kehrte nach Sachsen zurück.

36 Als nun die Nachbarvölker, nämlich die Abodriten, Wilzen, Heveller, Dalminzier, Böhmen und Redarier, von

Redarii, et pax esset, Redarii defecerunt a fide, et congregata multitudine inpetum fecerunt in urbem quae dicitur Wallislevu ceperuntque eam, captis et interfectis [52] omnibus habitatoribus eius, innumerabili videlicet multitudine. Quo facto omnes barbarae nationes erectae iterum rebellare ausae sunt. Ad quarum ferocitatem reprimendam traditur exercitus cum presidio militari Bernhardo, cui ipsa Redariorum provincia erat sublegata, additurque legato collega Thiatmarus, et iubentur urbem obsidere quae dicitur Lunkini. Quinto obsidionis die venere custodes exercitum barbarorum non longe esse adnuntiantes, et quia nocte contigua inpetum in castra facere decrevissent. Cumque plures eadem confirmarent, populus fidem paribus dabat dictis. Et cum conventus esset populi circa tentoria legati, eadem hora collega dictante precepit, ut per totam noctem parati essent, ne qua forte irruptio barbarorum in castra fieret. Cum autem dimissa esset multitudo, in castris variavere moestitia pariter atque laetitia, aliis bellum formidantibus, aliis autem desiderantibus; et pro qualitate morum inter spem metumque versabantur bellatores. Interea dies transit, et nox solito tenebrosior cum ingenti pluvia adest nutu divino, quatinus consilium pessimum inpediretur barbarorum. Ut ergo iussum est, tota nocte illa armati erant Saxones, et primo diluculo dato signo sacramentoque accepto, primum ducibus, deinde unusquisque alteri operam suam sub iuramento promittebat ad presens bellum. Orto autem sole –

König Heinrich tributpflichtig gemacht worden waren und Friede eintrat, brachen die Redarier den Vertrag. Sie sammelten ein großes Heer, griffen die Burg Walsleben an, besetzten sie, fingen und töteten alle ihre Einwohner, eine zahllose Menge. Hierdurch wurden alle Barbarenvölker ermutigt und wagten erneut, zu rebellieren. Zur Unterdrückung ihrer Wildheit erhielt Bernhard, dem die Provinz der Redarier unterstand, ein Heer mit einer Reitertruppe und als Kollegen Thiatmar; ihnen wurde befohlen, die Burg Lenzen zu belagern. Am fünften Tag der Belagerung kamen Wachtposten und meldeten, das Heer der Barbaren sei nicht weit und sie hätten beschlossen, in der folgenden Nacht einen Angriff gegen das Lager zu unternehmen. Als mehrere die Nachricht bestätigten, glaubte das Heer den übereinstimmenden Meldungen. Und als es sich um das Zelt des Markgrafen versammelt hatte, befahl dieser in derselben Stunde auf Geheiß seines Kollegen, die ganze Nacht hindurch bereit zu sein, damit die Feinde nicht etwa ins Lager eindrängen. Als die Menge aber entlassen worden war, herrschte im Lager gleichzeitig Trauer und Freude, indem die einen den Kampf fürchteten, die anderen ihn hingegen herbeiwünschten; und je nach der Art ihrer Haltung schwankten die Krieger zwischen Hoffnung und Furcht. Unterdessen verstrich der Tag, und die Nacht nahte auf göttliches Geheiß ungewöhnlich finster mit ungeheurem Regen, um den schlimmen Plan der Barbaren zu vereiteln. Wie befohlen blieben die Sachsen die ganze Nacht hindurch bewaffnet, und als beim ersten Morgengrauen das Zeichen gegeben und das Abendmahl empfangen worden war, gelobte jeder zuerst den Heerführern, dann einer dem anderen eidlich seine Hilfe für die bevorstehende Schlacht.

nam post [53] pluviam clara redit serenitas –, erectis signis procedebant castris. In prima quidem fronte legatus in barbaros inpetum faciens, sed cum pauci non prevalerent adversus innumerabiles, reversus est ad exercitum referens, quia barbari non plures haberent equites, peditum vero innumerabilem multitudinem et nocturna pluvia in tantum inpeditam, ut vix ab equitibus coacti ad pugnam procederent. Igitur sole cadente in humida vestimenta barbarorum, fumum ascendere fecit usque in caelum, spem fiduciamque prestans Dei populo, cuius faciei claritas atque serenitas circumfulsit illos. Igitur dato signo et exhortante legiones legato cum clamore valido irruunt in hostes. Cumque nimia densitate iter pertranseundi hostes non pateret, dextra laevaque ferro erumpentes, quoscumque a sociis secernebant, neci dabant. Cumque iam bellum gravaretur, et multi hinc atque inde caderent, et adhuc barbari ordines tenerent, legatus collegam, ut legionibus auxilio esset, expostulat. Ille vero prefectum cum quinquaginta armatis lateri hostili inmisit et ordines conturbavit; ex hoc caedi fugaeque tota die hostes patebant. Cum ergo per omnes agros caederentur, ad urbem vicinam fugere temptabant. Collega autem hoc eis precavente, proximum mare ingressi sunt, et ita factum est, ut omnis illa nimia multitudo aut gladio consume-

Aber nach Sonnenaufgang – denn nach dem Regen kehrte ein heiterer blauer Himmel zurück – verließen sie mit erhobenen Feldzeichen das Lager. In vorderster Front machte der Markgraf einen Angriff gegen die Barbaren, aber weil die wenigen gegen die vielen nichts ausrichteten, kehrte er zum Heer zurück und berichtete, dass die Barbaren keine größere Reiterei hätten, aber eine unzählige Menge von Fußkriegern, die durch den nächtlichen Regen so behindert würden, dass die Reiter sie kaum mit Gewalt dazu brächten, zur Schlacht vorzurücken. Als darum die Sonne auf die feuchten Kleider der Barbaren schien, ließ sie davon Dampf bis zum Himmel aufsteigen und verlieh dem Volk Gottes, von dessen Angesicht Klarheit und Heiterkeit sie umstrahlte, Hoffnung und Zutrauen. Darum wurde das Zeichen gegeben, der Markgraf feuerte seine Truppen an, und mit großem Geschrei stürzten sie auf die Feinde. Weil sich aber wegen der sehr dichten Menge kein Weg durch die Feinde bahnen ließ, so stießen sie auf der rechten und linken Seite mit dem Schwert vor und hieben die nieder, die sie von ihren Kameraden trennten. Als der Kampf nun schlimmer wurde und viele auf beiden Seiten fielen, die Barbaren aber noch in ihrer Schlachtordnung standen, verlangte der Markgraf von seinem Kollegen, dass er seinen Truppen zu Hilfe komme. Dieser schickte einen Präfekten mit fünfzig Bewaffneten gegen die linke Flanke des Feindes und störte die Schlachtordnung; und von da an gab es den ganzen Tag über für die Feinde nur Tod und Flucht. Weil sie nun auf dem ganzen Feld getötet wurden, versuchten sie, in die benachbarte Burg zu fliehen. Da ihnen der Kollege des Markgrafen aber den Weg versperrte, stürzten sie in einen nahe gelegenen See. So geschah es, dass jene riesige

retur aut in mari mergeretur. Nec peditum ullus superfuit, equitum rarissimus, deponiturque bellum cum casu omnium adversariorum. Ingens interea oritur laetitia ex recenti victoria, dum omnes laudant duces, unusquisque vero militum predicat alium, ignavum quoque, ut in tali [54] fortuna solet fieri. Postera autem luce movent signa urbi prefatae; urbani vero arma deponunt, salutem tantummodo deposcunt ac merentur. Inermes igitur urbe egredi iussi; servilis autem conditio et omnis pecunia cum uxoribus et filiis et omni suppellectili barbarorum regis captivitatem subibant. Ceciderunt etiam ex nostris in illo prelio duo Liutharii et alii nobiles viri nonnulli. Igitur legatus cum collega et aliis principibus Saxoniam victores reversi honorifice a rege sunt suscepti satisque laudati, qui parvis copiis divina favente clementia magnificam perpetraverint victoriam. Nam fuere qui dicerent barbarorum ducenta milia caesa. Captivi omnes postera die, ut promissum habebant, obtruncati.

37 Itaque recentis victoriae laetitiam augebant nuptiae regales, quae eo tempore magnifica largitate celebrabantur. Nam rex dedit filio suo Oddoni coniugem filiam Ethmundi regis Anglorum, sororem Adalstani; quae genuit ei filium nomine Liudulfum, virum magnum meritoque omnibus populis carum, filiam quoque nomine Liudgardam, quae nupserat Cuonrado Francorum duci. [55]

Menge entweder durchs Schwert fiel oder im See ertrank. Von den Fußkriegern blieb niemand übrig, von den Reitern kaum einer, und so endete die Schlacht mit dem Untergang aller Gegner. Unterdessen verbreitete sich eine ungeheure Freude wegen des gerade errungenen Sieges, alle lobten die Heerführer, jeder Krieger pries den andern, selbst den feigen, wie es in jenem Glück zu geschehen pflegt. Am kommenden Morgen rückten sie gegen die genannte Burg vor, aber die Bewohner legten die Waffen nieder und erbaten nur ihr Leben, das sie geschenkt erhielten. Unbewaffnet sollten sie die Burg verlassen. Die Unfreien aber, das ganze Geld, die Frauen und Kinder sowie das gesamte Hausgerät des Barbarenkönigs wurden als Beute gewonnen. Von den Unsrigen fielen in jener Schlacht die beiden Liuthare[62] und einige andere Adlige. Der Markgraf kehrte nun mit seinem Kollegen und anderen Fürsten nach Sachsen als Sieger zurück; sie wurden vom König ehrenvoll empfangen und sehr dafür gelobt, dass sie mit einem geringen Heer durch Gottes große Gnade diesen wundervollen Sieg errungen hätten. Denn einige erzählten, von den Barbaren seien zweihunderttausend Mann gefallen. Alle Gefangenen wurden, so hatte man ihnen verheißen, am folgenden Tag geköpft.

37 Die Freude des gerade errungenen Sieges wurde durch eine Königshochzeit erhöht, die damals mit wundervoller Pracht gefeiert wurde. Denn der König gab seinem Sohn Otto die Tochter des Angelnkönigs Edmund und Schwester Aethelstans zur Frau;[63] diese gebar ihm einen Sohn namens Liudulf[64], einen großen Mann und berechtigterweise allen Leuten teuer, und auch eine Tochter namens Liudgard, die den Frankenherzog Konrad heiratete.[65]

38 Rex autem cum iam militem haberet equestri prelio probatum, contra antiquos hostes, videlicet Ungarios, presumpsit inire certamen. Et convocato omni populo tali oratione eos est affatus: ›Olim ex omni parte confusum a quantis periculis imperium vestrum modo sit liberum, vos ipsi melius nostis, qui civilibus discordiis et externis bellis totiens attriti laborabatis. At nunc propitia nobis summa divinitate, nostro labore, vestra virtute pacatum collectumque cernitis, barbaros superatos et servituti subiectos. Quod superest, necesse habemus, ut contra communes hostes Avares pariter consurgamus. Vos hucusque, filios filiasque vestras expoliavi et aerarium eorum replevi; nunc templa templorumque ministros ut expoliem cogor, absque nudis corporibus nulla nobis alia remanente pecunia. Consulite igitur vobis ipsis, et quid super hac re nobis sit faciendum, eligite. Thesaurum divinis officiis sanctificatum tollamne et dabo pro nostra redemptione Dei inimicis? an certe addam cultui divino pecunia honorem, ut ab ipso potius redimamur, qui vere noster extat creator pariter et redemptor?‹ Ad haec populus levavit voces in caelum, inquiens se a Deo vivo et vero redimi omnimodis desiderare, quia fidelis et iustus sit in omnibus viis suis et sanctus in omnibus operibus suis. Operam suam deinde promittens regi contra gentem acerrimam, dextris in caelum elevatis pactum firmavit. Tali itaque pacto cum populo peracto dimisit rex multitudinem. Post haec legati [56] Ungariorum

38 Da der König jetzt aber eine im Reiterkampf bewährte Kriegerschaft hatte, wollte er gegen seine alten Feinde, die Ungarn, erneut streiten. Er rief den gesamten Adel zusammen und sagte zu ihnen: »Von welchen Gefahren euer Reich, einst in völliger Unordnung, nun befreit ist, wisst ihr selbst gut genug, die ihr so oft durch innere Streitigkeiten und äußere Kriege schwer zu leiden hattet. Doch nun seht ihr es durch die uns günstige Gnade Gottes, durch unsere Anstrengung und durch eure Tapferkeit befriedet und geeinigt, die Barbaren überwunden und unterworfen. Was wir nun noch tun müssen, ist uns vereint gegen die gemeinsamen Feinde, die Awaren, zu erheben. Bis heute habe ich euch, eure Söhne und Töchter ausgeplündert und ihre Schatzkammern gefüllt; nun müsste ich die Kirchen und Geistlichen plündern, da uns kein Geld mehr, sondern nur das nackte Leben geblieben ist. Beratet euch darum untereinander und entscheidet, was wir in dieser Angelegenheit tun müssen. Soll ich etwa den für den Gottesdienst geweihten Schatz nehmen und ihn als Lösegeld den Feinden Gottes geben? Oder soll ich nicht eher mit dem Geld die Würde des Gottesdienstes erhöhen, damit wir von Gott erlöst werden, der wahrhaftig gleichzeitig unser Schöpfer und Erlöser ist?« Darauf erhob der Adel seine Stimme gegen den Himmel und rief, sie wollten vom lebendigen und wahren Gott gerettet werden, weil er treu und gerecht in allen seinen Wegen und heilig in allen seinen Werken sei. Und sie versprachen dem König ihre Hilfsbereitschaft gegen das wilde Volk und bekräftigten mit zum Himmel erhobenen rechten Händen den Vertrag. Nach Abschluss eines solchen Vertrags mit dem Adel entließ der König die Menge. Danach kamen die Gesandten der Ungarn wegen

adierunt regem pro solitis muneribus, sed ab eo spreti in terram suam vacui sunt reversi. Haec audientes Avares, nichil morati cum gravi hostilique manu festinant intrare Saxoniam. Et iter agentes per Dalamantiam ab antiquis opem petunt amicis. Illi vero scientes eos festinare ad Saxoniam Saxonesque ad pugnandum cum eis paratos, pinguissimum pro munere eis proiciunt canem. Et cum non esset iniuriam vindicandi locus ad aliam pugnam festinantibus, cum ridiculosa satis vociferatione longius prosequuntur amicos. Igitur quam potuerunt repentino inpetu intrant fines Thuringorum, illam totam terram hostiliter pervagantes. Ibique divisis sociis alii ad occidentem pergebant, ab occidente et meridie Saxoniam quaerentes intrare. Sed Saxones pariter cum Thuringis congregati inito cum eis certamine, caesis ducibus, caeteros illius exercitus occidentalis per totam illam regionem errare fecerunt. Quorum alii fame consumpti, alii frigore dissoluti, alii autem caesi vel capti, ut digni erant, miserabiliter perierunt. Qui autem in oriente remansit exercitus audivit de sorore regis, quae nupserat Widoni Thuringo – erat namque illa ex concubina nata –, quia vicinam urbem inhabitaret, et multa pecunia ei esset auri et argenti; unde tanta vi urbem obpugnare coeperant, ut, nisi nox visum pugnantibus inpediret, urbem caperent. Ea vero nocte audientes de casu sociorum regisque super eos adventu cum valido exercitu – nam castra metatus est

der üblichen Geschenke zum König, wurden aber von ihm abgewiesen und kehrten mit leeren Händen in ihr Land zurück. Kaum hatten die Awaren dies gehört, eilten sie, sogleich mit großer Stärke feindlich in Sachsen einzudringen. Sie zogen durch Dalminzien und erbaten von ihren alten Freunden Hilfe. Jene aber wussten, dass sie nach Sachsen eilten und dass die Sachsen bereit waren, mit ihnen zu kämpfen; als Geschenk warfen sie ihnen deshalb einen fetten Hund vor. Und weil die Awaren keine Zeit zur Rache hatten und zu einem anderen Kampf eilten, wurden sie von ihren Freunden noch länger mit recht lächerlichen Rufen verfolgt. Darum unternahmen sie, so schnell sie konnten, einen Angriff auf Thüringen und durchstreiften und verwüsteten das ganze Land. Dort teilten sie sich; die einen zogen nach Westen und versuchten von Westen und Süden her in Sachsen einzudringen. Aber die mit den Thüringern vereinten Sachsen versammelten sich und begannen mit ihnen einen Kampf, töteten die Heerführer und zersprengten den Rest des westlichen Heeres über die gesamte Gegend. Von ihnen verhungerte ein Teil, andere erfroren, wieder andere starben niedergehauen oder gefangen, wie sie es verdienten, eines jämmerlichen Todes. Das im Osten verbliebene Heer hörte von einer Schwester des Königs, die den Thüringer Wido geheiratet hatte (sie war nämlich in einem Konkubinat gezeugt)[66], dass sie eine benachbarte Burg bewohne und viel Gold und Silber besitze. Darum begannen sie, die Burg mit solcher Gewalt zu bestürmen, dass sie sie, hätte nicht die Nacht den Kriegern die Sicht behindert, eingenommen hätten. Aber in dieser Nacht hörten sie von der Niederlage ihrer Gefährten und dass der König mit einem starken Heer gegen sie anrücke; der König nämlich

rex [57] iuxta locum qui dicitur Riade –, timore perculsi relictis castris more suo igne fumoque ingenti agmina diffusa collegerunt. Rex vero postera die producens exercitum exhortatus est, ut spem suam divinae clementiae committerent, divinum sibi auxilium quemadmodum in aliis preliis adesse non dubitarent; communes omnium hostes esse Ungarios; ad vindictam patriae parentumque solummodo cogitarent: hostes cito terga vertere vidissent, si viriliter certando persisterent. His optimis verbis erecti milites imperatoremque in primis, mediis et ultimis versantem videntes coramque eo angelum – hoc enim vocabulo effigieque signum maximum erat insignitum – acceperunt fiduciam magnamque constantiam. Rex vero veritus est, quemadmodum evenit, ut hostes viso milite armato fugae statim indulsissent; misit legionem Thuringorum cum raro milite armato, ut inermes prosequerentur et usque ad exercitum protraherentur. Actumque est ita; sed nichilominus videntes exercitum armatum fugerunt, ut per octo miliaria vix pauci caederentur vel caperentur. Castra vero invasa, et omnis captivitas liberata est.

39 Rex vero victor reversus modis omnibus gratiarum actiones divino honori, ut dignum erat, solvebat pro victoria de hostibus sibi divinitus concessa, tributumque, [58] quod hostibus dare consuevit, divino cultui mancipavit et largi-

hatte sein Lager nahe dem Ort Riade[67] aufgeschlagen. Von Furcht gepackt verließen sie das Lager und versammelten auf ihre Weise die verstreuten Heeresteile mit Feuer und ungeheurem Rauch. Der König aber führte am kommenden Tag das Heer aus dem Lager und ermahnte es, die Hoffnung auf die göttliche Gnade zu setzen und nicht daran zu zweifeln, dass ihnen die göttliche Hilfe wie in ihren anderen Schlachten beiseite stehen werde. Die Ungarn seien die gemeinsamen Feinde aller, sie sollten allein auf die Verteidigung der Heimat und der Eltern bedacht sein. Bald würden sie die Feinde den Rücken kehren sehen, wenn sie im Kampf männlich dastünden. Durch diese ausgezeichneten Worte wurden die Krieger angespornt, und da sie ihren Feldherrn sich unter den Vorderen, Mittleren und Hinteren hin- und herbewegen sahen und vor ihm den Engel (mit seinem Namen und Bild war nämlich das wichtigste Feldzeichen geschmückt), empfingen sie Zuversicht und große Standhaftigkeit. Der König aber bedachte, dass – wie es auch geschah – die Feinde beim Anblick der bewaffneten Reiterei sofort fliehen würden, und sandte darum eine Abteilung von Thüringern mit nur wenigen Reitern, damit die Feinde den Leichtbewaffneten folgen und bis zum Heer herangelockt würden. Und so geschah es, aber trotzdem flohen sie beim Anblick des bewaffneten Heeres, so dass auf acht Meilen nur wenige getötet oder gefangen genommen wurden. Das Lager aber wurde besetzt, und alle Gefangenen wurden befreit.

39 Der König kehrte als Sieger heim und erstattete auf alle Arten, wie es sich gehörte, der Ehre Gottes Dank ab für den Sieg, den Gott ihm über die Feinde gewährt hatte; und er gab den Tribut, den er den Feinden zu geben pflegte, für

tionibus pauperum deservire constituit. Deinde pater patriae, rerum dominus imperatorque ab exercitu appellatus famam potentiae virtutisque cunctis gentibus et regibus longe lateque diffudit. Unde et aliorum regnorum proceres eum adierunt, gratiamque in conspectu eius invenire quaerentes, fidem talis ac tanti viri probatam habentes dilexerunt. Inter quos Hiriberhtus gener Hugonis, cum ei adversaretur Rothulfus, contra ius fasque omne rex constitutus, ut ei apud dominum suum pro presidio esset, supplicavit. Ipse enim rex talis erat, qui nichil negaret amicis. Perrexit igitur Galliam, rex regem alloquitur, et perfecto negotio reversus est in Saxoniam. Cumque esset in exaltando gentem suam, rarus fuit aut nullus nominatorum virorum in omni Saxonia, quem preclaro munere aut officio vel aliqua quaestura non promoveret. Et cum ingenti polleret prudentia sapientiaque, accessit et moles corporis, regiae dignitati omnem addens decorem. In exercitiis quoque ludi tanta eminentia superabat omnes, ut terrorem caeteris ostentaret. In venatione tam [59] acerrimus erat, ut una vice quadraginta aut eo amplius feras caperet. Et licet in conviviis satis iocundus esset, tamen nichil regalis disciplinae minuebat. Tantum enim favorem pariter et timorem militibus infundebat, ut etiam ludenti non crederent ad aliquam lasciviam se dissolvendum.

den Gottesdienst und bestimmte ihn zu Schenkungen für die Armen. Darauf wurde er vom Heer Vater des Vaterlands, Gebieter aller Dinge und Kaiser[68] genannt, und der Ruf seiner Macht und seiner Tapferkeit verbreitete sich weit und breit über alle Völker und Könige. Daraufhin kamen die Fürsten anderer Königreiche zu ihm, wollten Gnade vor seinen Augen gewinnen und suchten die Treue eines so großen Mannes zu erproben. Unter diesen war Heribert,[69] der Schwager Hugos,[70] als ihn der gegen Fug und Recht zum König gewordene Rudolf[71] bekämpfte, damit Heinrich ihn bei seinem Herrn schütze. Denn der König konnte seinen Freunden nichts abschlagen. Darum begab er sich nach Gallien, hielt als König mit dem anderen König eine Unterredung und kehrte nach Erledigung des Vorhabens nach Sachsen zurück. Und weil er sein Volk erhöhen wollte, gab es kaum jemanden oder überhaupt keinen berühmten Mann in ganz Sachsen, den er nicht durch ein hervorragendes Geschenk oder Amt oder irgendein Herrschaftsrecht gefördert hätte. Er zeichnete sich durch ungeheure Klugheit und Weisheit aus, dazu kam noch eine mächtige Körpergestalt, die der königlichen Würde den rechten Schmuck verlieh. Bei Wettkämpfen besiegte er alle mit solcher Überlegenheit, dass er die Übrigen in Schrecken versetzte. Bei der Jagd war er so unermüdlich, dass er auf einem Ritt vierzig oder mehr Stück Wild erlegte. Obwohl er bei Gelagen sehr fröhlich war, minderte er dennoch nicht die königliche Würde. Denn er flößte seinen Kriegern gleichzeitig ein solches Wohlwollen und eine solche Furcht ein, dass sie, auch wenn er scherzte, sich nicht getrauten, sich irgendwelche Freiheiten herauszunehmen.

40 Cum autem omnes in circuitu nationes subiecisset, Danos, qui navali latrocinio Fresones incursabant, cum exercitu adiit vicitque, et tributarios faciens, regem eorum nomine Chnubam baptismum percipere fecit. Perdomitis itaque cunctis circumquaque gentibus, postremo Romam proficisci statuit, sed infirmitate correptus iter intermisit. [60]

41 Cumque se iam gravari morbo sensisset, convocato omni populo designavit filium suum Oddonem regem, caeteris quoque filiis predia cum thesauris distribuens; ipsum vero Oddonem, qui maximus et optimus fuit, fratribus et omni Francorum imperio prefecit. Testamento itaque legitime facto et rebus omnibus rite compositis defunctus est ipse rerum dominus et regum maximus Europae, omni virtute animi corporisque nulli secundus, relinquens filium sibi ipsi maiorem filioque magnum latumque imperium, non a patribus sibi relictum, sed per semet ipsum adquisitum et a solo Deo concessum. Erant autem dies quibus regnavit XVI anni, vitae autem fere LX. Translatum est autem corpus eius a filiis suis in civitatem quae dicitur Quidilingaburg et [61] sepultum in basilica sancti Petri ante altare cum planctu et lacrimis plurimarum gentium.

Explicit liber primus.

40 Als er nun alle Völker ringsumher unterworfen hatte, griff er mit seinem Heer die Dänen an, die die Friesen mit Seeräuberei heimsuchten, besiegte sie, machte sie tributpflichtig und zwang ihren König Knuba[72] zur Annahme der Taufe. Als er nun alle umherliegenden Völker bezwungen hatte, beschloss er endlich, nach Rom zu ziehen, unterließ aber wegen Krankheit die Reise.

41 Und als er merkte, dass sich diese Krankheit verschlimmerte, rief er den ganzen Adel zusammen und bestimmte seinen Sohn Otto zum König, während er Güter und Schätze an die übrigen Söhne verteilte; aber Otto, den größten und besten, setzte er über die Brüder und das ganze Frankenreich. Als er so sein Testament ordnungsgemäß gemacht und alle Angelegenheiten gebührend geregelt hatte, starb er, der Gebieter aller Dinge und bedeutendste aller Könige Europas, der niemandem in irgendwelchen seelischen oder körperlichen Begabungen nachstand. Und er hinterließ einen Sohn, noch bedeutender als er selbst, und diesem ein großes und weites Reich, nicht von seinen Vätern ererbt, sondern selbst erworben und allein von Gott verliehen. Die Dauer seiner Regierung betrug sechzehn Jahre,[73] die seines Lebens ungefähr sechzig. Sein Körper wurde von seinen Söhnen in die Stadt Quedlinburg überführt und in der Kirche des heiligen Petrus[74] vor dem Altar unter dem Jammer und den Tränen vieler Völker begraben.

Es endet das erste Buch.

[Incipit secundus gestarum rerum Saxonicarum.]

[Ad dominam Mathildam imperatoris filiam libri secundi incipit prephatio.]

Ingens opus coepturus vel certe iteraturus – nam magna ex parte peractum est – tua gratia fulciatur, quae domina esse dinosceris iure totius Europae, quamquam in Affricam Asiamque patris tui iam potestas protendatur. Spero enim, quicquid in eo invenitur minus idoneum, gloriosa tuae clementiae lenitate sublevetur, permaneatque ea devotione dedicatum, qua est inceptum.

[Explicit prephatio.]

Es beginnt das zweite Buch der Sachsengeschichte.

Es beginnt die Vorrede zum zweiten Buch an die Herrin Mathilde, die Tochter des Kaisers.

Das gewaltige Werk, das ich beginne oder doch wenigstens noch einmal überarbeite – denn zum Großteil ist es fertiggestellt –, möge in deiner Gnade eine Stütze finden, wirst du doch zu Recht als Herrin ganz Europas anerkannt, obwohl bereits bis nach Afrika und Asien sich die Macht deines Vaters erstreckt. Ich wünsche nämlich, dass das, was sich inhaltlich an weniger Geeignetem findet, durch die rühmliche Nachsicht deiner Huld gemildert wird und [dass das Buch] mit derselben Ergebenheit gewidmet bleibt, mit der es begonnen wurde.

Es endet die Vorrede.

[Incipiunt capitula.

1 De conventu populi ad Aquasgrani palatii et electione novi regis eiusque unctione.
2 De ministerio regali et de principibus eius.
3 De bello contra Bolizlavum facto. [62]
4 De expeditione regis in barbaras nationes.
5 De Ungariis.
6 De intestinis bellis.
7 De reliquiis Innocentii martyris.
8 De Arnulfo Boioariorum duce.
9 De Sifrido et Thancmaro regis filio.
10 De dissensione et legum varietate.
11 De Thancmaro et Evurhardo et Heinrico et bellis civilibus.
12 De Heinrico fratre regis.
13 De Evurhardo, qualiter veniam promeretur.
14 Item de Ungariis, qualiter non sine suo gravi vulnere recedunt.
15 Qualiter Heinricus ardet cupiditate regnandi.
16 De Hisbertho Lothariorum duce.
17 De bello Biertanico.
18 Qualiter Dadi milites Heinrici callide ad regem convertit.
19 Heinricus revertitur in Saxoniam et victus a rege discedit.
20 Qualiter barbari Geronem interficere querunt et multis diebus bellum protraxerunt.
21 De Slavo, qui a rege Heinrico relictus erat.
22 Qualiter exercitus regis contra Heinricum ducitur.
23 De Immone et Hisbertho.

Es beginnt das Inhaltsverzeichnis.

24 De Evurhardo et Hisbertho.
25 De pontificibus Frithurico et Ruthardo.
26 De nece ducum Evurhardi et Hisberthi.
27 Item de Immone.
28 De nepotibus Isberthi et Ansfrido et Arnaldo.
29 Qualiter Heinricus veniam promeretur.
30 De Gerone preside.
31 Item de Heinrico, qualiter multi cum eo adversus regem coniurabant.
32 De portentis.
33 De Oddone Lothariorum preside.
34 De Berhtaldo Arnulfi fratre.
35 Qualiter Hugonem armis alterum edomuit.
36 De concordia fratrum et moribus eorum et habitu. [63]
37 De persecutione monachorum.
38 De Hathumaro abbate.
39 De Luthuwico rege et filiis eius.
40 De obsidibus Bolizlavi.
41 De obitu Edidis regine.

Expliciunt capitula.]

Es endet das Inhaltsverzeichnis.

Incipit liber secundus.

1 Defuncto itaque patre patriae et regum maximo optimo Heinrico omnis populus Francorum atque Saxonum iam olim designatum regem a patre, filium eius Oddonem, elegit sibi in principem. Universalisque electionis notantes locum iusserunt esse ad Aquasgrani palatii. Est autem locus ille proximus Iulo, a conditore Iulio Caesare cognominato. Cum-[64]que illo ventum esset, duces ac prefectorum principes cum caetera principum militum manu congregati in sixto basilicae Magni Karoli cohaerenti collocarunt novum ducem in solio ibidem constructo, manus ei dantes ac fidem pollicentes operamque suam contra omnes inimicos spondentes, more suo fecerunt eum regem. Dum ea geruntur a ducibus ac caetero magistratu, pontifex maximus cum universo sacerdotali ordine et omni plebe infra in basilica prestolabatur [65] processionem novi regis. Quo procedente pontifex obvius laeva sua dexteram tangit regis, suaque dextera lituum gestans, linea indutus, stola planetaque infulatus, progressusque in medium usque fani subsistit; et reversus ad populum, qui circumstabat – nam erant deambulatoria infra supraque in illa basilica in rotundum facta –, quo ab omni populo cerni posset: ›En‹, inquit, ›adduco vobis a Deo electum et a domino rerum Heinrico olim designatum, nunc vero a cunctis principibus regem factum

Es beginnt das zweite Buch.

1 Nachdem also der Vater des Vaterlands und der größte wie beste König Heinrich gestorben war, wählte sich das gesamte Volk der Franken und Sachsen seinen Sohn Otto, der bereits vorher vom Vater zum König designiert worden war, als Herrscher aus. Als Ort der allgemeinen Wahl nannte und bestimmte man die Pfalz Aachen. Jener Ort liegt aber in der Nähe von Jülich, das nach seinem Gründer Iulius Caesar benannt ist.[1] Und als man dorthin gekommen war, versammelten sich die Herzöge und obersten Grafen mit der übrigen Schar vornehmster Ritter in dem Säulenhof, der mit der Basilika Karls des Großen verbunden ist, setzten den neuen Herrscher auf einen dort aufgestellten Thron, huldigten ihm, gelobten ihm Treue, versprachen ihm Unterstützung gegen alle seine Feinde und machten ihn nach ihrem Brauch zum König. Während dies die Herzöge und die übrigen Amtsträger vollführten, erwartete der Erzbischof[2] mit der gesamten Priesterschaft und dem ganzen Volk im Innern der Basilika den Auftritt des neuen Königs. Als dieser erschien, ging ihm der Erzbischof entgegen, berührte mit seiner Linken die Rechte des Königs, während er selbst in der Rechten den Krummstab trug, bekleidet mit der Albe, geschmückt mit Stola und Messgewand, schritt vor bis in die Mitte des Heiligtums und blieb stehen. Er wandte sich zum Volk um, das ringsumher stand – es waren nämlich in jener Basilika unten und oben umlaufende Säulengänge –, so dass er vom ganzen Volk gesehen werden konnte, und sagte: »Seht, ich bringe euch den von Gott erwählten und von dem mächtigen Herrn Heinrich einst designierten, jetzt aber von allen Fürsten zum König gemach-

Oddonem; si vobis ista electio placeat, dextris in caelum levatis significate.‹ Ad haec omnis populus dextras in excelsum levans cum clamore valido inprecati sunt prospera novo duci. Proinde procedit pontifex cum rege tunica stricta more Francorum induto pone altare, super quod insignia regalia posita erant, gladius cum balteo, clamis cum armillis, baculus cum sceptro ac diadema. Eo quippe tempore erat summus pontifex nomine Hildiberhtus, Franco genere, monachus professione, nutritus vel doctus in Vuldo monasterio, et ad id honoris merito progrediens, ut pater eiusdem loci constitueretur, deinde summi pontificatus Mogontiacae sedis fastigium promeruisset. Hic erat vir mirae sanctitatis et preter naturalem animi sapientiam litterarum studiis satis clarus. Qui inter caetera gratiarum dona spiritum prophetiae accepisse predicatur. Et cum quaestio esset pontificum in consecrando rege, Treverensis videlicet et Coloniae Agrippinae – illius, quia antiquior sedes esset et tamquam [66] a beato Petro apostolo fundata; istius vero, quia eius ad diocesim pertineret locus: et ob id sibi convenire arbitrati sunt huius consecrationis honorem –, cessit tamen uterque eorum Hildiberhti cunctis notae almitati. Ipse autem accedens ad altare et sumpto inde gladio cum balteo, conversus ad regem ait: ›Accipe‹, inquit, ›hunc gladium, quo eicias omnes Christi adversarios, barbaros et

ten Otto; wenn euch diese Wahl gefällt, zeigt dies an, indem ihr die rechte Hand zum Himmel emporhebt.« Da streckte das ganze Volk die Rechte in die Höhe und wünschte unter lautem Rufen dem neuen Herrscher viel Glück. Dann schritt der Erzbischof mit dem König, der nach fränkischer Sitte mit einem eng anliegenden Gewand bekleidet war, hinter den Altar, auf dem die königlichen Insignien lagen: das Schwert mit dem Wehrgehänge, der Mantel mit den Spangen, der Stab mit dem Zepter und das Diadem. Zu dieser Zeit war Hildebert Erzbischof, nach der Herkunft ein Franke, nach dem Stand ein Mönch, erzogen und ausgebildet im Kloster Fulda und verdientermaßen zu solcher Ehre aufgestiegen, dass er zum Abt dieses Klosters eingesetzt wurde und danach den Rang des höchsten Bischofsamts zu Mainz erlangte. Er war ein Mann von erstaunlicher Heiligkeit, und abgesehen von der natürlichen Weisheit seines Geistes war er aufgrund seiner wissenschaftlichen Studien hochberühmt. Man behauptet, er hätte neben anderen Gnadengaben auch den Geist der Weissagung empfangen. Und als unter den Bischöfen wegen der Weihe des Königs Streit entstand, also zwischen dem Trierer und dem Kölner – weil jener meinte, sein Stuhl sei der ältere und gewissermaßen vom seligen Apostel Petrus eingerichtet, während aber dieser meinte, der Ort gehöre zu seiner Diözese, so dass beide der Ansicht waren, die Ehre dieser Weihe käme ihnen zu –, trat doch ein jeder von ihnen vor der allgemein anerkannten Hoheit Hildeberts zurück. Derselbe aber ging zum Altar, nahm von dort das Schwert mit dem Wehrgehänge auf, wandte sich an den König und sprach: »Nimm dieses Schwert, auf dass du alle Feinde Christi verjagst, die Heiden und schlechten Christen, da durch Gottes Willen dir alle

malos Christianos, auctoritate divina tibi tradita omni potestate totius imperii Francorum, ad firmissimam pacem omnium Christianorum.‹ Deinde sumptis armillis ac clamide induit eum: ›His cornibus‹, inquit, ›humitenus demissis monearis, quo zelo fidei ferveas, et in pace tuenda perdurare usque in finem debere.‹ Exinde sumpto sceptro baculoque: ›His signis‹, inquit, ›monitus paterna castigatione subiectos corripias, primumque Dei ministris, viduis ac pupillis manum misericordiae porrigas; numquamque de capite tuo oleum miserationis deficiat, ut in presenti et in futuro sempiterno premio coroneris.‹ Perfususque ilico oleo sancto et coronatus diademate aureo ab ipsis pontificibus Hildiberhto et Wichfrido, ac omni legitima consecratione completa, ab eisdem pontificibus ducitur ad solium, ad quod per cocleas adscendebatur, et erat inter duas marmoreas mirae pulchritudinis columpnas constructum, unde ipse omnes videre et ab omnibus ipse videri posset.

2 Divina deinde laude dicta sacrificioque sollempniter celebrato descendebat rex ad palatium, et accedens ad mensam [67] marmoream regio apparatu ornatam resedit cum pontificibus et omni populo; duces vero ministrabant. Lothariorum dux Isilberhtus, ad cuius potestatem locus ille pertinebat, omnia procurabat; Evurhardus mensae preerat, Herimannus Franco pincernis, Arnulfus equestri ordini et eligendis locandisque castris preerat; Sigifridus vero, Saxo-

Macht im Frankenreich übertragen ist, zum unerschütterlichen Frieden für alle Christen.« Dann nahm er die Spangen, legte ihm den Mantel um und sagte: »Durch die bis auf den Boden herabreichenden Zipfel [deines Gewands] seist du daran erinnert, mit welchem Eifer du im Glauben entbrennen und bis zum Tod für die Sicherung des Friedens eintreten sollst.« Darauf nahm er Zepter und Stab und sprach: »Durch diese Abzeichen bist du aufgefordert, mit väterlicher Zucht deine Untertanen zu leiten und in erster Linie den Dienern Gottes, den Witwen und Waisen die Hand des Erbarmens zu reichen; und niemals möge dein Haupt ohne das Öl der Barmherzigkeit sein, auf dass du jetzt und in Zukunft mit ewigem Lohn gekrönt werdest.« Auf der Stelle wurde er mit dem heiligen Öl gesalbt und mit dem goldenen Diadem gekrönt von eben den Bischöfen Hildebert und Wigfried, und nachdem die rechtmäßige Weihe vollzogen war, wurde er von denselben Bischöfen zum Thron geführt, zu dem man über eine Wendeltreppe hinaufstieg, und er war zwischen zwei Marmorsäulen von wunderbarer Schönheit so aufgestellt, dass er von da aus alle sehen und selbst von allen gesehen werden konnte.

2 Nachdem man dann das Lob Gottes gesungen und das Messopfer feierlich begangen hatte, ging der König hinunter zur Pfalz, trat an die marmorne, mit königlicher Pracht geschmückte Tafel und nahm mit den Bischöfen und dem ganzen Adel Platz; die Herzöge aber taten Dienst. Der Herzog der Lothringer, Giselbert, zu dessen Machtbereich dieser Ort gehörte, organisierte alles; Eberhard kümmerte sich um den Tisch, der Franke Hermann um die Mundschenken, Arnulf sorgte für die Ritterschaft sowie für die Wahl und die Errichtung des Lagers;[3] Siegfried aber, der hervor-

num optimus et a rege secundus, gener quondam regis, tunc vero affinitate coniunctus, eo tempore procurabat Saxoniam, ne qua hostium interim irruptio accidisset, nutriensque iuniorem Heinricum secum tenuit. Rex autem post haec unumquemque principum iuxta munificentiam regalem congruenti sibi munere honorans cum omni hilaritate dimisit multitudinem. [68]

3 Interea barbari ad novas res moliendas desaeviunt, percussitque Bolizlav fratrem suum, virum Christianum et, ut ferunt, Dei cultura religiosissimum, timensque sibi vicinum subregulum, eo quod paruisset imperiis Saxonum, indixit ei bellum. Qui misit in Saxoniam ad expostulanda sibi auxilia. Mittitur autem ei Asic cum legione Mesaburiorum et valida manu Hassiganorum, additurque ei exercitus [69] Thuringorum. Erat namque illa legio collecta ex latronibus. Rex quippe Heinricus cum esset satis severus extraneis, in omnibus causis erat clemens civibus; unde quemcumque videbat furum aut latronum manu fortem et bellis aptum, a debita poena ei parcebat, collocans in suburbano Mesaburiorum, datis agris atque armis, iussit civibus quidem parcere, in barbaros autem in quantum auderent latrocinia exercerent. Huiuscemodi ergo hominum collecta multitudo plenam in expeditionem produxit legionem. Bolizlav autem audiens de exercitu Saxonico, et quia Saxones seorsum et seorsum Thuringi irent contra se, divisis et ipse sociis, sicuti erat acerrimus consilio, utroque exercitui

ragendste Sachse und der zweite nach dem König, Schwager des früheren Königs, nun ebenso mit dem König verschwägert, verwaltete zu dieser Zeit Sachsen, damit unterdessen nicht ein feindlicher Einfall geschehe, und hatte als sein Erzieher den jungen Heinrich bei sich. Der König aber ehrte danach einen jeden Fürsten freigebig, wie es sich für einen König gehört, mit einem passenden Geschenk und verabschiedete die vielen Leute mit aller Fröhlichkeit.

3 Mittlerweile erhoben sich die Barbaren zu neuen Empörungen. Boleslaw erschlug seinen Bruder, einen Christen und, wie man sagt, im Dienst Gottes äußerst eifrigen Mann, und da er einen ihm benachbarten Kleinkönig fürchtete, weil dieser den Befehlen der Sachsen folgte, erklärte er ihm den Krieg. Der sandte nach Sachsen, um für sich Hilfe zu erbitten. Da wurde ihm Asik mit einer Schar Merseburger und einem starken Haufen Hochseegauer geschickt, und dazu wurde ihm ein Aufgebot Thüringer gegeben. Jene Schar war nämlich aus Räubern zusammengestellt. König Heinrich war zwar gegenüber Fremden sehr streng, gegenüber seinen Landsleuten aber in allen Fällen mild; sooft er daher sah, dass ein Dieb oder Räuber ein tapferer Mann und zum Krieg geeignet sei, erließ er ihm die gebührende Strafe, versetzte ihn in die Vorstadt von Merseburg, gab ihm Äcker und Waffen, befahl ihm, die Bürger zu schonen, gegen die Barbaren aber, so viel sie sich getrauten, Raubzüge zu unternehmen. Die solchermaßen gesammelte Menschenmenge bildete eine vollständige Heerschar zum Kriegszug. Da Boleslaw aber von dem sächsischen Aufgebot hörte und dass die Sachsen für sich und die Thüringer für sich gegen ihn zogen, teilte er selbst auch seine Mitstreiter auf, und klug, wie er war, beschloss er, gegen beide Hee-

occurrere disposuit. At Thuringi, ut hostes inprovise sibi occursitare viderunt, fuga periculum devitaverunt. Asic autem cum Saxonibus et caeteris auxiliariis nichil cunctatus in hostes ruit maximamque partem ex eis armis fudit, caeteros fugere conpulit, victorque ad castra reversus est. Et cum ignorasset de exercitu, qui insecutus fuerat Thuringos, minus caute usus est victoria perpetrata. Bolizlav autem videns exercitum nostrum dispersum et alios in extrahendis spoliis caesorum, alios in suis corporibus reficiendis, alios in paleis equorum congregandis occupatos, fugatum reversumque coadunans exercitum, super inprovisos ac recenti victoria securos subito irruit et ducem cum omni nostro exercitu delevit. Pergensque inde ad urbem subreguli primo eam inpetu cepit et usque in hodier-[70]num diem solitudinem fecit. Perduravitque illud bellum usque ad quartum decimum regis imperii annum; ex eo regi fidelis servus et utilis permansit.

4 Rex autem audito huiuscemodi nuntio minime turbatur, sed divina virtute roboratus cum omni exercitu intrat terminos barbarorum ad refrenandam illorum saevitiam. Datum quippe erat illis et antea a patre suo bellum, eo quod violassent legatos Thancmari filii sui, de quo in sequentibus plenius dicturos arbitramur. Placuit igitur novo regi novum principem militiae constituere. Elegitque ad hoc officium virum nobilem et industrium satisque prudentem nomine

re vorzurücken. Als aber die Thüringer die Feinde unvermutet sich gegenübersahen, entzogen sie sich durch Flucht der Gefahr. Asik aber stürmte mit den Sachsen und den übrigen Hilfsmannschaften ohne Zögern auf die Feinde los, streckte den größten Teil von ihnen mit den Waffen nieder, trieb die übrigen in die Flucht und kehrte als Sieger zum Lager zurück. Und da er von dem Heer, das die Thüringer verfolgt hatte, nichts wusste, freute er sich über den errungenen Sieg zu sorglos. Als aber Boleslaw sah, dass sich unser Heer zerstreut hatte, die einen damit beschäftigt waren, den Toten die Rüstungen auszuziehen, die anderen, ihre Körper zu erfrischen, und wieder andere, für die Pferde Futter zu holen, da vereinigte er das in die Flucht geschlagene und das zurückgekehrte Heer, fiel plötzlich über die Ahnungslosen und sich wegen des jüngsten Sieges sicher Fühlenden her und tötete den Anführer samt unserem ganzen Heer. Von da zog er zur Burg des Kleinkönigs, nahm sie beim ersten Anlauf und machte sie zur Wüste bis auf den heutigen Tag. Und dieser Krieg dauerte bis zum vierzehnten Regierungsjahr des Königs; seitdem blieb er dem König ein treuer und nützlicher Diener.

4 Als aber der König davon unterrichtet wurde, geriet er keineswegs in Bestürzung, sondern rückte, gestärkt durch göttliche Kraft, mit dem gesamten Heer in das Gebiet der Barbaren ein, um ihrem grausamen Treiben ein Ende zu setzen. Jene waren nämlich schon von seinem Vater bekriegt worden, weil sie Gesandte seines Sohns Thankmar verletzt hatten, über den wir im Folgenden ausführlicher zu sprechen gedenken. Der neue König beschloss also, einen neuen Heerführer zu bestellen. Er wählte für diese Aufgabe einen edlen, tatkräftigen und sehr gewieften Mann namens

Herimannum. Quo honore non solum caeterorum principum, sed et fratris sui Wichmanni offendit invidiam. Quapropter et simulata infirmitate amovit se ab exercitu. Erat namque [71] Wichmannus vir potens et fortis, magnanimus, belli gnarus et tantae scientiae, ut a subiectis supra hominem plura nosse predicaretur. Herimannus autem cum esset in prima acie, in introitu regionis in hostium pugnam incidit eosque fortiter vicit, et ob hoc maiori invidia inimicos accendit. Inter quos Ekkardus filius Liudulfi, qui in tantum aegre passus est fortunam Herimanni, ut sese promitteret maiora facturum aut vivere nolle. Unde collectis ex omni exercitu fortissimis viris interdictum regis rupit et paludem, quae erat inter urbem hostium et castra regis, cum sociis transiit, statimque hostes offendit, et ab his circumfusus cum omnibus suis periit. Erant autem qui cum eo ceciderant electorum ex omni exercitu virorum decem et octo. Rex autem caesa hostium multitudine et caeteris tributariis factis reversus est in Saxoniam. Acta sunt autem haec VII. Kalend. Octobris.

5 Post haec antiqui hostes Ungarii venerunt virtutem probare novi regis. Intrantes autem Franciam statuerunt, si possent, ab occidentali plaga invadere Saxoniam. Rex autem audiens, nichil moratus cum exercitu valido occurrit illis fugavitque et a terminis suis abegit.

Hermann aus. Durch diese Auszeichnung erweckte er aber den Neid nicht nur der übrigen Fürsten, sondern auch seines Bruders Wichmann. Deshalb entfernte sich dieser auch unter dem Vorwand einer Krankheit vom Heer. Denn Wichmann war ein mächtiger und tapferer Mann, ehrgeizig, kriegserfahren und so gescheit, dass seine Gefolgsleute an ihm übermenschliche Kenntnisse rühmten. Hermann aber, der sich an der Spitze des Heeres befand, geriet beim Einfall in das Gebiet mit den Feinden in Kampf, besiegte sie tapfer und erregte dadurch bei seinen Gegnern noch größeren Neid. Unter ihnen war auch Ekkard, Liudolfs Sohn, der über das Glück Hermanns dermaßen verbittert war, dass er sich schwor, noch Größeres zu vollbringen oder nicht mehr leben zu wollen. Daher sammelte er aus dem ganzen Heer die tapfersten Männer, missachtete das Verbot des Königs und durchquerte mit seinen Gefährten einen Sumpf, der sich zwischen der feindlichen Burg und dem Lager des Königs erstreckte; er traf hier sofort auf die Feinde, wurde umringt und fand mit allen seinen Leuten den Tod. Die mit ihm gefallen waren, waren aber achtzehn auserlesene Männer aus dem ganzen Heer. Der König indes kehrte nach Sachsen zurück, nachdem er eine große Zahl Feinde getötet und die übrigen tributpflichtig gemacht hatte. Das geschah am 25. September.

5 Danach kamen die alten Feinde, die Ungarn, um die Tapferkeit des neuen Königs zu erproben. Sie fielen in Franken ein und beschlossen, nach Möglichkeit von Westen her in Sachsen einzudringen. Der König aber zog ihnen, als er davon hörte, ohne Zögern mit einem gewaltigen Heer entgegen, schlug sie in die Flucht und verjagte sie von seinem Gebiet.

6 Cessantibus autem bellis externis civilia oriri coeperunt. Nam Saxones imperio regis facti gloriosi dedignabantur aliis servire nationibus quaesturasque quas habuerunt ullius alii nisi solius regis gratia habere contempserunt. Unde iratus Evurhardus contra Bruningum collecta manu succendio tradidit civitatem illius vocabulo Elmeri, interfectis [72] omnibus eiusdem civitatis habitatoribus. Qua presumptione rex audita condempnavit Evurhardum centum talentis aestimatione equorum, omnesque principes militum, qui eum ad hoc facinus adiuvabant, dedecore canum, quos portabant usque ad urbem regiam quam vocitamus Magathaburg.

7 Eodem tempore transtulit rex reliquias Innocentii martyris in eandem urbem. Ipse autem rex, ut erat clementissimus, dum turbatores pacis merita castigatione afflixit, ilico cum pietate suscepit, et unumquemque eorum regio munere honorans dimisit in pace. At illi nichilominus duci suo haerebant ad omne nefas, quia ille quidem erat iocundus animo, affabilis mediocribus, largus in dando; et his rebus multos Saxonum sibi associavit.

8 Ea tempestate defunctus est Arnulfus Boioariorum dux, et filii eius in superbiam elati regis iussu contempserunt ire in comitatum. [73]

9 Illo quoque tempore defunctus est Sigifridus comes; cuius legationem cum sibi vendicasset Thancmarus, eo quod propinquus ei esset – nam mater eius filia erat mater-

6 Als aber die Kämpfe mit auswärtigen Gegnern aufhörten, begannen sie im Innern. Die Sachsen nämlich, stolz geworden durch die Herrschaft ihres Königs, hielten es für unwürdig, anderen Völkern zu dienen, und verschmähten es, die Herrschaftsrechte, die sie besaßen, durch die Gunst irgendeines anderen als einzig die des Königs zu haben. Darüber wurde Eberhard auf Bruning zornig, sammelte eine Schar und steckte dessen Burg Helmern[4] in Brand, nachdem er alle ihre Bewohner umgebracht hatte. Als der König von diesem Übergriff erfuhr, verurteilte er Eberhard zur Abgabe von Pferden im Wert von hundert Pfund, und alle Anführer, die ihm bei der Untat geholfen hatten, zu der Schande, Hunde bis zu der königlichen Stadt zu tragen, die wir Magdeburg nennen.

7 Um diese Zeit übertrug der König die Reliquien des Märtyrers Innozenz in ebendiese Stadt. Während aber der König die Friedensstörer mit der verdienten Peinigung demütigte, nahm er sie doch – überaus mild, wie er war – sofort wieder leutselig auf und entließ einen jeden von ihnen, durch ein königliches Geschenk ausgezeichnet, in Frieden. Aber jene folgten ihrem Herzog trotzdem zu jeder Schandtat, weil er eine freundliche Art hatte, auch für die Unteren ansprechbar und mit Geschenken großzügig war, und er gewann dadurch zahlreiche Sachsen für sich.

8 Zu dieser Zeit starb der Bayernherzog Arnulf, und seine Söhne wiesen es in übermütigem Stolz weit von sich, sich auf den Befehl des Königs hin in seine Gefolgschaft einzureihen.

9 Um diese Zeit starb auch Graf Siegfried; obwohl Thankmar seine Markgrafschaft für sich beanspruchte, weil er mit ihm verwandt war – seine Mutter, mit der König

terae Sigifridi, de qua genuit rex Heinricus Thancmarum –, et regali dono cessisset Geroni comiti, afflictus est Thancmarus tristitia magna. Rex autem transivit in Boioariam et rebus ibi rite compositis reversus est in Saxoniam.

10 Dissensio autem, quae facta est inter Evurhardum et Bruningum, ad hoc pervenit, ut caedes publicae fierent depopulationesque agrorum agerentur et ab incendiis nusquam abstinerent. De legum quoque varietate facta est et contentio, fueruntque qui dicerent, quia filii filiorum non deberent computari inter filios hereditatemque legitime cum filiis sortiri, [74] si forte patres eorum obissent avis superstitibus. Unde exiit edictum a rege, ut universalis populi conventio fieret apud villam quae dicitur Stela; factumque est, ut causa inter arbitros iudicaretur debere examinari. Rex autem meliori consilio usus noluit viros nobiles ac senes populi inhoneste tractari, sed magis rem inter gladiatores discerni iussit. Vicit igitur pars, qui filios filiorum computabant inter filios, et firmatum est, ut aequaliter cum patruis hereditatem dividerent pacto sempiterno. Ibi quoque pacis turbatores facti sunt manifesti, qui hactenus se negabant contra regiam potestatem aliquid fecisse, sed iniuriam tantummodo in socios vindicassent. Rex autem se contemptum ab eis animadvertens – neque enim ad placitum iuxta iussum venire dignati sunt – arma distulit, veniae lo-

Heinrich den Thankmar gezeugt hatte, war nämlich die Tochter von Siegfrieds Tante –, fiel sie aufgrund einer königlichen Schenkung dem Grafen Gero zu. Das verstimmte Thankmar sehr. Der König aber zog nach Bayern und kehrte nach Sachsen zurück, nachdem er dort gebührend für Ordnung gesorgt hatte.

10 Der Streit aber, der zwischen Eberhard und Bruning entstanden war, ging so weit, dass offener Totschlag verübt, das Land verwüstet wurde und das Sengen und Brennen kein Ende nahm. Auch über die Änderung von Gesetzen entstand ein Streit; so meinten einige, dass die Söhne der Söhne nicht unter die Söhne gerechnet werden und das Erbe nicht rechtmäßig mit den Söhnen teilen dürften, wenn ihre Väter zufällig schon zu Lebzeiten des Großvaters gestorben wären. Deshalb erging vom König ein Erlass, dass eine allgemeine Volksversammlung bei der Pfalz Steele[5] stattfinden sollte; und es wurde festgesetzt, dass die Angelegenheit durch Schiedsrichter geprüft werden müsse. Der König aber folgte einem besseren Rat und wollte nicht, dass edle Männer und die Ältesten des Volks unehrenhaft behandelt würden; vielmehr befahl er, die Sache in einem Zweikampf zu entscheiden. So siegte die Partei, die die Söhne der Söhne unter die Söhne rechnete, und es wurde beschlossen, dass sie gemäß der immerwährenden Ordnung das Erbe mit den Onkeln gerecht teilen sollten. Hier auch wurden als Friedensstörer diejenigen überführt, die bis dahin bestritten hatten, gegen die königliche Gewalt gehandelt zu haben; vielmehr hätten sie lediglich das Unrecht an ihren Gefährten gerächt. Obwohl sich nun aber der König von ihnen missachtet sah – es war nämlich unter ihrer Würde, dem Befehl zu folgen und vor Gericht zu erschei-

cum dedit, proxima sibi semper solitus clementia. Sed haec dilatio ad maiorem perniciem multos protraxit. Fiebant preterea multa nefaria a seditiosis, homicidia, periuria, depopulationes, incendia; aequum pravumque, sanctum periuriumque illis diebus parum procedebant.

11 Iunctus est autem et Thancmarus Evurhardo, collectaque valida manu obpugnat presidium quod dicitur Badiliki, in quo erat Heinricus iunior, dataque preda urbis [75] suis commilitonibus abiit, secum adducens Heinricum quasi vile quoddam mancipium. Interfectus est autem ibi Gevehardus Udonis filius, fratris Herimanni ducis; ob cuius necem Deo omnia ordinante duces Francorum inter se sunt divisi. Tantis igitur spoliis Thancmari milites ditati iam ad omnia parabantur. Post haec cepit urbem quae dicitur Heresburg et collecta valida multitudine sedit in ea, multa inde exercens latrocinia. Evurhardus autem secum tenuit Heinricum. Eo quoque tempore occisus est Dedi ante portas urbis quae dicitur Larun, in qua erant milites Evurhardi. Wichmannus autem, qui se primum alienavit a rege, audiens tantum facinus seditiosorum, conversus pacem fecit cum rege, [76] quia prudentissimus erat, et utilis ac fidelis in finem permansit. Thancmarus autem, filius Heinrici regis, natus erat ex matre nobili, manu promptus, acer ingenio, bellandi peritus, sed inter arma honesta minus pudicitia

nen –, mochte er nicht zu den Waffen greifen, sondern verzieh ihnen, da es ihm immer am nächsten lag, Gnade zu üben. Aber dieser Aufschub zog viele in noch größeres Unglück. Außerdem wurden von Aufständischen viele Verbrechen verübt: Mord, Meineid, Verheerungen und Brandstiftungen; und zwischen Recht und Unrecht, Treue und Meineid machte man in jenen Tagen wenig Unterschied.

11 Es verband sich aber auch Thankmar mit Eberhard, brachte eine starke Mannschaft zusammen und belagerte mit ihr den Stützpunkt Belecke[6], in dem sich der jüngere Heinrich befand; und nachdem er die Burg seinen Kriegsgefährten zur Plünderung übergeben hatte, zog er ab und führte Heinrich wie einen gemeinen Knecht mit sich fort. Dort aber wurde Gebhard, der Sohn Udos, des Bruders von Herzog Hermann, getötet; wegen seines Todes haben sich nach Gottes Ratschluss die führenden Männer unter den Franken entzweit. Um große Beute bereichert, machten sich Thankmars Krieger schon zu allem bereit. Er nahm darauf die Burg, die Eresburg genannt wird, setzte sich mit einer starken Mannschaft, die er zusammengezogen hatte, in ihr fest und verübte von da aus viele Raubzüge. Eberhard aber behielt Heinrich bei sich. Um diese Zeit wurde auch Dedi vor den Toren der Burg Laer[7] getötet, in der sich Krieger Eberhards aufhielten. Als jedoch Wichmann, der als Erster vom König abgefallen war, von dem ungeheuren Frevel der Aufrührer hörte, lenkte er ein und schloss mit dem König Frieden, weil er sehr klug war, und blieb bis an sein Ende dienstbar und treu. Thankmar aber, ein Sohn König Heinrichs, geboren von einer vornehmen Mutter, war stets kampfbereit, von scharfem Verstand, erfahren im Krieg, doch während des Kampfes machte er sich wenig aus Ehre

usus. Erat autem mater eius multam habens possessionem; qui licet a patre alia plura sit ditatus, materna tamen se hereditate privatum aegre valde tulit, et ob hanc causam arma sumit ad perniciem sui suorumque contra dominum suum regem. Rex autem, licet invitus, videns rem ad tam ingens periculum procedere, ad edomandam Thancmari insolentiam cum multo comitatu perrexit ad Heresburg. Cives autem urbis illius cognoscentes de rege, quia super se cum valida manu appropinquasset, apertis portis introduxerunt exercitum, qui obsederat urbem. Thancmarus autem fugit in ecclesiam a Leone papa beato Petro apostolo dedicatam. Exercitus autem persecutus est eum usque in templum, et maxime satellites Heinrici, dolentes ac vindicare contendentes iniuriam domini sui. Nec veriti ianuas ferro incidere, cum armis ingressi sunt [77] sacram aedem. Thancmarus autem stabat iuxta altare, depositis desuper armis cum torque aurea. Cumque ex adverso telis urgeretur, Thiatboldus quidam, notus Cobbonis, cum conviciis vulnus ei inflixit, ilicoque ab eo recepit, quo vita cum terribili insania in brevi caruisset. Quidam autem militum Maincia vocabulo per fenestram altari contiguam lancea a tergo perfossum ibi secus aram extinxit Thancmarum. Ipse autem fraternae fautor discordiae in Biertanico postea bello vitam cum auro ab altari nequiter rapto miserabiliter perdidit. Earum rerum rex ig-

und Anstand. Seine Mutter verfügte aber über viel Besitz; deshalb fühlte er sich, obwohl er durch seinen Vater mit anderen Gütern reich ausgestattet wurde, durch den Verlust seines mütterlichen Erbes tief gekränkt und ergriff zu seinem eigenen und seiner Leute Verderben gegen seinen Herrn, den König, die Waffen. Der König aber, der die Angelegenheit zu einer so großen Gefahr anwachsen sah, zog, wenn auch widerwillig, um Thankmars Übermut zu bändigen, mit zahlreichem Gefolge vor die Eresburg. Als aber die Bewohner dieser Burg erkannten, dass der König mit starker Macht über sie gekommen war, öffneten sie die Tore und ließen das Heer ein, das die Burg umlagert hatte. Thankmar aber floh in die Kirche, die von Papst Leo dem heiligen Apostel Petrus geweiht worden war. Das Heer jedoch verfolgte ihn bis in die Kirche, vor allem Heinrichs Männer, aus Schmerz und vor Verlangen, die Schmach ihres Herrn zu rächen. Und sie scheuten sich nicht, mit einem Eisen die Türen einzuschlagen, mit den Waffen drangen sie ins Heiligtum. Thankmar aber stand neben dem Altar und hatte die Waffen samt der goldenen Kette darauf abgelegt. Wie er von vorne mit Geschossen bedrängt wurde, brachte ihm ein gewisser Thiadbold, ein Bastard Cobbos, unter Beschimpfungen eine Wunde bei, die er aber prompt von ihm zurückerhielt, so dass er bald darauf in fürchterlicher Raserei aus dem Leben schied. Aber einer von den Kriegern, Maincia mit Namen, durchbohrte durch ein Fenster beim Altar den Thankmar von hinten mit einem Speer und tötete ihn dort vor dem Altar. Er selbst jedoch, der Anstifter des Bruderzwists, verlor später in der Schlacht von Birten[8] jämmerlich sein Leben samt dem erbärmlicherweise vom Altar geraubten Gold. Als der König, der von den Vorfällen nichts wusste

narus et absens cum audisset, super temeritate militum dedignatus est, sed fervente adhuc bello civili non potuit eos contristari. Miseratus autem fratris fortunam suique ingenii ostendens clementiam, pro laude eius ac industria pauca locutus, Thiadricum et tres amitae illius filios, qui Thancmaro manus iunxerant, lege Francorum dampnatos strangulo fecit deficere. Inde vertit militem avidum pugnae et preda urbis ditatum in Laras. Illi autem urbis prefecto auctore acriter resistentes lapides lapidibus, tela telis obicere non cessabant, aggravatique bello super consulto ducis indutias deposcunt. Quibus concessis ducis eis presidium negatur. Unde urbe egressi potestati se regiae tradiderunt. Ea pugna Tamma pincerna, multis aliis rebus [78] bene gestis olim famosus, factus est clarus. Evurhardus autem audiens de nece Thancmari et defectione suorum militum, fractus animo prosternitur captivo suo, veniam petit ac nequiter promeretur.

12 Heinricus autem erat eo tempore nimis adolescens, fervens animo; et nimia regnandi cupiditate illectus eo pacto crimine solvit eum, quo coniuratione secum facta contra regem dominum suum et fratrem sibi regni diadema, si possibile foret, inponeret. Foedus itaque invicem percussum; inde liberaliter Heinricus ad regem reversus puriori fide ac caritate ab eo est susceptus quam ingressus.

und auch nicht zugegen war, davon erfuhr, verurteilte er die Unüberlegtheit seiner Vasallen, aber er konnte sie, solange der Bürgerkrieg noch tobte, nicht umstimmen. Er beklagte aber das Schicksal seines Bruders und zeigte sich nachsichtig, indem er kurz über Thankmars Ruhm und Tüchtigkeit sprach; den Thiadrich jedoch und drei Söhne von dessen Tante, die sich Thankmar angeschlossen hatten, ließ er nach fränkischem Gesetz verurteilen und aufknüpfen. Von da lenkte er sein kampfeslustiges und durch die Beute aus der Burg bereichertes Heer gegen Laer. Aber dort leistete man unter Führung des Burggrafen heftig Widerstand und ließ nicht nach, Steine mit Steinen und Geschosse mit Geschossen zu erwidern; aber bedrückt vom Krieg verlangten sie eine Waffenruhe, um den Herzog um Rat zu fragen. Man gestand sie ihnen zu, aber der Herzog gewährte ihnen keine Unterstützung. Deshalb zogen sie aus der Burg und ergaben sich der Gewalt des Königs. In diesem Kampf erwarb sich der Mundschenk Tamma, der schon durch viele andere starke Taten längst berühmt war, viel Ansehen. Als Eberhard aber von Thankmars Tod und dem Abfall seiner Vasallen hörte, verlor er den Mut, warf sich seinem Gefangenen zu Füßen, bat um Gnade und erhielt sie auf beschämende Art.

12 Heinrich war freilich um diese Zeit noch sehr jung und hitzig; und verlockt von übermäßiger Herrschsucht, verzieh er ihm sein Verbrechen unter der Bedingung, dass er sich mit ihm gegen den König, seinen Herrn und Bruder, verschwor und ihm, wenn möglich, die Krone des Reichs aufsetzte. Und so wurde von beiden Seiten das Bündnis geschlossen; darauf kehrte Heinrich frei zum König zurück und wurde von ihm mit aufrichtigerer Treue und Liebe empfangen, als er sie mitbrachte.

13 Suasione quoque optimi inprimis viri et omni religione probatissimi Frithurici, successoris Hildiberhti archiepiscopi, Evurhardus adiit regem, supplex veniam deposcit, se suaque omnia ipsius arbitrio tradens. Ne igitur ingens scelus inemendatum maneret, quasi in exilium in Hildinensem urbem a rege dirigitur. Sed non post multum temporis in gratiam clementer recipitur et honori pristino redditur.

14 Dum ea interea loci geruntur, antiqui hostes nostri Ungarii subito irruunt in Saxoniam et castris super litus Badae fluminis collocatis inde in omnem regionem diffunduntur. Dux autem missus a castris cum parte exercitus [79] eo die ad vesperam signa movit circa urbem quae dicitur Stedieraburg. Urbani autem videntes hostes et ex itinere et ex pluvia, quae ingens erat, segniores, audacter erumpunt portis, et clamore primum territantes, demum repente in adversarios irruentes, plurimis ex eis caesis et copiosa equorum multitudine cum aliquibus signis capta, caeteros fugere compulerunt. Urbes quas obvias habuere illorum fugam animadvertentes, armis eos omnibus locis urgebant, et maxima ex eis parte prostrata, ducem ipsum in quendam luti puteum cogentes obpresserunt. Altera autem pars exercitus ad aquilonem versus et arte cuiusdam Sclavi in locum qui dicitur Thrimining deductus, difficultate locorum ac manu circumfusus armatorum periit timoremque nimi-

13 Auf Zureden Friedrichs, des Nachfolgers von Erzbischof Hildebert, eines vorzüglichen und in allen Andachtsübungen äußerst bewährten Mannes, ging auch Eberhard zum König, bat demütig um Verzeihung, wobei er sich und seinen ganzen Besitz seinem Willen überantwortete. Damit freilich der ungeheure Frevel nicht ungestraft blieb, wurde er vom König in die Burg Hildesheim verbannt. Aber nicht viel später wurde er wieder huldreich in Gnaden aufgenommen und in seine alte Stellung eingesetzt.

14 Während inzwischen das zu Hause geschah, fielen unsere alten Feinde, die Ungarn, plötzlich in Sachsen ein und schlugen am Ufer des Flusses Bode ein Lager auf, von wo sie in die ganze Gegend ausschwärmten. Einer ihrer Anführer aber, der mit einem Teil des Heers losgeschickt worden war, zog am Abend dieses Tages gegen den befestigten Ort namens Steterburg.[9] Als die Burgleute aber sahen, dass die Feinde sowohl vom Marsch als auch vom Regen, der in Strömen floss, erschöpft waren, brachen sie aus den Toren hervor, erschreckten sie durch Geschrei, stürzten sich dann plötzlich auf den Gegner, töteten die meisten von ihnen und trieben die übrigen in die Flucht, wobei sie eine beträchtliche Menge Pferde nebst einigen Feldzeichen erbeuteten. Aus den Burgen aber, die auf ihrem Weg lagen, wurde ihnen, als man ihre Flucht bemerkte, allerorten mit Waffen zugesetzt, der größte Teil von ihnen niedergehauen und der Anführer selbst in eine Lehmgrube geworfen und dadurch umgebracht. Der andere Teil des Heeres aber, der sich nach Norden wandte, geriet durch die List eines Slawen in eine Gegend, die Drömling[10] genannt wird, und ging in dem unwegsamen Gelände, umringt von einer Schar Bewaffneter, zugrunde, was die Übrigen in mächti-

um caeteris incussit. Dux autem illius exercitus cum paucis elapsus comprehenditur, et ad regem deductus pretio magno redimitur. His auditis castra hostium omnia turbata, fuga salutem quaesierunt, nec ultra per triginta annos in Saxonia apparuerunt.

15 Post haec Heinricus ardens cupiditate regnandi celebre parat convivium in loco qui dicitur Salaveldun. Cumque esset magnus ac potens maiestate et potestate regali, plurimis plurima donat et factionis huiuscemodi plurimos ob id sibi associat. Fuere tamen multi, qui rem celare potius arbitrati sunt, ad hoc tantum, ne rei fraternae discordiae invenirentur. Dabant tamen consilium, quo facilius bellum [80] solveretur, ut videlicet ipse relinqueret Saxoniam sub presidio militari et sese inferret Lothariis, generi hominum inbelli; et ita factum est, ut primo inpetu eos rex devinceret et uno certamine fatigaret. Commilitonum itaque consulto Saxonia, ut diximus, relicta et urbibus Saxoniae vel in Thuringorum terra presidio militari traditis, ipse cum amicis Lotharios adit. Cuius rei fama undique omnes perculsi, quia tam subitaneae recessionis a rege ac repentini belli causam penitus ignorabant. Rex autem audita huiuscemodi fama primum non credidit, postremo certum de belli negotio probans, nichil moratus cum exercitu prosecutus est fratrem. Et ut appropiat urbi presidiis fratris munitae quae dicitur Throtmanni, milites qui erant in ea, non inmemores

gen Schrecken versetzte. Der Anführer der Mannschaft, der mit wenigen entkommen war, wurde gefasst und kaufte sich, dem König vorgeführt, für viel Geld los. Auf diese Nachricht hin geriet das ganze feindliche Lager in Hektik und suchte sein Heil in der Flucht; und für mehr als dreißig Jahre sind sie jetzt nicht mehr in Sachsen aufgetaucht.

15 Danach gab Heinrich, der auf das Königtum versessen war, ein prächtiges Fest an einem Ort, der Saalfeld heißt. Und da königliche Hoheit und Gewalt ihn groß und einflussreich machten, beschenkte er sehr viele mit reichen Gütern und brachte dadurch die meisten der Gesellschaft auf seine Seite. Trotzdem vertraten viele die Ansicht, dass es besser sei, die Sache geheim zu halten, schon deswegen, damit sie nicht als am Bruderzwist Schuldige erschienen. Dennoch wussten sie Rat, wie der Krieg leichter ausbrechen konnte: Er selbst sollte Sachsen unter dem Schutz seiner Vasallen zurücklassen und sich zu den Lothringern begeben, einem unkriegerischen Menschenschlag; und so geschah es denn auch, dass der König sie beim ersten Angriff besiegte und in einer einzigen Schlacht vernichtete. Nachdem also Heinrich auf den Rat seiner Gefährten, wie gesagt, Sachsen verlassen und die sächsischen bzw. thüringischen Burgen dem Schutz seiner Vasallen überstellt hatte, zog er selbst mit seinen Freunden zu den Lothringern. Die Kunde davon erschütterte weit und breit alle Leute, weil sie den Grund für den so plötzlichen Abfall vom König und den unerwarteten Krieg überhaupt nicht kannten. Als der König aber von der Geschichte hörte, glaubte er zuerst nicht daran; zuletzt, da sich die Nachricht als richtig erwies, zögerte er nicht und setzte dem Bruder mit einem Heer nach. Und wie er an die Burg Dortmund, die durch eine Besatzung seines Bruders

fortunae Thancmari, nequaquam sunt ausi inibi regem expectare, sed egressi urbe tradiderunt se ipsos regi. Erat autem Agina, qui illam urbem ad manum Heinrici procurare deberet. Hic a rege vehementi iuramento constrictus, quatinus, si posset, dominum suum a bello ad pacem et concordiam revocaret, vel certe ipse ad regem reverteretur, ita dimissus adiit dominum suum. Ductus autem exercitus a rege pervenit usque ad litora Reni fluminis.

16 Eo tempore, quo erat bellum Evurhardi cum rege, missus Hadaldus, qui erat super cubiculum regis, ad [81] Isilberhtum pro concordia et pace, cum necdum ad neutram partem palam declinaretur, indigne suscipitur, et responsio de die in diem differtur. Ipse autem simultates ducis sentiens nec ultra talibus versutiis contentus: ›Imperium tibi‹, inquit, ›regale facio, presente populo, tribunali regis condicto die presentari, aut certe hostem te scias iudicari.‹ Simili modo et pontificem Bernhardum a rege missum inhonoratum et responsi incertum a se dimisit. Fertur etiam et regalium litterarum saepius sigilla corrupisse. Post haec vero verba legatum meliuscule coepit habere et cum honore transduci fecit.

17 Igitur copias belli parantes Heinricus et Isilberhtus decreverunt ad Renum occurrere regi. Agina quoque memor iurisiurandi precedens exercitum transito Reno regi sese

gesichert war, herankam, dachten die Krieger darin an Thankmars Schicksal und wagten es nicht, den König innen zu empfangen, sondern zogen aus der Burg und ergaben sich dem König. Es war aber Agina, der die Burg für Heinrich halten sollte. Dieser wurde durch einen starken Eid vom König dazu verpflichtet, nach Möglichkeit seinen Herrn vom Krieg weg zu Frieden und Eintracht zurückzubringen oder wenigstens selbst zum König zurückzukehren; so entlassen, suchte er seinen Herrn auf. Das Heer aber kam unter der Führung des Königs bis an die Ufer des Rheins.

16 Zu jener Zeit, als noch zwischen Eberhard und dem König Krieg war, wurde Hadald, der Kämmerer des Königs, zur Herstellung von Frieden und Eintracht zu Giselbert geschickt, da dieser noch nicht offen einer der beiden Seiten zuneigte; man empfing ihn ungehörig, und die Antwort wurde von einem Tag auf den anderen verschoben. Er aber spürte die Feindseligkeit des Herzogs, wollte sich mit solchen Schlichen nicht länger zufriedengeben und sagte: »Ich gebe dir vor allen Leuten den königlichen Befehl, dich am festgesetzten Tag vor dem königlichen Richterstuhl einzufinden; andernfalls kannst du sicher sein, dass man dich zum Feind erklärt.« Auf ähnliche Art hatte Giselbert auch Bischof Bernhard, den königlichen Gesandten, ungebührlich und ohne feste Antwort von sich fortgeschickt. Es heißt auch, er habe öfter die Siegel königlicher Schreiben missbraucht. Nach diesen Worten aber fing er an, den Gesandten etwas besser zu behandeln, und ließ ihn ehrenvoll zurückgeleiten.

17 Heinrich und Giselbert rüsteten aber zum Krieg und beschlossen, dem König an den Rhein entgegenzurücken. Agina, der sich an seinen Schwur erinnerte, eilte dem Heer

presentavit. Et salutato eo verbis humillimis ait: ›Frater tuus, dominus meus, salvum te et incolumem magno latoque imperio diu regnare exoptat tuumque ad servitium demandat quantocius festinare.‹ Rege autem interrogante de eo, pacem bellumne cogitasset, prospiciens vidit multitudinem nimiam erectis signis tractim procedere et ad sui [82] partem exercitus, qui iam Renum transierat, tendentem. Et conversus ad Aginam: ›Quidnam vult‹, inquit, ›illa multitudo aut quae est?‹ At ille satis ociose: ›Dominus meus‹, inquit, ›est, frater tuus; si meae suasioni dignaretur animum inclinare, aliter venisset. Modo, ut ipse iuravi, veni.‹ Rex autem his auditis dolorem animi motu corporis non celabat, eo quod non adessent naves, per quas Renum transcendere posset; et ingens flumen aliud iter non prebebat, nec tempus subitanei certaminis in ulteriore ripa constitutos aliud sinebat cogitare, nisi aut coram hostibus cadere debere aut certe armis vitam defendere. Unde ad Deum supplices expandens manus rex ait: ›Deus‹, inquit, ›omnium rerum auctor et rector, respice populum tuum, cui me preesse voluisti, ut, ereptus ab inimicis, sciant omnes gentes ullum mortalium tuae dispositioni contraire non posse, qui omnia potes et vivis et regnas in aeternum.‹ Qui autem erant in ulteriore ripa, sarcinas et inpedimenta quaeque

voraus, setzte über den Rhein und stellte sich dem König. Und er begrüßte diesen mit den untertänigsten Worten und sagte: »Dein Bruder, mein Herr, wünscht dir, du mögest gesund und wohlbehalten lange über dein großes und weites Reich herrschen, und meldet dir, dass er zu deinem Dienst so schnell wie möglich herbeieilt.« Als der König ihn jedoch fragte, ob er an Frieden oder Krieg glaube, sah er mit einem Blick in die Ferne eine große Menge mit aufgerichteten Feldzeichen langsam auf den Teil seines Heeres zumarschieren, der den Rhein bereits überschritten hatte. Er wandte sich an Agina und sagte: »Was will diese Menschenmenge? Wer ist da?« Da antwortete dieser seelenruhig: »Mein Herr ist das, dein Bruder; wenn er es für gut befunden hätte, meinem Rat zu folgen, wäre er anders gekommen. Ich bin jetzt gekommen, wie ich selbst geschworen habe.« Als der König das aber hörte, machte er mit seiner äußeren Erregung keinen Hehl aus dem Schmerz in seiner Seele darüber, dass keine Schiffe da waren, auf denen er über den Rhein hätte setzen können; der mächtige Strom bot weder einen anderen Übergang, noch ließ der Zeitpunkt des plötzlichen Überfalls die Leute am jenseitigen Ufer an etwas anderes denken, als dass sie entweder vor den Feinden in die Knie gehen oder aber ihr Leben wenigstens mit Waffengewalt verteidigen müssten. Daher erhob der König die Hände flehend zu Gott und sprach: »Gott, Urheber und Lenker aller Dinge, schau auf dein Volk, an dessen Spitze ich mit deinem Willen stehe, auf dass es den Feinden entrissen werde und daran alle Völker erkennen, dass gegen deinen Willen kein Sterblicher etwas vermag, der du allmächtig bist und lebst und herrschst in Ewigkeit.« Die aber am jenseitigen Ufer standen, schickten Gepäck

transmittunt in locum qui dicitur Xantum. Ipsi vero parati hostes expectant. Cumque esset piscina inter nostrates et hostes, Saxones divisis sociis, pars una ex adverso ruit in hostes, altera pars a tergo insequitur, in mediis hostes obprimens, pauci plures vehementer urgebant. Neque enim nostratium supra centum armatos fuisse perhibetur, adversariorum vero magnus satis exercitus. Sed cum a fronte pariter et a tergo urgerentur, qua parte potissimum cavere debuissent, in promptu non erat. Ex nostris etiam fuere qui Gallica lingua ex parte loqui sciebant, qui clamore in altum Gallice levato exhortati sunt adversarios ad fugam. Illi socios huiuscemodi clamasse arbitrati, fugam, ut clamatum est, inierunt. Eo die ex nostris [83] multi vulnerati, aliqui etiam caesi; inter quos Ailbertus, qui cognominatus est Candidus, telo ducis Heinrici vulneratus non multis interiacentibus diebus defunctus est. Hostes autem omnes aut caesi vel capti vel certe fugati, sarcinae omnes et omnis hostium suppellex inter victores divisa. Ex parte Lothariorum bene pugnasse predicabatur illo certamine Godofridus Niger cognominatus. Sed et Maincia, cuius supra mentionem fecimus, eo die cecidit.

18 Dadi autem Thuring mandavit ad prefectos urbium, qui erant in oriente partis ducis Heinrici, de victoria regis, et quia ipse dux in bello cecidisset, egitque callide, ut om-

und allen Tross an einen Ort namens Xanten. Sie selbst jedoch erwarteten kampfbereit den Feind. Und da ein Fischteich zwischen den Unsrigen und den Feinden lag, teilten die Sachsen ihre Scharen, und ein Teil stürzte sich den Feinden entgegen, die anderen fielen ihnen in den Rücken, so dass sie den Gegner in die Zange nahmen und diesem trotz zahlenmäßiger Unterlegenheit hart zusetzten. Die Unsrigen sollen nicht mehr als hundert Schwerbewaffnete gehabt haben, das gegnerische Heer jedoch ziemlich groß gewesen sein. Aber da sie gleichzeitig von vorne und von hinten her bedrängt wurden, war ihnen nicht klar, auf welcher Seite sie sich zuerst in Sicherheit bringen sollten. Unter unseren Leuten waren auch welche, die etwas in gallischer Sprache zu reden verstanden, und diese erhoben auf Gallisch ein lautes Geschrei und forderten ihre Feinde auf zu fliehen. Diese glaubten, ihre Gefährten hätten sie gerufen, und ergriffen, wie es ihnen zugerufen worden war, die Flucht. An diesem Tag wurden von den Unsrigen viele verwundet, einige auch getötet; darunter Ailbert, genannt der Weiße, der von einem Geschoss Herzog Heinrichs getroffen wurde und wenige Tage später starb. Die Feinde indes wurden alle entweder getötet oder gefangen bzw. zumindest in die Flucht geschlagen, und alles Gepäck und die gesamte Ausrüstung der Feinde teilte man unter den Siegern auf. Aufseiten der Lothringer soll sich in diesem Gefecht Gottfried, genannt der Schwarze, gut geschlagen haben. Aber auch Maincia, den wir oben erwähnt haben, ist an diesem Tag gefallen.

18 Dadi[11] aber, der Thüringer, unterrichtete die Burgpräfekten, die im Osten zu Herzog Heinrich hielten, über den Sieg des Königs und dass der Herzog selbst im Kampf ge-

nes se traderent regiae potestati. Heinricus autem hoc factum nequaquam reliquit inultum. Ipsi autem duae tantummodo ex omnibus remanserant urbes, Mesburg et Scithingi. Regi autem post victoriam visum est persequi fratrem suum generumque.

19 Audiens vero de defectione urbium suarum fractusque recenti regis victoria, cum novem tantum armatis iter arripuit, Saxoniamque iam tardius adiens, urbem Mesburg ingressus est. Quo rex comperto et ipse reversus est Saxoniam urbemque, in qua frater erat, cum exercitu obsedit. Sed cum non posset fortiori ac maiori resistere, [84] post duos ferme menses tradita urbe egressus est Heinricus ad regem. Datae sunt autem ei indutiae triginta dierum, quatinus cum militibus sibi cohaerentibus secederet a Saxonia. Si cui vero illorum regem adire placuisset, locum veniae haberet. Quievitque Saxonia post haec ab intestinis bellis paucis diebus.

20 Barbari autem labore nostro elati nusquam ab incendio, caede ac depopulatione vacabant, Geronemque, quem sibi rex prefecerat, cum dolo perimere cogitant. Ipse dolum dolo preoccupans, convivio claro delibutos ac vino sepultos ad triginta fere principum barbarorum una nocte extinxit. Sed cum non sufficeret contra omnes nationes barbarorum – eo quippe tempore et Apodriti rebellaverant, et caeso exercitu nostro ducem ipsum nomine Haicam extinxerunt –, ab ipso rege saepius ductus exercitus eos laesit et in

fallen sei. Und durch List schaffte er es, dass sich alle der königlichen Gewalt ergaben. Doch Heinrich ließ diese Tat nicht ungestraft. Insgesamt waren ihm nur zwei Burgen geblieben, Merseburg und Burgscheidungen. Der König indes beschloss nach dem Sieg, seinen Bruder und Schwager zu verfolgen.

19 Aber auf die Nachricht vom Abfall seiner Burgen und entmutigt durch den jüngsten Sieg des Königs, machte sich Heinrich mit nur neun Bewaffneten auf den Weg, kam schon etwas spät nach Sachsen und zog in Merseburg ein. Sowie der König davon erfuhr, kehrte er selbst auch nach Sachsen zurück und belagerte mit seinem Heer die Burg, in welcher sich sein Bruder aufhielt. Da dieser aber dem Stärkeren und Mächtigeren nicht widerstehen konnte, übergab er nach ungefähr zwei Monaten die Burg und kam zum König heraus. Es wurde ihm eine Waffenruhe von dreißig Tagen zugestanden, um mit seinem Anhang Sachsen zu räumen; falls sich aber einer von ihnen an den König wenden wollte, sollte ihm verziehen sein. Danach hatte Sachsen vor inneren Kämpfen eine Zeitlang Ruhe.

20 Die Barbaren aber, durch unsere Querelen ermutigt, hörten nirgends auf, mit Brennen und Morden das Land zu verwüsten, und trachteten danach, den Gero, den der König über sie gesetzt hatte, heimtückisch zu töten. Er aber kam der List mit List zuvor und räumte etwa dreißig Barbarenfürsten, die ein prächtiges Gastmahl erschöpft und der Wein ermüdet hatte, in einer Nacht aus dem Weg. Weil er jedoch allen Barbarenvölkern allein nicht gewachsen war – es hatten sich nämlich zu dieser Zeit auch die Abodriten erhoben, unser Aufgebot vernichtet sowie seinen Anführer namens Haika erschlagen –, führte der König selbst

multis afflixit et in ultimam pene calamitatem perduxit. Illi vero nichilominus bellum quam pacem elegerunt, omnem miseriam carae libertati postponentes. Est namque huiuscemodi genus hominum durum et laboris patiens, victu levissimo assuetum, et quod nostris gravis oneris esse solet, Sclavi pro quadam voluptate ducunt. Transeunt sane dies plurimi, his pro gloria et pro magno latoque imperio, illis pro libertate ac ultima servitute varie certantibus. Multos quippe illis diebus Saxones patiebantur hostes, Sclavos ab oriente, Francos a meridie, Lotharios ab occidente, ad aquilone [85] Danos itemque Sclavos: propterea que barbari longum trahebant certamen.

21 Fuit autem quidam Sclavus a rege Heinrico relictus, qui iure gentis paterna successione dominus esset eorum qui dicuntur Heveldi, dictus Tugumir. Hic pecunia multa captus et maiori promissione persuasus professus est se prodere regionem. Unde quasi occulte elapsus venit in urbem quae dicitur Brennaburg, a populoque agnitus et ut dominus susceptus, in brevi quae promisit inplevit. Nam nepotem suum, qui ex omnibus principibus gentis supererat, ad se invitans dolo captum interfecit urbemque cum omni regione ditioni regiae tradidit. Quo facto omnes barbarae nationes usque in Oderam fluvium simili modo tributis regalibus se subiugarunt.

mehrmals ein Heer gegen sie, fügte ihnen viel Schaden zu und brachte sie an den Rand des Untergangs. Trotzdem zogen jene den Krieg dem Frieden vor, weil sie die teure Freiheit über alle Not stellten. Dieser Menschenschlag ist nämlich hart und scheut keine Anstrengung; gewöhnt an die dürftigste Nahrung, halten die Slawen für ein Vergnügen, was unseren Leuten als arge Schinderei erscheint. In der Tat, es vergingen darüber viele Tage, während auf beiden Seiten für Verschiedenes gekämpft wurde, hier für Ruhm und die Ausdehnung der Herrschaft, dort für Freiheit oder schlimmste Knechtschaft. In jenen Tagen hatten die Sachsen überhaupt unter vielen Feinden zu leiden, den Slawen im Osten, den Franken im Süden, den Lothringern im Westen, den Dänen und wiederum den Slawen im Norden; und deshalb zog sich der Kampf mit den Barbaren in die Länge.

21 Es war aber noch von König Heinrich her ein Slawe namens Tugumir in Haft, der nach dem Gesetz seines Volks die väterliche Nachfolge als Herrscher über die sogenannten Heveller antreten sollte. Dieser wurde mit einer großen Geldsumme gewonnen und durch noch größere Versprechungen überredet, dass er versprach, sein Gebiet zu verraten. Daher kam er, als wäre er heimlich entflohen, in die Burg, die Brandenburg heißt, wurde vom Volk anerkannt und als Herr aufgenommen; in Kürze erfüllte er sein Versprechen. Er lud nämlich seinen Neffen, der von allen Fürsten des Volks noch übrig war, zu sich ein, tötete ihn, nachdem er ihn hinterlistig gefangen genommen hatte, und unterstellte die Burg mit dem ganzen Gebiet der Botmäßigkeit des Königs. Infolgedessen unterwarfen sich alle barbarischen Völkerschaften bis zur Oder auf ähnliche Weise dem König und leisteten Tribut.

22 Heinricus igitur discedens a Saxonia Lotharios iterum adiit et cum genero suo, duce scilicet Isilberhto, cum suis militibus aliquamdiu moratus est. Iterum ducitur exercitus a rege contra Isilberhtum, et omnis regio Lotha-[86]riorum illius imperio subiacens igni traditur; obsessusque in urbe quae dicitur Kievermont, elapsus inde proficiscitur. Et cum obsidio difficultate locorum parum procederet, vastata undique regione rex in Saxoniam revertitur.

23 Sciens autem comitem Isilberhti versutum et callidum nimis nomine Immonem, artibus illius melius arbitratus est pugnare quam armis. Ille vero, ut erat astutissimus, meliori ac maiori se subdens, arma sumit contra ducem; quod ipse dux omnium laborum gravissime tulit, quia eum sibi adversum sustinere debuisset, cuius consilio ac fidei hactenus se maxime credebat. Augebat quoque indignationem ducis grex porcorum ab Immone callide captus. Nam subulci ducis cum contra portas urbis transirent, Immo porcellum pro porta agitari fecit et omnem gregem porcorum apertis portis intra urbem recepit. Quam iniuriam dux ferre non valens coacto exercitu obsedit Immonem. Ille autem plurima apum examina habuisse fertur, quae frangens proiecit contra equites. Apes autem aculeis equos stimulantes in insaniam vertebant, ita ut equites periclitari coepissent.

22 Heinrich zog also, da er Sachsen verlassen musste, wieder zu den Lothringern und hielt sich bei seinem Schwager, nämlich Herzog Giselbert, mit seinen Vasallen eine Weile auf. Da führte der König erneut ein Aufgebot gegen Giselbert und verheerte das gesamte lothringische Gebiet, das unter seiner Herrschaft stand, mit Feuer und Schwert; Giselbert selbst wurde in der Burg Vaux-sous-Chèvremont[12] belagert, entwischte aber und machte sich davon. Und da die Belagerung wegen der Schwierigkeiten des Geländes nicht weiterführte, verwüstete der König ringsumher das Land und kehrte nach Sachsen zurück.

23 Da er aber von einem überaus gewandten und listigen Gefährten Giselberts namens Immo wusste, hielt er es für angemessener, sich seiner Künste zu bedienen, statt zu kämpfen. Dieser aber, gerissen wie er war, unterwarf sich dem Besseren und Mächtigeren und ergriff gegen den Herzog die Waffen, was diesen unter allen Nöten am schwersten traf, weil er nun der Feindschaft des Mannes trotzen musste, auf dessen Klugheit und Treue er bis dahin am meisten gesetzt hatte. Und es steigerte den Zorn des Herzogs, dass Immo ihm eine Schweineherde abluchste: Als nämlich die Schweinehirten des Herzogs an den Toren seiner Burg gegenüber vorbeizogen, ließ Immo ein Ferkel vor dem Tor hin- und hertreiben und nahm die ganze Schweineherde durch die geöffneten Tore in seiner Burg in Empfang. Diesen Betrug vermochte der Herzog nicht zu ertragen; er sammelte ein Heer und belagerte Immo. Dieser aber soll sehr viele Bienenstöcke gehabt haben, welche er aufbrach und den Reitern entgegenschleuderte. Und die Bienen stachen mit ihren Stacheln die Pferde und machten sie so verrückt, dass es für die Reiter gefährlich zu werden be-

Quo viso Immo prospiciens de muro eruptionem cum sociis minitavit. Huiuscemodi igitur artibus saepius dux ab Immone delusus solvit obsidionem. Discedens vero fertur dixisse: ›Immone mecum sentiente omnes Lotharios facile captos tenui, modo ipsum solum cum omnibus Lothariis capere nequeo.‹

24 Tractum tamdiu bellum Evurhardus considerans ultra non quiescit; quin contempto rege et iure spreto [87] iuramentorum, ut initio, conserta manu cum Isilberhto ad incentiva bellorum pariter conspirant. Nec contenti regno occidentali solummodo, in Reni orientalem agrum depopulandum cum exercitu demerguntur. Haec cum audiuntur in castris regis – nam ea tempestate rex erat pugnans contra Briseg et alias urbes, quae erant Evurhardi ditionis –, multi se a castris eruebant, nec ultra spes erat regnandi Saxones. Rex vero ea turbatione tanta constantia ac imperio usus est, licet raro milite constiparetur, acsi nichil ei difficultatis obviasset. Nam summi pontifices relictis tentoriis et alia qualibet suppellectili, ipsi etiam defecerunt a fide.

25 Defectionis causam edicere et regalia misteria pandere super nos est, verum historiae satisfaciendum arbitramur; quicquid in hac parte peccemus, veniabile sit. Summus pontifex missus ad Evurhardum pro concordia et pace, cum esset earum rerum desiderantissimus, pacto mutuo suum

gann; und als Immo das mit einem Blick von der Mauer herab sah, drohte er, mit seinen Genossen über sie herzufallen. Auf solche Weise des Öfteren von Immo zum Narren gehalten, hob er die Belagerung auf. Als er aber abzog, soll er geäußert haben: »Solange Immo auf meiner Seite stand, habe ich ohne Mühe alle Lothringer an mich gefesselt. Jetzt kann ich mit allen Lothringern ihn ganz allein nicht fassen.«

24 Als nun Eberhard sah, wie lang sich der Krieg hinzog, ließ ihn das nicht länger ruhen. Er kümmerte sich nicht mehr um den König, brach seinen Eid, und wie er anfangs mit Giselbert gemeinsame Sache gemacht hatte, trachtete er nun danach, mit ihm zusammen den Krieg zu entfesseln. Und nicht zufrieden allein mit dem Westreich, stürzten sie sich mit einem Heer auf das ostrheinische Gebiet, um es zu verwüsten. Als man das im Lager des Königs hörte – zu jener Zeit kämpfte der König nämlich gegen Breisach und andere Burgen, die zu Eberhard gehörten –, da machten sich viele aus dem Lager davon, und alle Hoffnung auf eine weitere sächsische Herrschaft war dahin. Aber der König bewies in dieser heiklen Situation eine solche Standhaftigkeit und Herrschaftskraft, obwohl er nur noch von wenigen Vasallen umgeben war, als ob ihm keine Schwierigkeiten begegnet wären. Denn sogar die Bischöfe[13] ließen Zelte und alles andere Gerät im Stich und fielen auch vom König ab.

25 Den Grund für die Desertion auszuplaudern und das königliche Geheimnis zu enthüllen steht mir zwar nicht zu, doch ich glaube, der Geschichte genügen zu müssen; lasse ich mir dabei etwas zuschulden kommen, verzeihe man mir. Der Erzbischof, der zur Herstellung von Eintracht und Frieden zu Eberhard geschickt wurde, gab, da er es unbedingt so wollte, bei dem gegenseitigen Vertrag seinen Eid

interposuit iuramentum, et ideo ab eo non posse desipere fertur narrasse. Rex autem per pontificem officio suo congruentia dirigens responsa, nil ad se pertinere voluit, [88] quicquid episcopus egisset sine suo imperio. Quare quia contra auctoritatem regi quasi precellenti noluit subici, sed recessit ab eo, in Hammaburgensem urbem quasi in exilium destinavit, Rothardum vero episcopum Novam Corbeiam direxit. In brevi vero utrisque clementer ignoscit, in sui gratiam suscipit et honori pristino reddidit.

26 Ad coercendam igitur ducum presumptionem missus Herimannus cum exercitu, invenit eos super litus Reni, magnamque partem exercitus abesse, eo quod iam Renum cum preda transissent. Circumfusus itaque dux ipse Evurhardus militum armis, multis vulneribus acceptis ac viriliter redditis, perfossus tandem telis corruit. Isilberhtus autem fugiens navem cum pluribus ascendit, quae onere pregravata subcumbens mergitur; ipseque dux cum caeteris mersus numquam est inventus. Rex autem audita victoria [89] suorum militum ac morte ducum gratias egit omnipotenti Deo, cuius saepius auxilium expertus est oportunum. Preficiensque regioni Lothariorum Oddonem Ricwinis filium, et ut nutriret nepotem suum, filium Isilberhti, optimae spei puerulum, nomine Heinricum, reversus est in Saxoniam. Mater autem pueri copulata est coniugio Hluthowico regi, et Heinricus frater regis discedens a

als Pfand und soll deshalb gesagt haben, er könnte damit keinen Unfug treiben. Der König aber, der durch den Bischof eine Antwort sandte, die seiner Stellung angemessen war, wollte sich durch nichts an etwas binden lassen, was der Bischof ohne seinen Auftrag ausgehandelt haben mochte. Deshalb, weil er gegen Gottes Wort dem König als Oberherrn nicht untertan sein wollte, sondern von ihm abrückte, wurde er gleichsam ins Exil nach Hamburg versetzt, den Bischof Rothard aber schickte der König nach Neu-Corbie. Binnen Kurzem verzieh er jedoch beiden in seiner Gutmütigkeit, nahm sie in Gnaden wieder auf und gab ihnen ihre frühere Würde zurück.

26 Als dann Hermann[14] mit einem Aufgebot losgeschickt worden war, um den Übermut der Herzöge zu bändigen, fand er sie am Ufer des Rheins und stellte fest, dass der Großteil ihres Aufgebots fort war, weil sie mit der Beute schon über den Rhein gesetzt waren. Herzog Eberhard selbst wurde daher von den bewaffneten Kriegern umringt und brach, nachdem er viele Wunden empfangen und tapfer ausgeteilt hatte, schließlich von Geschossen durchbohrt zusammen. Giselbert aber floh und bestieg mit mehreren ein Boot, das aber überlastet sank und unterging; auch der Herzog selbst versank samt den Übrigen und wurde nie gefunden. Als der König aber vom Sieg seiner Kriegsleute und dem Tod der Herzöge gehört hatte, dankte er Gott dem Allmächtigen, dessen Hilfe er des Öfteren schon zur rechten Zeit erfahren hatte. Das Gebiet der Lothringer unterstellte er Otto, dem Sohn Richwins, mit dem Auftrag, seinen Neffen Heinrich, Giselberts Sohn, ein hoffnungsvolles Bürschchen, zu erziehen, und kehrte nach Sachsen zurück. Die Mutter des Jungen aber heiratete König Ludwig, und Heinrich, der

Lothariis secessit in regnum Karoli. Necem ducum asperrima hiemps hiememque secuta est fames validissima.

27 Post haec Immo, re vera nescio an falso, arma sumit contra regem, et media hieme circumdatus exercitu se pariter cum urbe tradidit, ac deinceps fidelis et utilis permansit.

28 Nepotes quoque Isilberhti servituti regiae se subiciebant, urbibus quas tenebant nichilominus retentis; [90] Kievermont etiam ab Ansfrido et Arnoldo adhuc tenebatur. Ad quos Immo mandatum huiuscemodi dirigens ait: ›De me non sentio nisi quod vos sentitis; de vobis autem notum est, quia huius gentis principes estis. Nulli ergo dubium, quin duabus manibus quisque magis valeat quam una. Certum est itaque tres unum fortitudine precedere. Et nunc quae necessitas cogit, ut serviamus Saxonibus, nisi nostra discordia? Quando vos armis circumdederunt, num victoria laetati sunt? Victoribus certe turpe est servire. Optimum omnium mortalium, qui me a puero nutrivit et inter amicos semper habuit et magna potestate clarificavit, nostrum communem dominum deserui et Saxoni me periculo capitis mei sociavi; modo, ut scitis, pro merito honore contumelia ab eo affectus, armis circumdatus, pene ex libero servus factus sum. Ut ergo noveritis me ex fide communi utilitati velle consulere, tibi, Ansfrid, unicam filiam meam desponsabo, quo nullo apud vos infidelitatis scrupulo nota-

Bruder des Königs, verließ Lothringen und setzte sich in das Reich Karls ab. Dem Tod der Herzöge folgte ein sehr harter Winter und dem Winter eine gewaltige Hungersnot.

27 Danach erhob Immo – ich weiß nicht, ob ernsthaft oder nur zum Schein – die Waffen gegen den König; aber mitten im Winter von einem Heer eingeschlossen, ergab er sich mit seiner Burg und war fortan ein zuverlässiger und brauchbarer Untertan.

28 Auch die Neffen Giselberts unterwarfen sich dem Dienst des Königs, behielten aber trotzdem die Burgen, die sie gerade hatten; auch Vaux-sous-Chèvremont wurde noch von Ansfrid und Arnold behauptet. Diesen schickte Immo eine Nachricht, in der er Folgendes sagte: »Ich denke von mir selbst nicht anders als ihr; von euch aber weiß man, dass ihr die Ersten dieses Volks seid. Nun zweifelt keiner daran, dass mit zwei Händen ein jeder mehr ausrichtet als mit einer. Es steht daher fest, dass drei an Stärke einen übertreffen. Welche Notwendigkeit zwingt uns nun, den Sachsen zu dienen, außer unsere Uneinigkeit? Als sie euch mit Waffen bedrängten, haben sie sich da eines Sieges erfreut? Für Sieger aber ist es sicher schändlich, dass sie jetzt Dienst leisten. Ich habe den Besten aller Sterblichen, der mich von Kindheit an behütet, immer zu seinen Freunden gezählt und durch große Macht geehrt hat, unseren gemeinsamen Herrn, verlassen und mich unter Lebensgefahr mit dem Sachsen verbündet; nun wurde ich, wie ihr wisst, von ihm mit Waffen umstellt; von einem Freien bin ich fast zum Knecht geworden. Damit ihr aber nun wisst, dass ich ehrlich für das gemeinsame Wohl sorgen will, werde ich dir, Ansfrid, meine einzige Tochter zur Braut geben, damit ich bei keinem von euch in den Verdacht der Untreue geraten kann. Bestimmt also

ri queam. Date igitur locum mutui colloquii, et ex me ipso fidem probabitis, quam per nuntium necdum potestis.‹ Ipsi ad haec, quamvis ferrei pectoris essent [91] et illum iam olim suspectum haberent, tantae tamen calliditati cedentes, suasibilibus emolliti verbis, mutuo dabant locum conspectui. At ille armatos habens locis oportunis absconditos dolo ambos cepit et sub custodia regi destinavit, mandato in haec verba pariter directo: ›Elatior‹, inquit, ›est mollior, vinclis aut verberibus non indiget, minis pandit universa quae scit. Ansfrid vero durior ferro est, hunc si tormenta acerrima rimentur, magnum est.‹ Quos cum rex suscepisset, aliquanto tempore custodiae mancipatione castigavit. Postea suae gratiae lenitate sibi associans in pace dimisit. Cum ergo causae causis et res rebus ita copulatae sint, ut sententiarum ordine discerni adeo non debeant, nemo me temporum vicissitudine accuset, dum posteriora anterioribus preposuerim gesta.

29 Rex igitur vicina sibi semper clementia graves fratris miseratus labores, aliquantis urbibus suis usibus concessis permissus est intra regionem Lothariorum habitare.

30 Eo tempore bellum barbarorum fervebat. Et cum milites ad manum Geronis presidis conscripti crebra expeditione attenuarentur et donativis vel tributariis premiis [92] mi-

einen Ort für ein gemeinsames Gespräch, und dann werdet ihr an mir selbst die treue Gesinnung erkennen, was durch den Boten noch nicht geht.« Obwohl ihre Brust aus Eisen war und sie ihm schon lange nicht trauten, widerstanden sie dann trotzdem nicht dieser ungeheuren Verschlagenheit und gaben, von den verführerischen Worten verleitet, einen Ort für eine persönliche Zusammenkunft an. Jener aber hatte an geeigneten Stellen Bewaffnete versteckt, nahm beide hinterhältig gefangen und schickte sie unter Bewachung an den König, zugleich mit einer Nachricht, die lautete: »Der Größere[15] ist sanfter, er braucht weder Fesseln noch Schläge; schon Drohungen entlocken ihm alles, was er weiß. Ansfrid dagegen ist härter als Eisen; wenn die schärfsten Foltern aus ihm etwas herausbringen, ist das viel.« Als der König sie in Empfang genommen hatte, bestrafte er sie, indem er sie eine Zeitlang in Haft nahm. Später gewann er sie durch Freundlichkeit und Sanftmut für sich und entließ sie in Frieden. Da nun Ursachen und Begebenheiten so untereinander verwoben sind, dass man sie in der Reihenfolge der Erzählung nicht voneinander trennen darf, möge mich keiner beschuldigen, die Zeiten verwechselt zu haben, wenn ich spätere Ereignisse früheren vorangestellt habe.

29 Der König also erbarmte sich mit der bei ihm stets vorzufindenden Nachsicht der schweren Not seines Bruders, überließ ihm für seinen Bedarf einige Burgen und erlaubte ihm, sich innerhalb des Gebietes der Lothringer niederzulassen.

30 Während dieser Zeit wogte der Krieg mit den Barbaren hin und her. Und weil die Krieger, die dem Markgrafen Gero zugeteilt waren, durch die häufigen Feldzüge arg strapaziert wurden und durch Schenkungen oder Tributleis-

nus adiuvari possent, eo quod tributa passim negarentur, seditioso odio in Geronem exacuuntur. Rex vero ad communes utilitates rei publicae Geroni semper iuxta erat. Unde factum est, ut nimis exacerbati odia sua in ipsum quoque regem vertissent.

31 Quae causa Heinricum minime latuit. Et ut solet, amaris animis dum dulce aliquid offertur, facile persuadebat huiuscemodi homines sibi concordare, spem habens iterum regnandi, dum nosset exercitum regi offensum. Denique multis intercurrentibus legatis et munusculis invicem missis omnes pene orientalium partium milites sibi colligavit. Quae res ad tantum nefas processit, ut coniuratione valida facta, in paschali festivitate, quae erat proxima, cum ipse Heinricus ad palatium adisset, regem occidere cogitassent, ipsi vero regni diadema inponerent. Earum rerum dum non esset publicus proditor, semper se protegente summa divinitate, notae factae sunt regi insidiae modicum ante pascha. Qui fidelium militum vallatus manu die ac nocte, nichilque decoris vel maiestatis regiae coram populo ea sollempnitate minuens, nimium hostibus intulit timorem. Post diem vero sollempnem consilio maxime Francorum, qui eo tempore sibi adstabant, Herimanni scilicet, Udonis atque Cuonradi qui dictus est Rufus, secrete proditos iubet comprehendi vel certe occidi. Inter quos erat pri-

tungen zu wenig unterstützt werden konnten, da die Abgaben häufig verweigert wurden, packte sie aufrührerischer Groll gegen Gero. Der König aber stand zum allgemeinen Wohl des Gemeinwesens immer auf Geros Seite. Daher kam es, dass sie, äußerst verbittert, ihren Hass auch gegen den König selbst richteten.

31 Dieser Umstand blieb Heinrich keineswegs verborgen. Und – wie es gewöhnlich geht, wenn erbitterten Gemütern etwas Angenehmes widerfährt – es war ein Leichtes, solche Leute zu überreden, sich ihm anzuschließen; denn noch einmal schöpfte er Hoffnung, König zu werden, da er wusste, dass sich das Heer gegen den König auflehnte. Nachdem viele Boten hin- und hergegangen waren und man sich gegenseitig Geschenke geschickt hatte, gewann er schließlich fast alle Vasallen der östlichen Reichsteile für sich. Die Sache wuchs sich zu einem so verbrecherischen Plan aus, dass sie eine mächtige Verschwörung bildeten und beabsichtigten, am nahe bevorstehenden Osterfest, wenn sich Heinrich selbst zur Pfalz begebe, den König zu töten und jenem die Krone des Reichs aufzusetzen. Obwohl sich nun keiner fand, der diese Vorgänge öffentlich anzeigte, wurde dem König, den stets die schützende Hand Gottes bewahrte, doch noch kurz vor Ostern der Verrat aufgedeckt. Er umgab sich daher Tag und Nacht mit einer Schar treuer Krieger, ohne dass es seiner Würde oder seiner königlichen Hoheit vor dem Volk bei dieser Festlichkeit irgendetwas schadete, und versetzte seine Feinde in Schrecken. Nach dem Festtag aber befahl er, vor allem auf den Rat der Franken hin, die ihm zu dieser Zeit beistanden, nämlich Hermanns, Udos und Konrads, den man den Roten nannte, die insgeheim Verratenen festzunehmen oder wenigstens zu töten. Unter ihnen der

mus in caeteris omnium bonarum virtutum rebus absque hac noxa fortissimus optimusque Erich. Hic cum armatos ad se properasse intellexisset, conscius causarum [93] equum ascendit, arma sumit, circumfususque hostium turmis, memor pristinae virtutis ac nobilitatis elegit mori quam inimicorum dominationi subici. Nam lancea perfossus occubuit, vir omni virtute ac industria civibus carus atque clarus. Caeteri autem insidiarum conscii in alteram ebdomadam differuntur et secundum leges sceleribus suis meritas poenas solventes capite caeduntur. Heinricus autem fugiens regno cessit.

32 Eo anno et portenta quaedam apparuere, scilicet cometae. Nam a quinta decima Kalendas Novembris usque in ipsas Kalendas visae sunt. Quibus visis multi mortales territi aut nimiam pestilentiam vel certe regni mutationem metuebant; quoniam quidem ante regis Heinrici excessum multa prodigia monstrata sunt, ita ut solis splendor forinsecus aere absque nubilo pene nullus appareret, intrinsecus autem per fenestras domorum rubeus tamquam sanguis infunderetur. Mons quoque, ubi ipse rerum dominus sepultus est, fama prodidit, quia multis in locis flammas evomeret. Hominis etiam cuiusdam manus sinistra ferro [94] amputata post annum fere integrum restituta est ei dormienti, qui pro signo miraculi sanguinea linea loco coniunctionis notabatur. Sed cometas inundatio nimia inundationemque boum pestilentia subsecuta est.

Oberste war Erich, ein hinsichtlich aller übrigen guten Eigenschaften – abgesehen von dieser Verfehlung – sehr tüchtiger und ausgezeichneter Mann. Als er bemerkte, dass Bewaffnete auf ihn zueilten, bestieg er schuldbewusst sein Pferd, griff zu den Waffen und zog es, der alten Tapferkeit und Ehre eingedenk, vor, von feindlichen Scharen umringt zu sterben, statt sich der Herrschaft seiner Feinde unterzuordnen. Denn er fiel, durchbohrt von einem Speer, ein Mann, der durch Kraft und Mannhaftigkeit bei seinen Landsleuten geschätzt und hoch angesehen war. Die übrigen Teilnehmer an der Verschwörung aber wurden für die nächste Woche aufgespart und, indem sie den Gesetzen entsprechend für ihre Verbrechen die verdiente Strafe erlitten, enthauptet. Heinrich aber floh und verließ das Reichsgebiet.

32 In diesem Jahr erschienen auch etliche Vorzeichen, das heißt Kometen. Sie wurden vom 18. Oktober bis zum 1. November beobachtet. Viele Sterbliche wurden durch ihr Erscheinen erschreckt und befürchteten entweder eine furchtbare Seuche oder zumindest einen Herrschaftswechsel; denn auch vor König Heinrichs Tod hatten sich viele Wunder gezeigt, der Art, dass der Glanz der Sonne im Freien bei heiterem Himmel matt blieb, durch die Fenster der Häuser aber rot wie Blut ins Innere strömte. Auch der Berg, wo der Herr der Dinge[16] begraben ist, spie, wie das Gerücht ging, an vielen Orten Flammen aus. Auch wurde einem Mann die linke Hand, die ihm mit einem Schwert abgehauen worden war, nach fast einem Jahr im Schlaf unversehrt wiedergegeben; er behielt zum Zeichen des Wunders an der Nahtstelle eine blutrote Linie. Aber den Kometen folgte eine ungeheure Überschwemmung und der Überschwemmung eine Rinderseuche.

33 Defuncto autem Oddone Lothariorum preside ac regis nepote Heinrico, ducatus regionis conceditur Cuonrado; cui et unicam filiam suam rex desponsavit; qui erat adolescens acer et fortis, domi militiaque optimus, commilitonibus suis carus.

34 Illis diebus Berhtoldus frater Arnulfi procurabat Boioariam, pugnansque contra Ungarios victorque existens triumpho celebri factus est clarus.

35 Rex autem de die in diem proficiens paterno regno nequaquam est contentus, sed abiit Burgundiam, regem cum regno in suam accepit potestatem. Hugonem alterum armis edomuit ac sibi subiectum fecit; cuius fibulam [95] auream, regi dono concessam, gemmarum varietate mirabilem videmus in altari protomartyris Stephani rutilantem.

36 Igitur cum omnia regna coram eo silerent et potestati ipsius omnes hostes cederent, monitu et intercessione sanctae matris eius recordatus est multis laboribus fatigati fratris prefecitque eum regno Boioariorum, Berhtoldo iam defuncto, pacem atque concordiam cum eo faciens, qua usque in finem fideliter perduravit. Erat autem ipse dominus Heinricus copulatus matrimonio filiae ducis Arnulfi, feminae egregiae formae mirabilisque prudentiae. Fratrum vero pax atque concordia, Deo acceptabilis hominibusque amabilis, toto orbe fit iam celebris, dum unanimes res publicas

33 Als aber Otto, das Oberhaupt der Lothringer, und Heinrich, der Neffe des Königs, gestorben waren, wurde die herzogliche Würde des Lands Konrad übertragen; ihm auch versprach der König seine einzige Tochter; er war ein kluger und tapferer junger Mann, in Krieg und Frieden tüchtig und bei seinen Mitstreitern beliebt.

34 In jener Zeit verwaltete Berthold, Arnulfs Bruder, Bayern, und da er gegen die Ungarn kämpfte und sie besiegte,[17] gewann er durch den herrlichen Triumph großen Ruhm.

35 Der König aber, der von Tag zu Tag mächtiger wurde, begnügte sich nicht mehr allein mit dem väterlichen Reich, sondern zog nach Burgund und brachte den [dortigen] König[18] samt Reich in seine Gewalt. Hugo war der Zweite, den er mit Waffen bezwang und sich untertan machte. Dessen goldene Spange, die er dem König als Geschenk überließ – wunderbar durch den mannigfaltigen Schimmer edler Steine –, sehen wir auf dem Altar Stephans, des ersten Märtyrers, glänzen.[19]

36 Da nun alle im Reich ihm gegenüber Ruhe gaben und sich alle Gegner seiner Macht beugten, erinnerte er sich auf die Ermahnung und Vermittlung seiner ehrwürdigen Mutter hin wieder an seinen arg mitgenommenen Bruder und setzte ihn an die Spitze des Reichs der Bayern, da Berthold bereits gestorben war;[20] dann schloss er mit ihm einträchtig Frieden, an dem er [Heinrich] auch bis an sein Ende treu festhielt. Es war aber der Herr Heinrich selbst mit der Tochter des Herzogs Arnulf[21] verheiratet, einer sehr gut aussehenden und besonders klugen Frau. Und der Friede und die Einmütigkeit unter den Brüdern, die Gott gefiel und den Menschen eine Freude war, wurde bald auf dem ganzen Erdkreis gepriesen, da sie einhellig das Reich vergrößerten, die

augent, hostes debellant, civibus paterna potestate presunt. Ducatu igitur Boioariorum accepto nequaquam desidia torpuit, sed abiens Aquilegiam cepit, Ungarios duabus vicibus armis superavit, Ticinum transnatavit, et preda magna [96] intra regionem hostium capta exercitum incolumem patriam reduxit. Talium igitur et tantorum mores, habitum formamque, quos summa clementia mundo ad delicias omnemque decorem destinavit, nostrae non est omnimodis virtutis exponere; verum devotionem, quam erga eos habemus, penitus celare nequimus. Ipse denique dominus rerum, fratrum natu maximus optimus, inprimis pietate erat clarus, opere omnium mortalium constantissimus, preter regiae disciplinae terrorem semper iocundus, dandi largus, dormiendi parcus et inter dormiendum semper aliquid loquens, quo eum semper vigilare aestimes; amicis nichil negans et supra hominem fidelis. Nam quosdam audivimus accusatos et peccati manifestos, ipsum eorum advocatum et intercessorem et criminis nullo modo credulum, et ab eo post habitos, tamquam nichil umquam in eum peccassent. Ingenium ei admodum mirandum; nam post mortem Edidis reginae, cum antea nescierit, litteras in tantum didicit, ut pleniter libros legere et intelligere noverit. Preterea Romana lingua Sclavanicaque loqui scit; sed rarum est, quo earum uti dignetur. In venationibus [97] cre-

Feinde bekämpften und mit väterlicher Gewalt ihre Untertanen lenkten. Nachdem er [Heinrich] also das Herzogtum Bayern erhalten hatte, blieb er nicht untätig, sondern rückte aus und nahm Aquileia, überwand mit Waffengewalt zweimal die Ungarn, setzte über den Ticino[22] und führte, nachdem er im feindlichen Land große Beute gemacht hatte, das Heer wohlbehalten in die Heimat zurück. Den Charakter, die Haltung und Gestalt so herrlicher und großer Männer, welche die höchste Gnade der Welt zu Freude und einzigem Schmuck bestimmte, vollständig zu beschreiben, steht nicht in unseren Kräften; die Ehrfurcht freilich, die wir ihnen gegenüber empfinden, können wir keinesfalls verbergen. Er selbst also, der Herr der Dinge, der älteste und beste der Brüder, war vor allem berühmt für seine Frömmigkeit, in seinen Unternehmungen unter allen Sterblichen der beständigste; abgesehen von dem Schrecken, den er durch seine königliche Strafgewalt verbreitete, war er immer liebenswürdig und großzügig; er schlief wenig, und während er schlief, sagte er immer etwas, so dass es den Anschein hatte, als ob er stets wach sei. Er schlug seinen Freunden nichts ab und war ihnen übermenschlich treu. So haben wir gehört, dass einige Angeklagte und ihres Verbrechens Überführte an ihm selbst einen Verteidiger und Fürsprecher hatten, der auf keinen Fall an ihre Schuld glaubte und sie auch nachher so behandelte, als ob sie nie etwas gegen ihn verbrochen hätten. Seine Geistesgaben waren bewundernswert; denn nach dem Tod von Königin Edith lernte er so gut zu schreiben, wozu er vorher nicht in der Lage war, dass er reichlich Bücher lesen und verstehen konnte. Außerdem wusste er in der romanischen und slawischen Sprache zu reden; aber es kam selten vor, dass er es für angebracht hielt, sie zu benut-

ber, tabularum ludos amat, equitatus gratiam regia gravitate interdum exercens. Accessit ad haec et moles corporis, omnem regiam ostendens dignitatem, capite cano sparsus capillo, oculi rutilantes et in modum fulguris cita repercussione splendorem quendam emittentes; facies rubicunda et prolixior barba, et haec contra morem antiquum. Pectus leoninis quibusdam sparsum iubis; venter commodus; incessus quondam citus, modo gravior; habitus patrius, et qui numquam sit peregrino usus. Quotienscumque autem sit opus corona portanda, ieiunium semper precedere pro vero traditur. Heinricus vero morum gravitate pollebat et ob id ab ignotis minus clemens iocundusque predicabatur; constanti admodum animo, fidelis et ipse amicis, ita ut mediocris substantiae militem coniugis suae sororis matrimonio honoraret, socium sibi amicumque faceret. Erat corpore prestanti, et qui in adolescentia omnem hominem egregia forma ad se inclinaret. Iunior vero fratrum domnus Brun magnus erat ingenio, magnus scientia et omni virtute ac industria. Quem cum rex prefecisset genti indomitae Lothariorum, regionem a latronibus purgavit et in tantum disciplina legali instruxit, ut summa ratio summaque pax illis in partibus locum tenerent. [98]

37 Igitur cum bella intestina externaque cessarent, leges divinae atque humanae auctorali vigore pollent. Gravisque persecutio monachis oritur in diebus illis, affirmantibus

zen. Auf die Jagd ging er häufig, er liebte das Brettspiel, und mit königlichem Ernst übte er sich bisweilen im Reiterspiel. Dazu kam noch der gewaltige Körperbau, der die ganze königliche Würde zeigte, das Haupt bedeckt mit ergrauendem Haar, die Augen funkelnd und gleißend wie ein Blitz, der plötzlich aufleuchtet, das Gesicht rötlich und der Bart reichlich niederwallend, und zwar entgegen dem alten Brauch. Die Brust war wie mit einer Löwenmähne bedeckt, der Bauch nicht zu dick, der Schritt früher schnell, jetzt gemessener. Seine Kleidung war die heimische, und er benutzte nie eine fremde. Sooft er aber die Krone tragen musste, bereitete er sich, wie man als wahr versichert, stets durch Fasten vor. Heinrich dagegen besaß einen überwiegend ernsten Charakter und galt deshalb bei denen, die ihn nicht kannten, für weniger gütig und lustig. Er war innerlich ziemlich gefestigt und seinen Freunden gegenüber so treu, dass er einen Ritter[23] mit geringem Vermögen durch die Verheiratung mit der Schwester seiner Gemahlin ehrte und ihn zu seinem Freund und Genossen machte. Er war von stattlichem Wuchs und gewann als junger Mann jeden Menschen durch seine außerordentliche Schönheit für sich. Sein jüngerer Bruder aber, Herr Brun, war sehr intelligent, sehr gescheit, äußerst anständig und fleißig. Als der König ihn über das unbändige Volk der Lothringer gesetzt hatte,[24] säuberte er das Land von Strauchdieben und lehrte sie so kräftig die Gesetze, dass in jenen Landstrichen die größte Ordnung und die tiefste Ruhe herrschten.

37 Da also nun die Kriege im Innern und nach außen aufhörten, standen die göttlichen und menschlichen Gesetze in hohem und starkem Ansehen. Und es begann in jenen Tagen für die Mönche eine schwere Verfolgung, da einige

quibusdam pontificibus, melius arbitrati paucos vita claros quam plures negligentes inesse monasteriis oportere; obliti, nisi fallor, sententiae patrisfamiliae prohibentis servos zizania colligere, sed utraque crescere oportere et zizania et triticum usque ad messem. Quo factum est, ut plures propriae infirmitatis conscii deposito habitu et relictis monasteriis grave onus sacerdotum devitarent. Fuerunt autem quidam qui summum pontificem Frithericum hoc non pure, sed ficte fecisse arbitrati sunt, quatinus venerabilem virum regique fidelissimum abbatem Hadumarum quoquo modo posset dehonestaret.

38 Ipse enim erat vir magnae prudentiae ac industriae; sub eius temporibus templum famosum Vuldense igne consumptum est et ab eo restauratum et multo maiori decore perfectum. Hic pontificem sub custodia tenuit secunda coniuratione culpabilem, primum honorifice, sed cum litteras ab eo scriptas reprehendisset, satis severe. Pontifex vero dimissus dum ultionem quaerit, contra tantum virum leges non prevalent, humillima monasteria auctoritate [99] temptavit, ut ad excellentissima aequaliter procederet. Sed huiuscemodi simulationes incassum profusae. Nam abbas in gratia et amicitia regis permansit, et causis intercurrentibus pontifex quod cogitavit non inplevit.

Bischöfe meinten, sie hielten es für besser, dass wenige mit einem rühmlichen Lebenswandel im Kloster wären als lauter Gleichgültige; dabei, wenn ich mich nicht irre, haben sie nicht an den Spruch des Hausvaters gedacht, der seinen Knechten untersagte, Unkraut zu jäten. Vielmehr sollte beides, Unkraut und Weizen, zusammen wachsen bis zur Ernte. So kam es, dass mehrere im Bewusstsein der eigenen Schwäche die Kutte auszogen und die Klöster verließen, um dem schweren Joch der Priester zu entgehen. Es gab aber auch welche, die meinten, der Erzbischof Friedrich habe das nicht aus reinen Absichten getan, sondern mit der Vorstellung, den ehrenwerten Mann und dem König treu ergebenen Abt Hadamar[25] irgendwie verunglimpfen zu können.

38 Dieser Hadamar war nämlich ein Mann von großer Klugheit und Emsigkeit. Unter seiner Amtszeit wurde die berühmte Kirche in Fulda vom Feuer vernichtet, aber von ihm wiederhergestellt und in viel größerer Pracht vollendet. Er hielt den Erzbischof gefangen, als dieser zum zweiten Mal der Verschwörung für schuldig befunden wurde, zuerst ehrenvoll, doch nachdem man Briefe abgefangen hatte, die dieser geschrieben hatte, ziemlich streng. Aber als der Bischof schließlich entlassen war und auf Rache sann, Gesetze gegen einen so hervorragenden Mann jedoch nichts ausrichteten, versuchte er seine Macht an den unbedeutendsten Klöstern, um dann genauso mit den hervorragendsten Klöstern weiterzumachen. Aber dergleichen Vorspiegelungen waren erfolglos verschwendet. Denn der Abt blieb ein Günstling und Freund des Königs, und da Verschiedenes dazwischenkam, gelang es dem Erzbischof nicht auszuführen, was er im Sinn hatte.

39 Soror igitur regis Hluthowico regi genuit tres filios, Karolum, Lotharium et Karlomannum. Ipse autem Hluthowicus rex a ducibus suis circumventus et a Northmannis captus, consilio Hugonis Lugdunum missus custodiae publicae traditur. Filium autem eius natu maiorem Karolum Northmanni secum duxerunt Rothun, ibi et mortuus est. Audiens autem rex super fortuna amici satis doluit imperavitque expeditionem in Galliam contra Hugonem in annum secundum.

40 Eo tempore cum moraretur rex in campis silvestribus venationem agens, obsides Bolizlavi [ibi] vidimus, quos populo rex presentari iussit, satis super eis laetatus.

41 Ille annus notabilis casu calamitoso totius populi, de morte scilicet beatae memoriae Edidis reginae, cuius dies extrema VII. Kalend. Februar. celebrata est cum [100] gemitu et lacrimis omnium Saxonum. Haec nata ex gente Anglorum non minus sancta religione quam regali potentia pollentium stirpe claruit. Decem annorum regni consortia tenuit, XI. obiit; Saxoniam vero XVIIII annis inhabitavit. Reliquit filium nomine Liudulfum, omni virtute animi et corporis ea aetate nulli mortali secundum; filiam quoque nomine Liudgardam, quae nupserat Cuonrado duci. Sepulta est autem in civitate Magathaburg in basilica nova, latere aquilonali ad orientem.

Explicit liber secundus.

39 Die Schwester des Königs[26] also schenkte König Ludwig drei Söhne, Karl, Lothar und Karlmann.[27] König Ludwig selbst aber wurde von seinen Herzögen hintergangen, von den Normannen gefangen genommen und auf den Rat Hugos nach Laon gebracht und unter Arrest gestellt. Seinen älteren Sohn Karl dagegen führten die Normannen mit sich nach Rouen, und dort starb er. Als das der König hörte, verbitterte ihn das Schicksal des Freundes ziemlich, und er ordnete für das nächste Jahr gegen Hugo einen Feldzug nach Gallien an.

40 Als sich zu dieser Zeit der König in den Waldgegenden aufhielt und der Jagd nachging, sahen wir dort die Geiseln Boleslaws, die der König den Leuten zeigen ließ; er war sehr froh über ihre Ankunft.

41 Dieses Jahr war noch bemerkenswert durch einen Trauerfall für das ganze Volk, nämlich den Tod der Königin Edith seligen Andenkens, deren Sterbetag am 26. Januar mit den Klagen und Tränen aller Sachsen begangen wurde. Hervorgegangen aus dem Volk der Angeln, beeindruckte sie nicht weniger durch tiefe Frömmigkeit als durch ihre Herkunft aus königlichem Geschlecht. Zehn Jahre lang teilte sie die Herrschaft über das Königreich, im elften starb sie; in Sachsen aber lebte sie neunzehn Jahre.[28] Sie ließ einen Sohn namens Liudolf zurück, der an geistigen und körperlichen Vorzügen in seinem Alter keinem Sterblichen nachstand, und auch eine Tochter namens Liudgard, die Herzog Konrad geheiratet hatte. Sie wurde aber in der Stadt Magdeburg in der neuen Basilika im nördlichen Schiff gegen Osten beigesetzt.

Es endet das zweite Buch.

[Ad dominam Mahtildam imperatoris filiam libri tertii incipit prefatio.]

Quemadmodum caeli terraeque facies, hominum voces, vultus ac mores mille modis concordi discordia variantur, sed ad unius luminis sensusque ducatum Dei cuncta regentis providentia coguntur, ita publicis ac privatis rebus intentis imperiale decus, quod te ut serenissimum splendorem gemmamque lucidissimam mundo effudit, unum iustitiae moderamen est normaque rectitudinis. Unde laboris nostri opus, quod a diversis moribus diverse accipitur, eo quod ingenii sermonisque claritate egeat, sinu gloriosae clementiae tuae [101] suscipiatur, nec in eo nostra insipientia, sed maior consideretur devotio, humiliter deposco.

[Explicit prephatio.]

Es beginnt die Vorrede zum dritten Buch an die Herrin Mathilde, die Tochter des Kaisers.

Wie das Antlitz von Himmel und Erde, die Stimmen der Menschen sowie Aussehen und Sitten auf tausendfache Weise in harmonischer Vielfalt wechseln, sich aber nach der Leitung eines Lichtes und eines Gedankens, nämlich der Vorsehung Gottes, der alles lenkt, richten, so ist für alle, die mit öffentlichen oder privaten Dingen beschäftigt sind, die kaiserliche Würde, die dich der Welt als strahlendste Herrlichkeit und funkelnden Edelstein geschenkt hat, die einzige Leitschnur für Gerechtigkeit und das Maß zu richtigem Handeln. Daher flehe ich demütig darum, dass dieses Produkt unserer Mühe, das von verschiedenen Leuten – weil es in Aufbau und Sprache an Deutlichkeit fehlt – entsprechend ihrer Einstellung unterschiedlich aufgenommen wird, im Schoß deiner rühmlichen Gnade Aufnahme finde und darin von dir nicht unser Unverstand, sondern die tiefste Ergebenheit beachtet werde.

Es endet die Vorrede.

[Incipiunt capitula.

1 Quomodo creavit rex filium suum Liudulfum post se regem.
2 De Gallica profectione et altercatione regis et Hugonis ducis et rege Luthwico.
3 Quomodo rex Lucdunum adiit, Parisium atque Remensem urbes.
4 Quomodo Rothun adiit et inde Saxoniam reversus est.
5 Quomodo Huga occurrit regi iuxta fluvium Car.
6 De Liudulfo filio regis, quomodo Italiam adiit.
7 De Bernhario rege Longobardorum.
8 Quomodo rex duxit exercitum contra Bolizlavum.
9 Quomodo rex reginam sibi sociavit, et Liudulfus ideo tristis inde discedit.
10 Celebratis rex nuptiis revertitur in Saxoniam, secutusque est eum Bernharius, pacem cum eo facturus.
11 De conventu populi apud urbem Augustanam et miraculo quod ibi accidit.
12 De filiis regis.
13 De insidiis quas paraverunt regi.
14 De apparatu paschali.
15 De filio generoque regis et pontifice Frithurico.
16 De conventu populi apud Fridisleri et Dadano et Willehelmo comitibus.
17 De pugna Lothariorum cum Conrado duce.
18 De obsidione Mogontiaca et altercatione Heinrici et Liudulfi. [102]

Es beginnt das Inhaltsverzeichnis.

19 De Ecberhto regis consobrino.
20 De Boioariis, quomodo iuncti sunt Liudulfo.
21 De Arnulfo et fratribus eius, et quia exercitus missionem petiit et accipit.
22 De rege, et quia multi defecerunt a fide.
23 De exercitu Saxonico qui Mogontiam adiit.
24 De Thiadrico et Wichmanno.
25 De Ecberhto et Wichmanno et duce Herimanno.
26 De regis adventu in Boioariam.
27 De pontifice Frithurico et ceteris pontificibus.
28 Quomodo rex infecto negotio revertitur in Saxoniam.
29 De causis Herimanni et nepotum eius.
30 Avares iunguntur Boioariis, rex vero occurrit eis cum valida manu.
31 Boioarii bello fatigati de pace tractant.
32 De placito regis apud Cinnam.
33 De pontifice Frithurico et Conrado duce.
34 De Liudulfo, qui a patre iratus discessit, et rex eum persequitur.
35 Pugna apud Horsadal.
36 Obsidio urbis quae dicitur Reinesburch.
37 Liudulfus pacem postulat, sed non impetrat, et de morte Arnulfi.
38 Liudulfo pax datur, et rex Saxoniam revertitur.
39 Heinricus Novam urbem adiit.
40 Qualiter rex filium clementer suscipit.
41 De fine pontificis Frithurici.

19 Ekbert, der Vetter des Königs.
20 Die Bayern; wie sie sich mit Liudolf verbanden.
21 Arnulf und seine Brüder, und dass das Heer seine Entlassung verlangte und erreichte.
22 Der König, und dass viele treulos abfielen.
23 Das sächsische Heer, das gegen Mainz zog.
24 Thiadrich und Wichmann.
25 Ekbert, Wichmann und Herzog Hermann.
26 Die Ankunft des Königs in Bayern.
27 Bischof Friedrich und die übrigen Bischöfe.
28 Wie der König unverrichteter Sache nach Sachsen zurückkehrt.
29 Die Streitigkeiten zwischen Hermann und seinen Neffen.
30 Die Awaren verbinden sich mit den Bayern, der König aber zieht ihnen mit einem starken Aufgebot entgegen.
31 Die Bayern, vom Krieg erschöpft, führen Friedensverhandlungen.
32 Der Königstag zu Langenzenn.
33 Bischof Friedrich und Herzog Konrad.
34 Liudolf, der seinen Vater erzürnt verließ und den der König verfolgte.
35 Die Schlacht bei Roßtal.
36 Die Belagerung der Stadt Regensburg.
37 Liudolf bittet um Frieden, erhält ihn aber nicht; der Tod Arnulfs.
38 Liudolf wird Friede gewährt, und der König kehrt nach Sachsen zurück.
39 Heinrich zieht gegen die Neustadt.
40 Wie der König seinen Sohn nachsichtig aufnimmt.
41 Das Ende des Bischofs Friedrich.

42 Qualiter Uchri a Gerone capiuntur.
43 Qualiter Reinesburch se tradit, et regionem fratri restituit.
44 De famoso triumpho, quem rex de Ungariis obtinuit.
45 De pugna Thiadrici adversus Slavos.
46 De portentis quae interim acciderunt. [103]
47 De casu Conradi ducis.
48 De tribus ducibus Avarorum.
49 De triumpho regis.
50 De rege et versutiis Wichmanni.
51 De exercitu, qui Wichmannum pene cepit in urbe Suitleiscranne.
52 Quomodo capta est urbs Cocarescemiorum.
53 Quomodo ultus est rex illam depopulationem.
54 De Gerone preside.
55 De Stoineffo barbarorum rege et milite qui eum occidit.
56 De rege, quia crebris victoriis gloriosus factus est.
57 De Liudulfo, quia patria cessit propter amicos.
58 De litteris obitum eius significantibus.
59 De Wichmanno, qui Saxoniam occulte intravit.
60 Quomodo fide Geronis susceptus est Wichmannus.
61 De prodigiis quae apparuerunt in vestimentis.
62 De infirmitate imperatoris.
63 De profectione secunda regis in Italiam.
64 De Wicmanno, quomodo iterum rebellavit.
65 De Danis, quomodo Christiani perfecte facti sunt.
66 Gero propter iuramentum dimisit Wichmannum.

42 Wie die Ukrer von Gero unterworfen werden.
43 Wie Regensburg sich ergibt und der König das Land seinem Bruder zurückgibt.
44 Der prächtige Sieg, den der König gegen die Ungarn gewann.
45 Die Schlacht Thiadrichs gegen die Slawen.
46 Die Zeichen, die unterdessen erschienen.
47 Der Tod des Herzogs Konrad.
48 Die drei Anführer der Awaren.
49 Der Sieg des Königs.
50 Der König und das falsche Spiel Wichmanns.
51 Das Aufgebot, das Wichmann in der Burg Suitleiscranne beinahe ergriff.
52 Wie die Burg der Cocarescemier erobert wurde.
53 Wie der König jene Verheerung rächte.
54 Markgraf Gero.
55 Der Barbarenkönig Stoinef und der Krieger, der ihn tötete.
56 Vom König, dass er durch die häufigen Siege berühmt wurde.
57 Von Liudolf, dass er wegen seiner Freunde das Vaterland verließ.
58 Der Brief, der seinen Tod anzeigte.
59 Wichmann, der heimlich nach Sachsen kam.
60 Wie Wichmann von Gero in Schutz genommen wurde.
61 Die Wunderzeichen, die an den Kleidern auftraten.
62 Die Krankheit des Kaisers.
63 Der zweite Italienzug des Königs.
64 Wichmann, wie er erneut rebellierte.
65 Die Dänen, wie sie allesamt Christen wurden.
66 Gero entließ des Eides wegen Wichmann.

Expliciunt capitula.]

Es endet das Inhaltsverzeichnis.

Incipit liber tercius.

1 Post excessum Edidis reginae omnem amorem maternum transfudit rex in unicum filium suum Liudulfum, factoque testamento creavit eum regem post se. Ipse autem tener adhuc erat adolescens, aetatis non habens amplius quam sedecim annos.

2 Rex vero in Galliam proficiscens expeditionem, coacto apud Camaracam urbem exercitu, festinat intrare regnum Karoli vindicandae causa iniuriae generis sui Hluthowici. Quo audito Hugo missa legatione iurat per patris sui animam, qui iam olim periit Deo regique proprio repugnando, quia tanta sibi esset copia armorum, quantam hactenus rex numquam vidisset. Addiditque contemptum vane tumideque super Saxones loquendo, quia inbelles essent, et quia facile posset una potione telorum Saxonicorum septem [105] obsorbere. Ad quod rex famosum satis reddit responsum: sibi vero fore tantam multitudinem pilleorum foeninorum, quos ei presentari oporteret, quantam nec ipse nec pater suus umquam viderit. Et revera, cum esset magnus valde exercitus, XXX scilicet duarum legionum, [fere] non est inventus, qui foenino non uteretur pilleo, nisi Corbeius abbas nomine [106] Bovo cum tribus suis sequacibus. Hic erat vir sapiens ac clarus, a Deo nobis ostensus, non concessus. Huius patris avus Bovo Graecas litteras coram Cuonrado rege legendo factus est clarus; et huic eiusdem nominis avus erat, ut natu maior, omni virtute ac sa-

Es beginnt das dritte Buch.

1 Nach dem Tod von Königin Edith übertrug der König die ganze Liebe zur Mutter auf seinen einzigen Sohn Liudolf und bestimmte ihn in einem Testament zu seinem Nachfolger als König. Dieser aber war damals noch ein zarter junger Mann; er zählte nicht mehr als sechzehn Jahre.

2 Der König aber zog auf Heerfahrt nach Gallien, sammelte sein Heer bei der Stadt Cambrai und beeilte sich, in das Karlsreich einzufallen, um das Unrecht an seinem Schwager Ludwig zu rächen. Als Hugo davon hörte, schickte er eine Botschaft und schwor bei der Seele seines Vaters, der über seiner Auflehnung gegen Gott und König längst zugrunde gegangen war, dass er über eine so große Streitmacht verfüge, wie sie der König bis dahin noch nie gesehen habe. Und er fügte noch Spott hinzu, sprach überheblich und aufgeblasen von den Sachsen, dass sie unkriegerisch seien und dass er leicht mit einem einzigen Zug sieben Sachsenspeere verschlucken könne. Darauf gab der König die berühmte Antwort: Er aber werde eine solche Menge an Strohhüten haben, die er ihm zeigen müsse, wie weder er selbst noch sein Vater sie je gesehen hätten. Und tatsächlich: Obwohl das Heer sehr groß war, nämlich zweiunddreißig Legionen, fand sich keiner außer dem Corveyer Abt Bovo mit seinen drei Begleitern, der nicht einen Strohhut trug.[1] Dieser war ein weiser und berühmter Mann, den Gott uns nur zeigte, aber nicht ließ. Sein Vorfahre Bovo war dadurch berühmt geworden, dass er König Konrad einen griechischen Brief vorgelesen hatte; und dieser hatte wieder einen Großvater mit demselben Namen, der ihn wie an Alter in aller Tugend und Weisheit noch übertraf. Dieser

pientia potior. Sed et ipse nepos erat Warini, qui ex milite factus est monachus et primus omnium apud Novam Corbeiam regulariter electus est in patrem. Qui cum esset admirandae sanctitatis, ad augmentum virtutum suarum beataeque memoriae Saxoniae preciosum attulit thesaurum, reliquias videlicet preciosi martyris Viti. Dimissus igitur Hluthowicus regi occurrit iungiturque cum sociis exercitui illius. [107]

3 Rex autem cum exercitu Lugdunum adiit eamque armis temptavit; inde Parisium perrexit Hugonemque ibi obsedit, memoriam quoque Dyonisii martyris digne honorans veneratus est. Ductus inde exercitus contra urbem Remensem, ubi erat nepos Hugonis contra ius fasque omne subrogatus episcopus, legitimo pontifice adhuc superstite. Armis autem urbem capiens, iniuste constitutum expulit sacerdotem, legitimum ecclesiae sedique propriae restituens.

4 Exinde collecta ex omni exercitu electorum militum manu Rothun Danorum urbem adiit; sed difficultate locorum asperiorique hieme ingruente, plaga eos quidem magna percussit, incolumi exercitu infecto negotio post tres menses Saxoniam regressus est, urbibus Remense atque Lugduno cum caeteris armis captis Hluthowico regi concessis.

5 Huga autem expertus potentiam regis virtutemque Saxonum non passus est ultra terminos suos hostiliter intrare, sed pergenti in eandem expeditionem anno sequenti

war aber selbst ein Enkel Warins, der sich vom Krieger zum Mönch wandelte und als Erster von allen zu Neu-Corbie regelrecht zum Abt gewählt wurde. Er war von erstaunlicher Heiligkeit und brachte zur Erhöhung seiner Tugenden und seines seligen Andenkens einen kostbaren Schatz nach Sachsen, nämlich die Reliquien des teuren Märtyrers Vitus. Ludwig aber wurde entlassen, zog dem König entgegen und schloss sich mit seinen Gefährten dessen Heer an.

3 Der König rückte mit dem Heer gegen Laon vor und griff es an; von da machte er sich auf nach Paris, belagerte dort Hugo und brachte auch dem Andenken des Märtyrers Dionysius die gebührende Verehrung entgegen. Von hier wurde das Heer gegen die Stadt Reims gelenkt, wo sich ein Neffe Hugos befand, der gegen alle irdischen und göttlichen Rechte zum Bischof gewählt worden war, obwohl der rechtmäßige Bischof noch lebte. Er nahm die Stadt aber mit Waffengewalt, vertrieb den unrechtmäßig eingesetzten Bischof und gab den legitimen der Kirche und seinem Stuhl wieder zurück.[2]

4 Von da zog er mit einer aus dem ganzen Heer zusammengestellten Handvoll auserlesener Krieger gegen die Dänenstadt Rouen; aber wegen der Schwierigkeiten, die sich aus der Lage ergaben, und des mit Schärfe einsetzenden Winters kehrte er, obwohl er ihnen schon arg zugesetzt hatte, mit unversehrtem Heer unverrichteter Dinge nach Sachsen zurück, nachdem er die Städte Reims und Laon samt den übrigen, die er eroberte, König Ludwig überlassen hatte.

5 Nachdem Hugo aber die Macht des Königs und die Tapferkeit der Sachsen kennengelernt hatte, ließ er ihn sein Gebiet nicht mehr als Feind betreten, sondern zog ihm, als

occurrit iuxta fluvium qui dicitur Car, manus dedit iuxtaque imperium regis pactum iniit, utilisque proinde permansit. [108]

6 Videns autem rex filium suum Liudulfum virum factum dedit ei coniugem divitiis ac nobilitate claram, ducis Herimanni filiam nomine Idam. Quam cum accepisset, in brevi post haec socer moritur, cum ducatu omni ei possessione relicta. Accepta autem potestate animum tranquillum, quem in puero gessit, exuit, armatumque militem in Italiam ducens, aliquantis ibi urbibus captis et sub custodia traditis, ipse revertitur in Franciam.

7 Eo tempore usurpato imperio regnavit in Longobardia homo ferus et avarus, et qui omnem iustitiam pecunia venderet, Bernharius. Veritus autem singularis prudentiae reginae virtutem a Hluthowico rege relictae, in multis eam afflixit, quo tanti decus splendoris extingueret vel certe obscuraret.

8 Illo tempore rex proficiscitur in militiam contra Bolizlavum regem Boemiorum; et cum capienda esset urbs quae nuncupabatur Nova, in qua clausus obsidebatur Bolizlavi filius, prudenti rex consilio diremit prelium, ne miles in rapiendis hostium spoliis aliquod periculum [109] incideret. Considerata itaque virtute regis ac innumera multitudine exercitus, Bolizlav urbe egressus maluit tantae maiestati subici quam ultimam perniciem pati. Sub signisque stans et

er im folgenden Jahr zu einem gleichen Feldzug ausrückte, an den Fluss Chiers entgegen, unterwarf sich ihm, ging gemäß dem Befehl des Königs einen Vertrag ein und blieb von da an treu.

6 Als der König aber sah, dass sein Sohn Liudolf ein Mann geworden war, gab er ihm als Gemahlin, ausgezeichnet durch Reichtum und Adel, Herzog Hermanns Tochter Ida. Bald darauf, nachdem er sie heimgeführt hatte, starb sein Schwiegervater und hinterließ ihm mit dem Herzogtum seinen gesamten Besitz. Sowie er aber die Macht angenommen hatte, legte er die ruhige Art, die er als Junge gezeigt hatte, ab, unternahm einen Kriegszug nach Italien, eroberte dort einige Städte und legte Besatzungen hinein; dann kehrte er selbst nach Franken zurück.

7 Zu dieser Zeit herrschte im Langobardischen mit angemaßter Gewalt ein wilder und habgieriger Mann, der alles Recht für Geld verkaufte: Berengar.[3] Weil er aber die Tugend der ausnehmend klugen Königin, die König Ludwig hinterlassen hatte,[4] fürchtete, bedrängte er sie vielfach, um die Zierde eines solchen Glanzes entweder auszulöschen oder wenigstens zu trüben.

8 Um diese Zeit zog der König gegen Boleslaw, den König der Böhmen, in den Krieg; und als man dabei war, eine Burg zu nehmen, die als die »Neue« bezeichnet wird, in der Boleslaws Sohn eingeschlossen war und belagert wurde, brach der König mit kluger Überlegung das Treffen ab, damit kein Krieger bei der Plünderung in irgendeine Gefahr geriete. Und da Boleslaw nun die Tapferkeit des Königs und die ungeheure Masse des Heeres bedachte, kam er aus der Burg heraus und zog es vor, sich einer solchen Übermacht zu unterwerfen, statt die endgültige Vernichtung zu erlei-

regem audiens responsaque reddens, veniam tandem promeruit. Inde plena victoria gloriosus factus, rex Saxoniam regreditur.

9 Cumque eum virtus prefatae reginae non lateret, simulato itinere Romam proficisci statuit. Cumque in Longobardiam ventum esset, aureis muneribus amorem reginae super se probare temptavit. Quo fideliter experto, in coniugium sibi eam sociavit cumque ea urbem Papiam, quae est sedes regia, obtinuit. Quod cum vidisset filius eius Liudulfus, tristis a rege discessit, profectusque in Saxoniam aliquamdiu moratus est in loco consiliis funesto Salaveldun.

10 Rex vero in Italia celebratis iuxta magnificentiam regalem nuptiis proficiscitur inde cum novi matrimonii claritate acturus proximum pascha in Saxonia, laetitiam patriae magnamque gratiam conferens. Persuasus quoque rex Bernharius a Cuonrado duce, cui Papia cum presidio militari relicta erat custodienda, regem subsecutus est in Germaniam, pacem cum eo facturus et omnibus quae imperavisset obtemperaturus. Cui regiae urbi appropinquanti occurritur [110] miliario ab urbe a ducibus et prefectis palatinorumque primoribus, et regaliter susceptus, ductus in urbem, iussus est in hospitio sibi parato manere. Neque enim faciem regis intra tres dies videre promeruit. Quod aegre ferens Cuonradus, qui eum adduxerat, unumque cum

den. Unter den Fahnen stand er dem König Rede und Antwort und bekam schließlich verziehen. Von da kehrte der König, berühmt geworden durch den vollständigen Sieg, nach Sachsen zurück.

9 Da ihm die Vorzüge der oben erwähnten Königin nicht verborgen blieben, beschloss er, sich unter dem Vorwand einer Romreise aufzumachen. Und als man in die Lombardei gelangt war, versuchte er, mit Geschenken aus Gold die Liebe der Königin zu ihm als vorteilhaft erscheinen zu lassen. Nachdem er zuverlässig ins Bild gesetzt war, heiratete er sie und erhielt mit ihr die Stadt Pavia, die königliche Stätte. Als sein Sohn Liudolf das gesehen hatte, trennte er sich angewidert vom König, zog nach Sachsen und hielt sich eine Zeitlang in Saalfeld auf, einem aufgrund der Anschläge unseligen Ort.

10 Der König aber zog, nachdem er in Italien königlicher Größe entsprechend Hochzeit gefeiert hatte, von dort im Glanz der jungen Ehe weiter, um das nächste Osterfest in Sachsen zu begehen, und bereitete seiner Heimat damit Freude und großes Ansehen. Überredet von Herzog Konrad, dem mit einer Besatzungsmannschaft die Kontrolle über Pavia überlassen worden war, folgte auch König Berengar dem König nach Ostfranken nach, um mit ihm Frieden zu schließen und all seinen Befehlen Folge zu leisten. Sowie er sich der königlichen Stadt näherte, traf er eine Meile vor der Stadt auf Herzöge und Grafen sowie die Ersten bei Hof und wurde königlich empfangen sowie in die Stadt geleitet, wo er in einer für ihn hergerichteten Unterkunft ausharren musste. Es wurde ihm nämlich drei Tage lang nicht gestattet, das Angesicht des Königs zu sehen. Das nahm Konrad, der ihn hergeführt hatte, übel auf, und Liudolf, der Sohn des

eo sentiens filius regis Liudulfus, suspectum super hac causa Heinricum fratrem regis habentes, quasi antiqua stimulatum invidia, devitaverunt eum. Heinricus autem sciens adolescentem maternis destitutum suffragiis, contemptui coepit eum habere, in tantum ut a conviciis ei quoque non parceret. Interea rex regem alloquitur, in gratiamque regis ac reginae susceptus deditionis sponsionem dat foederisque spontanei diem locumque apud urbem Augustanam designans.

11 Ubi cum conventus fieret, Bernharius manus filii sui Adalberhti suis manibus inplicans, licet olim Hugonem fugiens regi subderetur, tunc tamen renovata fide coram omni exercitu famulatui regis se cum filio subiugavit; et ita dimissus in Italiam remeavit cum gratia et pace. Ibi mirae magnitudinis lapis grandinis tonitru ac tempestate turbulenta de caelo iactus ingens miraculum multis visentibus prebuit.

12 Nati sunt autem regi filii ex serenissima regina primogenitus Heinricus, secundus Brun, tertius paterni [111] nominis maiestate designatus, quem iam post patrem dominum ac imperatorem universus sperat orbis; filiam quoque sanctae matris eius vocabulo insignitam, de qua non presumimus aliquid dicere, cum eius claritas precellat omne quod dicere aut scribere valemus.

13 Enimvero rex cum regiones Francorum urbesque circuiret, audivit, quia ei insidiae pararentur a filio generoque;

Königs, dachte ganz wie er; bezüglich der Ursache hatten sie Heinrich, den Bruder, in Verdacht, als ob alter Neid ihn dazu triebe, und gingen ihm aus dem Weg. Heinrich aber, der den jungen Mann des mütterlichen Schutzes beraubt wusste, begann ihn zu verachten, und ging so weit, ihn mit Hohn und Spott nicht zu verschonen. Unterdessen sprach der König den König, wurde er von König und Königin in Gnade aufgenommen, gelobte Unterwerfung und bestimmte für das freiwillige Bündnis Tag und Ort in Augsburg.

11 Sobald sich die Versammlung dort eingefunden hatte, umfasste Berengar mit seinen Händen die Hände seines Sohns Adalbert, und obwohl er sich schon früher, auf der Flucht vor Hugo, dem König ergeben hatte, erneuerte er damals doch den Treueid vor dem gesamten Heer und verpflichtete sich mit seinem Sohn zum Dienst für den König; und so wurde er entlassen und kehrte nach Italien zurück in Gnade und Frieden. Dort lieferte ein Hagelstein von ungeheurer Größe, der bei Donner und stürmischem Unwetter vom Himmel fiel, zahlreichen Augenzeugen ein gewaltiges Schauspiel.

12 Dem König aber wurden von der erlauchten Königin Söhne geboren, zuerst Heinrich, als zweiter Brun und als dritter der mit der Hoheit des väterlichen Namens Ausgezeichnete, den bereits der ganze Erdkreis nach seinem Vater als Herrn und Kaiser erwartet, sowie eine Tochter[5], geschmückt mit dem Namen seiner ehrwürdigen Mutter, über die wir uns nicht anmaßen, etwas zu sagen, da ihr Ruhm alles übertrifft, was zu sagen oder zu schreiben wir imstande sind.

13 Der König aber hörte nun, als er die Lande und Burgen der Franken inspizierte, dass sein Sohn und sein Schwie-

quapropter summus pontifex revocatus, ubi austeriorem vitam more solito cum heremitis et solitariis ante pascha agebat, suscepit regem Mogontiae, ibi ei aliquamdiu ministrans. Nefanda consilia prodita a filio generoque animadversa; purgandi locum criminis cum consilio pontificis petunt et inpetrant. Qui licet sceleris manifeste arguerentur, paruit tamen rex eorum sententiis in omnibus locorum temporumque angustia.

14 Et cum apparatus paschalis apud Aquas fieri oporteret, comperit, quia nichil sibi dignum ibi paratum esset; maternis gaudiis et officiis decenter curatur, regemque, quem in Francia pene perdidit, in patria magnifice recepit. [112]

15 Nam confortatus amicorum gentisque propriae presentia, irritum fecit pactum, quod coactus inire confessus est. Edictumque est filio generoque auctores sceleris puniendos tradere aut certe se hostes publicos nosse. Pactis pristinis pontifex intercessit, tamquam paci et concordiae consulturus. Ob id regi fit suspectus, amicis regalibus consiliariisque omnimodis spernendus. De eo nostrum arbitramur nequaquam aliquid temere iudicare; sed quod de eo probamus, quia magnus erat oratione die noctuque, mag-

gersohn etwas gegen ihn im Schilde führten; deshalb wurde der Erzbischof zurückgerufen von da, wo er üblicherweise mit Einsiedlern und Eremiten vor dem Osterfest ein strengeres Leben führte, und er empfing den König zu Mainz, wo er ihn eine Zeitlang bewirtete. Sohn und Schwiegersohn merkten, dass ihre gottlosen Pläne verraten waren; auf den Rat des Bischofs hin erbaten und erlangten sie Gelegenheit, sich von dem Verdacht zu reinigen. Sie wurden nun zwar öffentlich des Verbrechens beschuldigt, dennoch schloss sich der König wegen der gefährlichen örtlichen Verhältnisse und zeitlichen Umstände in allen Punkten ihren Ausführungen an.

14 Und als das Osterfest zu Aachen gefeiert werden sollte, erfuhr er, dass man dort nicht die ihm gebührenden Vorbereitungen getroffen hatte; so wurde er von seiner Mutter freudig und auf ansprechende Art versorgt, und sie bekam in der Heimat auf prächtige Weise den König zurück, den sie in Franken fast verloren hätte.[6]

15 Denn ermutigt durch die Gegenwart seiner Freunde und seines eigenen Volks vernichtete er den Vertrag, von dem er erklärte, dass er ihn unter Zwang eingegangen sei, und befahl seinem Sohn und seinem Schwiegersohn, die Urheber dieses Verbrechens zur Bestrafung auszuliefern, sonst jedenfalls erachte er sie als Reichsfeinde. Der Erzbischof verwandte sich für den früheren Vertrag, als ob er für Frieden und Eintracht sorgen wolle. Dadurch machte er sich dem König verdächtig, bei den Freunden und Räten des Königs trug es ihm völlige Verachtung ein. Es kommt uns keinesfalls zu, irgendein unbesonnenes Urteil über ihn zu fällen; aber was wir an ihm gutheißen, dass er groß war im Gebet bei Tag und Nacht, groß in der Freigebigkeit von

nus elemosinarum largitate, precipuus verbo predicationis, non silere dignum duximus; caeterum de accusatis causis qui iudicat Dominus est.

16 Earum rerum dum ibi finis non fieret, universalis populi conventus esse iubetur apud villam quae dicitur Fridisleri, super his causis discutiendum. Ubi cum frater regis Heinricus adesset, multas ac graves causas summo pontifici obiciebat; proptereaque regis totiusque pene exercitus offensam incurrit, dum eum penitus culpabilem ex illius dictis censerent. Preterea rex severiorem animum gerens ex recenti iniuria, eminentissimos viros ac sibi quondam caros et in Biertanico bello fideles fratri traditos exilio dampnavit, dum accusati rationem redderent nec se purgare sufficerent. Hi erant Thuringi genere, potestatis prefectoriae, Dadanus et Wilhelmus nomine. Hoc facto multi scelerum conscii [113] satis perterriti. Soluta contione, multitudine dimissa, sese rex in orientales partes contulit.

17 Lotharii autem cum regem duci Cuonrado sensissent offensum, cum iam olim ei infesti essent, eo quod ducatum super eos administraret ipsis invitis, arma contra eum sumunt. Ille vero inperterritus, leoninum exerens animum, signa signis contraria invexit et incredibilem multitudinem ex eis propria manu fudit, dum sanguine amici, quem in prelio amisit, Cuonradi scilicet, Evurhardi filii, ut fera sae-

frommen Spenden, vorzüglich beim Vortrag der Predigt, das meinten wir nicht verschweigen zu dürfen; im Übrigen ist es der Herr, der richtet über die vorgebrachten Beschuldigungen.

16 Weil diese Angelegenheiten dann keinen Abschluss fanden, wurde bei dem Ort, der Fritzlar genannt wird, ein allgemeiner Hoftag angeordnet, um darüber zu befinden. Sobald Heinrich, der Bruder des Königs, dort eingetroffen war, brachte er zahlreiche und schwerwiegende Beschuldigungen gegen den Erzbischof vor; und deshalb fiel er beim König und beinahe dem ganzen Heer in Ungnade, weil sie ihn nach dessen Aussagen für völlig schuldig hielten. Außerdem übergab der König, der infolge der jüngsten Kränkung verbittert war, ausgezeichnete Männer, die ihm selbst einst teuer und im Kampf bei Birten[7] treu gewesen waren, seinem Bruder und verurteilte sie zur Verbannung, da sie sich als Angeklagte zu rechtfertigen suchten und nicht genügend entlasten konnten. Sie waren ihrer Herkunft nach Thüringer, der Stellung nach Grafen, Dadan und Wilhelm mit Namen[8]. Dadurch gerieten viele Mitwisser jenes Frevels in großen Schrecken. Nachdem die Versammlung aufgehoben und die Menge entlassen war, begab sich der König in östliche Regionen.

17 Als die Lothringer aber merkten, dass der König über Herzog Konrad verärgert war, griffen sie gegen ihn zu den Waffen, da sie ihm schon vorher feind waren, weil er gegen ihren Willen das Herzogsamt über sie ausübte. Der aber trug unerschrocken mit Löwenmut seine Fahnen in ihre Reihen und erschlug eine unglaubliche Menge von ihnen mit eigener Hand; wegen des Bluts seines Freundes, den er im Treffen verlor, nämlich Konrads, des Sohns von Eber-

vissima acueretur. Itaque illi fortissimo subpeditante fortium militum manu, adverso exercitui dum novus semper additur, a meridie usque in vesperum protrahitur bellum. Nocte prelium dissolvitur, nullus victoria laetatur.

18 Rex autem circa Kalendas Iulii moto exercitu armis filium generumque quaerere temptavit; obvias urbes partis adversae aut armis cepit aut in deditionem accepit, quousque Mogontiam perveniret, quam filius cum exercitu intravit, patremque, dictu miserabilius! armatus expectavit. Ibi plus quam civile et omni calamitate acerbius bellum coeptum. Multae machinae muris admotae, sed ab urbanis destructae vel incensae. Crebrae ante portas pugnae, raro forinsecus stationes fusae. Cunctando enim res universae variavere, dum dominatorem regni foris, intus successorem metuebant. Obsidio itaque dum sexaginta ferme dies excederet, sermo fit de pace; unde datus est obses in urbem [114] consobrinus regis Ecberhtus, quo libera via cuilibet pateret in castra crimen purgandi, de pace atque concordia tractandi. Filius cum genero castra ingressi regalibus vestigiis prosternuntur: pro scelere omnia sustinere paratos fore, saltem ut amici auxiliatores in fide suscepti nichil adversi paterentur. Rex autem non inveniens, quomodo meritas

hard, wütete er wie ein reißendes Tier. Da nun ihm, dem Allertapfersten, zwar eine Schar von Haudegen zur Seite stand, dem feindlichen Heer aber immer frische Aufgebote zugeführt wurden, zog sich der Kampf vom Mittag bis zum Abend hin. Die Nacht setzte dem Gefecht ein Ende, und keiner konnte sich über einen Sieg freuen.

18 Um den 1. Juli aber brach der König mit dem Heer auf und suchte Sohn und Schwiegersohn mit Waffengewalt heim; die Burgen der gegnerischen Partei, auf die er stieß, nahm er entweder durch Waffenanwendung oder Übergabe, bis er nach Mainz kam, das sein Sohn mit dem Heer besetzt hatte und wo dieser den Vater – es ist bitter auszusprechen – gerüstet erwartete. Dort begann ein Krieg, schlimmer als ein Bürgerkrieg und alles Unglück. Viele Kriegsmaschinen wurden an die Mauern herangebracht, aber von den Bürgern zerstört oder verbrannt. Häufig gab es Kämpfe vor den Toren, selten aber wurden von außen her die Wachtposten vertrieben. Durch das Abwarten stand die ganze Sache unentschieden, da man draußen den Herrn des Reichs, drinnen aber seinen Nachfolger fürchtete. Als sich somit die Belagerung etwa sechzig Tage lang hinzog, kam ein Friedensgespräch zustande; daher wurde Ekbert, ein Vetter des Königs,[9] als Geisel in die Burg gegeben, damit einem jeden freies Geleit ins Lager offen stünde, um sich von der Schuld zu entlasten und über Frieden und Eintracht zu verhandeln. Der Sohn und der Schwiegersohn kamen in das Lager, warfen sich dem König zu Füßen und erklärten, sie seien bereit, für ihr Verbrechen alles auf sich zu nehmen, damit nur ihre Freunde und Helfer Gnade fänden und nichts Schlimmes zu erwarten hätten. Der König jedoch, der keine Möglichkeit sah, den Sohn an-

poenas filio inferret, fautores insidiarum expostulat. Illi autem iuramentis vicariis obligati et quodammodo arte antiqui hostis constricti hoc omnino negabant. Ingens interea oritur laetitia in castris, et a castris circumquaque fama diffusa numquam urbe egressos, nisi omnibus essent a rege imperatis obtemperaturi. Hae spes incassum conceptae. Nam cum non obedirent edictis regis, motus Heinricus adversus adolescentem: ›Nichil te‹, inquit, ›iactitas contra dominum meum regem fecisse, et ecce omnis exercitus usurpatorem te regni invasoremque novit. Ipse ergo si accusor reus criminis, si culpabilis existo, quare non contra me legiones ducis? Signa adversum me move‹; et festucam de terra sumens: ›Huius‹, inquit, ›pretii a me meaque potestate rapere non poteris. Quid tibi visum est sollicitare huiuscemodi rebus patrem tuum? contra summam divinitatem agis, dum domino patrique tuo repugnas. Si aliquid scis vel vales, in me furorem tuum evome, ipse enim tuam non timeo iram.‹ Ad haec adolescens nichil respondit, sed audito rege cum suis urbem ingressus est.

19 Consobrinus autem regis Ecberhtus cum obses datus esset in urbem, suasibilibus corruptus verbis regi fit aver-

gemessen zu bestrafen, forderte die Auslieferung der Anhänger seiner Verschwörung. Jene aber, durch gegenseitige Schwüre gebunden und gewissermaßen durch den Kunstgriff des alten Feindes gefesselt, wollten davon überhaupt nichts wissen. Währenddessen kam im Lager große Freude auf, und vom Lager aus verbreitete sich ringsum das Gerücht, sie hätten die Stadt nie verlassen, wenn sie nicht allen Anordnungen des Königs gehorchen wollten. Diese Hoffnung machte man sich umsonst. Denn da sie den Befehlen des Königs nicht Folge leisteten, wurde Heinrich auf den jungen Mann wütend und sagte: »Du erzählst herum, nichts gegen meinen Herrn, den König, unternommen zu haben, und schau, das ganze Heer weiß, dass du die Hand nach der Krone ausgestreckt und nach der Herrschaft gegriffen hast. Wenn ich deshalb des Verbrechens angeklagt und schuldig bin, wenn ich bestraft werden soll, warum führst du nicht gegen mich deine Streitmacht? Halte mit deinen Feldzeichen doch auf mich«; und er hob einen Halm vom Boden auf und sagte: »Nicht für so viel wirst du mir von meiner Macht wegnehmen können. Was hat dir daran gefallen, durch solche Dinge deinen Vater zu erschüttern? Du handelst gegen die göttliche Gewalt, wenn du dich deinem Herrn und Vater widersetzt. Wenn du etwas verstehst oder kannst, dann speie deine Wut über mich aus, denn ich fürchte deinen Zorn nicht.« Darauf gab der junge Mann keine Antwort, sondern zog mit seinen Leuten, nachdem er den König angehört hatte, in die Stadt zurück.

19 Aber Ekbert, der Vetter des Königs, der als Geisel in die Stadt gegeben worden war, ließ sich umgarnen und dem König abspenstig machen, da er schon zuvor wütend

sus, cum et antea ei iratus esset, eo quod argueretur incauti certaminis, ubi oculum perdidisset. [115]

20 Dum haec agerentur, proxima nocte Boioarii comites fratris regis relicto eo iuncti sunt Liudulfo. Qui pergens cum eis cepit urbem regiam quae dicitur Rainesburg cum caeteris in ea regione munitissimis omnemque pecuniam ducis suis militibus divisit; coniugem cum filiis patrui et amicis non solum urbe, sed et regione excedere cogit. Haec omnia a Deo credimus acta, ut qui serenissimum regem plurimis populis ac gentibus preficere voluit, disceret parum in se, in Deo vero omnia posse.

21 Erat autem iunior Arnulfus cum fratribus, qui tale consilium machinatus est contra Heinricum, eo quod paterno regno subrogaretur, ipse autem honore patrio privatus esset. Porro exercitus diutino labore fatigatus missionem petit et accipit, rege cum paucis admodum filium in Boioariam subsequente.

22 Ipse namque erat patiens laborum supra quam quod credi possit de homine ab adolescentia delicate nutrito. Multitudine denique deficiente a fide, rari admodum erant, qui partes regis adiuvarent. Inter quos erat quidam Adalberhtus et alii cum eo admodum pauci.

23 Militante adversus Mogontiam rege, Herimannus dux Saxoniam procurabat. Cum novus exercitus a [116] Saxonia ad supplementum veteris mitti debuisset, Thiadricus iuni-

auf ihn war, weil man ihm einen unbedachten Kampf vorwarf, bei dem er ein Auge verloren hatte.

20 Während dieser Verhandlungen fielen in der Nacht darauf die Bayern, die den Bruder[10] des Königs begleitet hatten, von diesem ab und verbanden sich mit Liudolf. Der machte sich mit ihnen auf, nahm die königliche Stadt, die Regensburg heißt, samt den übrigen stark befestigten Plätzen in diesem Landstrich und verteilte das ganze Geld des Herzogs unter seine Krieger; die Frau seines Onkels zwang er, mit ihren Kindern und Freunden nicht bloß die Stadt, sondern überhaupt das Land zu verlassen. Das alles, glauben wir, ließ Gott geschehen, damit der, den er als erhabensten König über sehr viele Völker und Stämme setzen wollte, lernen sollte, dass er auf sich gestellt nur wenig, mit Gott aber alles schaffe.

21 Es war aber Arnulf der Jüngere mit seinen Brüdern, der den Plan gegen Heinrich ersonnen hatte, weil dieser über das Reich seines Vaters eingesetzt, er selbst aber der väterlichen Würde beraubt worden war. Ferner verlangte das Heer, das von der langen Anstrengung erschöpft war, seine Entlassung und erhielt sie, während der König mit ganz wenigen seinem Sohn nach Bayern folgte.

22 Denn er selbst konnte Anstrengungen ertragen, mehr als man von einem Menschen glauben möchte, der von Jugend an verwöhnt worden war. Da zuletzt die große Masse die Treue brach, blieben nur noch sehr wenige, die die Sache des Königs unterstützten. Unter diesen war ein gewisser Adalbert und mit ihm eine kleine Anzahl anderer.

23 Während der König gegen Mainz Krieg führte, verwaltete Herzog Hermann Sachsen. Als nun aus Sachsen ein neues Heer zur Verstärkung des alten geschickt werden

orque Wichmannus ei prefuere. Attingentes terminos Francorum, a Liudulfo duceque Cuonrado subito circumfusi, in desertum quoddam coguntur castellum. Quod cum obpugnare nituntur, iactu rotae signifer ante portam brachium perdidit. Quo facto bellum est sedatum, indutiaeque concessae trium dierum in Saxoniam revertendi.

24 Thiadricus a Liudulfo magnis promissionibus est temptatus, Wichmannus autem admodum corruptus. Patruum exin arguere, paternae hereditatis raptorem dicere et suorum thesaurorum predonem vocare coepit. Ipse autem consilii nequaquam ignarus, quanta sapientia quantaque prudentia contra propinquos et hostes manifestos vigilaverit, difficile est omnimodis edicere.

25 Iungitur quippe Ecberhtus Wichmanno, eademque sententia consurgunt in ducem nullumque ei dant quietis otium. Ille autem nobili patientia iuvenum furorem frangens, cavet tumultum aliquem rege absente illis in partibus accrescere.

26 Boioarii repentino regis adventu nec ad pacem vertuntur nec bellum publicum presumunt, sed clausi muris grandem exercitui laborem suaeque regionis solitudinem parant. Unde minus procedente negotio, absque animabus exercitus a nulla re abstinebat, sed omnia vastabat. [117]

27 Summus pontifex interea, ut ipse aiebat, timore regis,

sollte, standen Thiadrich und der junge Wichmann an seiner Spitze. Kaum hatten sie die Grenzen zu den Franken erreicht, da wurden sie von Liudolf und Herzog Konrad umzingelt und in einen verlassenen Burgwall gedrängt. Als die Angreifer diesen zu nehmen versuchten, verlor der Fahnenträger vor dem Tor durch den Wurf einer Scheibe einen Arm. Dadurch kam das Gefecht zum Stillstand, und es wurde ihnen eine Waffenruhe von drei Tagen zugebilligt, damit sie nach Sachsen zurückkehrten.

24 Thiadrich wurde von Liudolf durch große Versprechungen in Versuchung geführt, Wichmann sogar völlig auf die andere Seite gezogen. Und dieser fing nun an, seinen Onkel[11] anzuklagen, ihn als Räuber seines väterlichen Erbes zu erklären und als Dieb seiner Schätze zu bezeichnen. Mit welchem Verstand und welcher Klugheit aber dieser, der natürlich von dem Anschlag wusste, vor dessen Verwandten und offensichtlichen Feinden auf der Hut war, das vollständig zu erzählen, wäre schwierig.

25 Es verband sich nämlich Ekbert mit Wichmann, und sie erhoben sich einhellig gegen den Herzog und ließen ihm keine Zeit zur Ruhe. Der aber bremste mit phantastischer Geduld die jungen Leute in ihrer Wut und verhütete, dass sich während der Abwesenheit des Königs in diesen Landesteilen ein Aufstand ausbreitete.

26 Nach der plötzlichen Ankunft des Königs suchten die Bayern weder Frieden, noch wagten sie einen offenen Kampf, sondern bereiteten, eingeschlossen hinter den Mauern, dem Heer die größte Mühe, verwüsteten aber ihr eigenes Land. Denn da das Unternehmen nicht voranging, zerstörte das Heer alles und schonte nichts als das Leben.

27 Unterdessen verzichtete der Erzbischof aus Angst vor

officio pontificali amisso, heremiticam cum solitariis ducebat vitam. Non minima quoque caeteris pontificibus cunctatio erat in Boioaria, dum favent partibus, nunc regi assistendo, nunc alienas partes adiuvando, quia nec sine periculo alienabantur a rege nec sine sui detrimento ei adhaerebant.

28 Agens tres integros menses – a Mogontia recedens – rex in illis regionibus, demum circa Kalend. Ianuar., infecto negotio, amissis duobus principalibus viris ac potestate claris, Immede et Mainwerco, quorum uterque ictu sagittarum periit, alter Mogontiae, alter in itinere Boioariam pergentibus, revertitur in Saxoniam.

29 Causas dicentibus coram rege Herimanno suisque nepotibus, omnes iusti tenaces sententiam ducis laudavere, adolescentes castigandos iudicantes. Rex autem amans parcebat illis, sub custodia militari tantum intra palatium tradens Wichmannum.

30 Interea audit, quia Avares intrantes Boioariam iungerentur adversariis disponerentque publico bello eum temptare. At ille satis inperterritus tali necessitate numquam se gratia Dei dominum ac regem oblitus est, sed collecta valida manu obviam procedit acerrimis hostibus. Illi autem diverterunt ab eo, acceptisque ducibus a Liudulfo, [118] omnem Franciam pervagati sunt et tantam stragem dederunt primum amicis, ut cuidam Ernusto vocabulo, qui erat partis

dem König, wie er selbst sagte, auf sein bischöfliches Amt und führte mit Eremiten ein Einsiedlerleben. Auch die übrigen Bischöfe in Bayern zeigten sich nicht wenig schwankend zwischen den beiden Parteien, und bald unterstützten sie den König, bald halfen sie seinen Gegnern, weil sie sich weder gefahrlos vom König lossagen noch ohne eigenen Schaden ihm treubleiben konnten.

28 Der König, der sich nach seinem Rückzug von Mainz drei volle Monate in jenen Gegenden aufhielt, kehrte schließlich gegen Neujahr unverrichteter Dinge nach Sachsen zurück, nachdem er zwei vornehme und hochgestellte Männer, Immed und Mainwerk, verloren hatte; beide kamen durch Pfeilschüsse ums Leben, der eine vor Mainz, der andere auf dem Marsch nach Bayern.

29 Als Hermann und seine Neffen sich vor dem König rechtfertigten, lobten alle, die am Recht festhielten, die Auffassung des Herzogs und sprachen sich für eine Züchtigung der jungen Männer aus. Der König aber in seiner Liebe verfuhr mit ihnen nachsichtig und gab nur den Wichmann auf seinem Hof in ritterliche Haft.

30 Unterdessen hörte er, dass die Awaren in Bayern eindrangen, sich mit seinen Gegnern zusammentaten und sich anschickten, ihn zu einer offenen Feldschlacht herauszufordern. Er aber blieb in solcher Bedrängnis ganz unerschüttert und vergaß nie, dass er durch Gottes Gnade Herr und König war; vielmehr stellte er ein gewaltiges Aufgebot zusammen und zog den wilden Feinden entgegen. Sie aber wichen ihm aus, durchstreiften ganz Franken, nachdem sie von Liudolf Führer bekommen hatten, und richteten eine solche Verheerung an, zuerst unter ihren eigenen Freunden, indem sie einem namens Ernust, der zum gegneri-

adversae, sui iuris familias supra millesimum numerum captivassent, deinde caeteris omnibus, ut dictu fidem excedat. Dominica ante pascha Wormatiae eis est publice ministratum et muneribus auri et argenti plurimum donatum. Inde in Galliam profecti per aliam viam in patriam revertuntur.

31 Boioarii civili exercitu externoque fatigati – nam Ungariis egressis exercitu regali premuntur – coacti sunt de pace tractare. Factumque est, ut pax daretur usque in XVI. Kalend. Iulii, et locus esset apud Cinnam rationis dandae et responsionis reddendae.

32 Ad condictum locum dum universalis populi conventus fieret, talem rex orationem exorsus est: ›Paterer‹, inquit, ›si indignatio filii mei caeterorumque insidias tendentium me solum torqueret et non totum Christiani nominis populum perturbaret. Parum esset urbes meas more latronum invasisse regionesque a mea potestate rapuisse, nisi propinquorum meorum ac carissimorum comitum sanguine satiarentur. Ecce sine filiis sedeo orbatus, dum filium gravissimum hostem patior; quem plurimum amavi et a mediocri loco ad summum gradum summumque honorem provexi, [119] unicum filium meum habet adversum me. Tolerabile hoc utcumque foret, si non Dei hominumque inimici his

schen Lager gehörte, mehr als tausend von seinen Hörigen gefangen wegschleppten; sodann aber unter allen Übrigen, dass es unglaublich klingt. Am Sonntag vor Ostern war man ihnen in Worms öffentlich zu Diensten und beschenkte sie reichlich mit Gaben aus Gold und Silber. Von da zogen sie nach Gallien und kehrten auf einem anderen Weg in ihre Heimat zurück.

31 Die Bayern, die durch das Reichsaufgebot wie durch das Heer der Fremden zermürbt worden waren – denn nach dem Abzug der Ungarn wurden sie von dem königlichen Heer bedrängt –, sahen sich gezwungen, über einen Friedensschluss zu verhandeln. Und es kam dazu, dass ihnen Frieden gewährt wurde bis zum 16. Juni und dass der Ort, wo sie sich rechtfertigen und Bescheid erhalten sollten, Langenzenn sei.

32 Als sich das ganze Volk am festgesetzten Ort versammelt hatte, hielt der König folgende Rede: »Ich wollte es ertragen, wenn der Grimm meines Sohns und der übrigen Verschwörer nur mich allein peinigte und nicht das ganze Volk der Christenheit durcheinanderbrächte; es wäre nicht der Rede wert, dass sie nach Räuberart in meine Burgen eingedrungen sind und ganze Landstriche von meiner Herrschaft losgerissen haben, wenn sie sich nicht auch noch am Blut meiner Verwandten und teuersten Gefährten sättigten. Seht, ohne Söhne sitze ich da, der Kinder beraubt, da ich den eigenen Sohn zum schlimmsten Feind habe; der, den ich am meisten geliebt und aus einer unbedeutenden Stellung zur höchsten Würde, zur höchsten Ehre befördert habe, der hat meinen einzigen Sohn gegen mich gekehrt. Aber auch das wäre – sei's drum – auszuhalten, wenn da nicht die Feinde Gottes und der Menschen mit hineingezo-

causis introducerentur. Modo regnum meum habent desolatum, populum captum vel interfectum, urbes destructas, templa succensa, sacerdotes extinctos; adhuc madent sanguine plateae. Auro meo et argento, quibus filium generumque ditavi, hostes Christi sedes suas remeunt referti. Quid igitur supersit sceleris, quid perfidiae, excogitare nequeam.‹ His dictis tacuit rex. Heinricus laudans sententiam regis subiunxit, quia hostes secundo victi publico certamine maligne ac pessime conducerentur, quo via eis iterum laedendi aperiretur; omnem calamitatem omnemque laborem consultius velle pati, quam communem hostem umquam in fide susciperet. His dictis Liudulfus procedens ait: ›Conductos adversum me pecunia, fateor, obtinui, ne me michique subiectos laederent. Si in hac parte culpabilis predicor, sciat me omnis populus hoc non voluntarie, sed ultima necessitate coactum fecisse.‹ Postremum pontifex summus rationem redditurus intravit, promittens se quocumque rex imperavisset iudicio significaturum numquam contra regem sensisse vel velle vel fecisse; timore coactum a rege discessisse, offensum sibi eum quia intellexisset, innocentem gravissimis accusationibus obrutum; de caetero iuramentorum omnibus argumentis fidem servaturum. Ad haec rex: ›A vobis non exigo iuramentum, nisi pacis et con-

gen würden. Sie haben bloß mein Reich zerstört, das Volk gefangen genommen oder getötet, die Städte zerstört, die Kirchen in Brand gesteckt, die Priester umgebracht; noch triefen die Straßen vom Blut. Mit meinem Gold und Silber beladen, mit dem ich Sohn und Schwiegersohn bereichert habe, sind die Feinde Gottes in ihre Heimat zurückgekehrt. Welches Verbrechen, welche Treulosigkeit jetzt noch übrig ist, vermag ich nicht auszudenken.« Nach diesen Worten schwieg der König. Heinrich lobte die Auffassung des Königs und fügte hinzu, dass die zweimal in offener Schlacht besiegten Feinde auf böswillige und schändliche Weise gekauft seien, wodurch man ihnen den Weg, Schaden zu stiften, wiederum öffne; jeglichen Schaden und jegliche Mühe wolle er nach reiflicher Überlegung lieber erdulden, als jemals den gemeinsamen Feind in Treue aufzunehmen. Nach diesen Worten trat Liudolf vor und sagte: »Ich gebe zu, ich habe diejenigen, die gegen mich gedungen waren, durch Geld dazu gebracht, dass sie mir und den mir Untergebenen nichts antun. Wenn ich dafür schuldig gesprochen werde, so möge das ganze Volk wissen, dass ich das nicht aus freien Stücken, sondern aus schlimmster Not heraus gemacht habe.« Zuletzt trat der Erzbischof ein, um Rechenschaft abzulegen, und versprach, durch jede Untersuchung, die der König anordnete, zu zeigen, dass er niemals gegen den König eingestellt gewesen sei noch das wolle oder getan habe; von Furcht getrieben habe er den König verlassen, weil er erkannt habe, dass dieser auf ihn zornig sei; unschuldig sei er durch ärgste Beschuldigungen schwer belastet; in Zukunft werde er unter allen möglichen Schwüren seine Treue bewahren. Darauf erwiderte der König: »Von euch verlange ich keinen Schwur, sondern nur, dass ihr, so-

cordiae consilium, in quantum possitis, adiuvetis.‹ Et hoc dato in fide ac pace eum dimisit.

33 Pontifex cum duce Cuonrado, cum adolescentem non possent inclinare, quatinus patri subderetur [120] eiusque sententiam secutus sustineret, discesserunt ab eo, Deo regique sese iungentes.

34 Proxima nocte Liudulfus cum suis a rege discedens urbem Rainesburg cum exercitu intravit. Rex autem sequens filium, urbem offendens quae dicitur Horsadal, obsedit eam.

35 Facta autem pugna, durius certamen circa murum nemo umquam viderat mortalium. Multi ibi ex utraque parte caesi, plures sauciati; noctis tenebrae prelium dirimere. Saucius ancipiti bello postera luce ducitur inde exercitus, diutius ibi non morari visum ad graviora tendentibus.

36 Trium dierum itiner proinde ad Rainesburg. Castrorum loca occupata munitionibusque circumsepta, obsidio urbis diligenter est incepta. Sed cum multitudo machinas muris adplicari non sineret, satis dure interdum ab utrisque pugnatum pro muris. Diu tracta obsidio cogit clausos belli negotiis aliquid actitare. Arbitrati sunt enim fame peius torqueri, si ad id cogerentur, quam in acie fortiter mori. Ius-

weit ihr könnt, meine Bemühung um Frieden und Eintracht unterstützt.« Und nachdem er dies versprochen hatte, entließ er ihn mit Zuversicht und in Frieden.

33 Da der Erzbischof und Herzog Konrad den jungen Mann nicht bewegen konnten, sich seinem Vater zu unterwerfen und sich bereitwillig seinem Spruch zu fügen, trennten sie sich von ihm und hielten es lieber mit Gott und dem König.

34 In der folgenden Nacht verließ Liudolf mit seinen Männern den König und kam mit dem Heer nach Regensburg. Der König aber folgte seinem Sohn, und als er auf eine Burg namens Roßtal stieß, belagerte er sie.

35 Es kam aber zur Schlacht, und ein härteres Gefecht um die Mauern hat kein Sterblicher je gesehen. Viele wurden dort auf beiden Seiten niedergemacht, noch mehr wurden verwundet; die Finsternis der Nacht erst beendete das Treffen. Mit infolge des unentschiedenen Kampfes schweren Verlusten wurde das Heer am nächsten Morgen weitergeführt; es schien ihnen, die nach Wichtigerem trachteten, nicht ratsam, sich dort länger aufzuhalten.

36 Der Marsch von dort nach Regensburg dauerte drei Tage. Man besetzte einen Platz für das Lager und befestigte ihn ringsherum; dann wurde die Belagerung der Stadt umsichtig begonnen. Da aber die Menge [der Verteidiger] nicht zuließ, dass Maschinen an den Mauern angebracht wurden, wurde bisweilen von beiden Seiten sehr hart vor den Mauern gekämpft. Die lange Dauer der Belagerung zwang die Eingeschlossenen, mit kriegerischen Mitteln eine Entscheidung herbeizuführen. Sie waren nämlich der Auffassung, dass es schlimmer sei, von Hunger gequält zu werden, wenn sie es dahin kommen ließen, als tapfer in der

sum itaque occidentali porta erumpere equites quasi inpetum in castra facturos; alios naves ascendere, et per flumen urbi contiguum, dum equestri prelio pugnaretur, castra armatis deserta invaderent. Urbani signo nolae congregati condicta peragere; quod in castris usu non ignotum; quapropter et ipsi non segniter preparantur. Moram facientibus in erumpendo equitibus, classis ab urbe longius elabitur. Exilientesque de navibus irruunt in castra, offendentesque [121] armatos, dum trepidi fugae consulunt, circumfusi undique caeduntur. Alii naves ingredi nisi, timore perculsi deviantes, flumine absorbentur; alii naves plus aequo ingressi dimerguntur; factumque est, ut vix pauci de pluribus superessent. Equites vero ab equitibus fatigati devictique, plures saucii, in urbem coguntur. Miles regius victor in castra reversus, unum solummodo letali vulnere percussum pro portis secum revehunt. Pecus omne urbis loco herboso delatum, qui erat inter Rain et Donou fluvios, sed a fratre regis Heinrico captum et inter socios divisum est. Urbani crebris preliis triti fame quoque periclitari coeperunt.

Schlacht zu fallen. Und so wurde dann angeordnet, die Reiter sollten durch das Westtor hervorstoßen, als ob sie einen Angriff gegen das Lager unternehmen wollten; andere sollten Schiffe besteigen und vom Fluss aus, der an der Stadt entlangfließt, das von den Bewaffneten verlassene Lager angreifen, während im Reitergefecht gekämpft würde. Die Leute in der Stadt, die auf ein Glockenzeichen hin zusammengekommen waren, führten das Beschlossene aus; aber auch im Lager war dieses Verfahren nicht unbekannt; deshalb rüsteten auch sie sich unverzüglich. Die Reiter verspäteten sich indes mit ihrem Ausfall, und die Boote trieben zu weit von der Stadt weg. Sie sprangen von den Schiffen und stürmten auf das Lager zu; und da sie auf Bewaffnete stießen, erschraken sie und dachten an Flucht, wurden aber von allen Seiten umringt und niedergemetzelt. Einige eilten auf die Schiffe, verfehlten aber, von Furcht gepackt, den Weg und wurden vom Fluss verschlungen; andere drängten sich in zu großer Zahl in die Boote und versanken; und so geschah es, dass kaum einige wenige von den vielen davonkamen. Die Reiter aber wurden von der [königlichen] Reiterei zermürbt und besiegt und mit vielen Verwundeten in die Stadt gedrängt. Die königliche Truppe kehrte als Sieger ins Lager zurück und hatte nur einen tödlich Verwundeten zu beklagen, der vor dem Tor getroffen worden war und den sie mit zurückbrachten. Alles Vieh der Stadt, das an einen grasreichen Ort gebracht worden war, der zwischen den Flüssen Regen und Donau lag, wurde aber von Heinrich, dem Bruder des Königs, erbeutet und unter den Gefährten aufgeteilt. Nun begannen die Städter, erschöpft von den häufigen Kämpfen, auch Hunger zu leiden.

37 Unde egressus urbe Liudulfus cum principalibus viris pacem postulat, sed non inpetrat, quia patri obedientiam negat. Ingressus vero urbem, portam orientalem obsidentem armis temptat Geronem, tot victoriis quot preliis clarum. A tertia hora usque in nonam acriter pugnatum; ante portam urbis equo cadente ascensor Arnulfus armis exutus ilicoque telis perfossus occubuit. Post biduum a muliere famem urbis fugiente mors illius notificatur, dum antea incertum esset. Cuius morte urbani satis confusi iam de pace tractabant.

38 Interventu proinde principum iterum Liudulfus cum sociis urbe egressus, dum mense integro et dimidio obsideretur, pacem obtinuit usque ad condictum diem, dum de his causis diiudicaretur, locusque concilii apud Fridisleri notabatur. Rex inde in patriam reversus. [122]

39 Heinricus vero Novam urbem obtinuit; Rainesburg pene omnis proxima nocte arsa.

40 Exercitandi gratia venationem agens rex in loco qui dicitur Suveldun, filius patri nudatis plantis prosternitur, intima tactus poenitentia, oratione flebili patris primum, deinde omnium presentium lacrimas extorquet. Amore itaque paterno susceptus in gratiam spondet se obtemperaturum consensurumque omni paternae voluntati.

37 Deshalb kam Liudolf mit den angesehensten Männern aus der Stadt und wünschte Frieden, erhielt ihn aber nicht, weil er seinem Vater den Gehorsam verweigerte. In die Stadt zurückgekehrt, stürzte er sich auf Gero, der das östliche Tor belagerte und durch ebenso viele Siege wie Schlachten berühmt war. Von der dritten bis in die neunte Stunde wurde erbittert gekämpft; vor dem Tor der Stadt stürzte ein Pferd, und sein Reiter Arnulf, seiner Wehr beraubt, wurde von Geschossen durchbohrt und starb auf der Stelle. Zwei Tage später wurde durch eine Frau, die wegen der Hungersnot aus der Stadt floh, sein Tod bekannt, während man vorher darüber in Ungewissheit war. Durch seinen Tod gerieten die Städter in große Bestürzung und nahmen Friedensverhandlungen auf.

38 Und durch die Vermittlung der Fürsten erlangte so Liudolf, der mit seinen Gefährten erneut aus der Stadt herauskam, nachdem er volle anderthalb Monate belagert worden war, Frieden bis zu einem bestimmten Tag, an welchem über diese Vorfälle entschieden werden sollte, und als Verhandlungsort wurde Fritzlar angegeben. Darauf kehrte der König nach Hause zurück.

39 Heinrich aber besetzte die Neustadt; Regensburg brannte in der nächsten Nacht fast völlig nieder.

40 Als sich der König, um der Jagd nachzugehen, an einem Ort namens Suveldun[12] aufhielt, warf sich sein Sohn mit bloßen Füßen vor dem Vater nieder, von tiefster Reue ergriffen, und mit kläglichen Worten brachte er erst seinen Vater, schließlich aber alle Anwesenden zum Weinen. So wurde er aus väterlicher Liebe wieder in Gnaden aufgenommen und gelobte zu gehorchen und in allem den Willen des Vaters zu erfüllen.

41 Interea summus pontifex aegrotasse nuntiatur ac desperari. Quapropter regis placitum modice est dilatum. Finem summi pontificis qui interfuere satis laudabilem predicant. Defuncto pontifice universalis conventus populi celebratus; Mogontia post annum et dimidium regi tradita cum omni Francia; filius ac gener in gratiam suscepti, qua et in finem usi sunt fideliter.

42 Eo anno Sclavi qui dicuntur Uchri a Gerone cum magna gloria devicti, cum ei presidio esset dux Cuonradus a rege missus. Preda inde ingens ducta; Saxoniae laetitia magna exorta. [123]

43 Proximum agens rex pascha cum fratre, ducit post haec exercitum contra Rainesburg, iterum armis machinisque urbem torquens. Dum presidio Saxonum destituitur ac fame vexatur, portis urbani egressi cum urbe tradiderunt semet ipsos regi. Qui principes exilio dampnans, reliquae multitudini parcit, victoriaque gloriosus remeavit in patriam, omni regione Boioarica fratri restituta.

44 Ingressusque Saxoniam circa Kalend. Iulii obvios habet legatos Ungariorum, tamquam ob antiquam fidem ac gratiam eum visitantes; re autem vera, ut quibusdam videbatur, eventum belli civilis considerantes. Quos cum secum aliquantis diebus retinuisset et aliquibus munusculis donatos remisisset in pace, audivit a nuntiis fratris, ducis scilicet Boioariorum, quia: ›Ecce Ungarii diffusi invadunt

41 Inzwischen meldete man, dass der Erzbischof hoffnungslos erkrankt sei, weshalb die Versammlung des Königs etwas verschoben wurde. Das Ende des Erzbischofs rühmen die, die zugegen waren, als sehr beachtlich. Nach dem Tod desselben wurde ein allgemeiner Hoftag abgehalten; nach anderthalb Jahren ergab sich Mainz mit ganz Franken dem König; Sohn und Schwiegersohn wurden in Gnaden aufgenommen und verblieben in ihr auch bis zum Tod.

42 In diesem Jahr wurden die Slawen, die Ukrer heißen, von Gero ruhmreich besiegt, da ihm Herzog Konrad vom König zu Hilfe geschickt worden war. Ungeheuer viel Beute wurde weggeschafft, und in Sachsen kam große Freude auf.

43 Die nächsten Ostern feierte der König mit seinem Bruder, führte danach das Heer gegen Regensburg und setzte der Stadt erneut mit Waffen und Kriegsmaschinen zu. Da nun die Hilfe der Sachsen fehlte und quälender Hunger herrschte, kamen die Bürger zu den Toren heraus und ergaben sich mitsamt der Stadt dem König. Dieser bestrafte die Anführer mit Verbannung, die übrige Menge verschonte er und kehrte, von dem Sieg mit Ruhm beladen, in seine Heimat zurück, nachdem er das ganze bayerische Gebiet seinem Bruder zurückgegeben hatte.

44 Als er Anfang Juli Sachsen betrat, kamen ihm Gesandte der Ungarn entgegen, als wollten sie ihn in alter Treue und Freundschaft besuchen, in der Tat aber, wie auch einige annahmen, um den Ausgang des Bürgerkriegs zu beobachten. Nachdem er sie einige Tage bei sich behalten und, mit einigen kleineren Geschenken geehrt, in Frieden entlassen hatte, erfuhr er durch Boten seines Bruders, das heißt des Herzogs der Bayern: »Pass auf, die Ungarn dringen in

terminos tuos statuuntque tecum inire certamen.‹ His auditis rex, quasi nichil laboris preterito bello toleravisset, coepit ire contra hostes, sumptis secum paucis admodum ex Saxonibus, eo quod iam bellum Sclavanicum urgeret. Castris positis in confiniis Augustanae urbis, occurrit ei [124] exercitus Francorum Boioariorumque. Cum valido quoque equitatu venit in castra Cuonradus dux; cuius adventu erecti milites iam optabant non differre certamen. Nam erat natura audacis animi et, quod rarum est audacibus, bonus consilii et, dum eques et dum pedes iret in hostem, bellator intolerabilis, domi militiaque sociis carus. Igitur ab utriusque exercitus latrocinantibus agminibus notificabatur non longe exercitus ab altero fore. Ieiunio in castris predicato, iussum est omnes in crastino paratos esse ad bellum. Primo diluculo surgentes, pace data et accepta operaque sua primum duci, deinde unusquisque alteri cum sacramento promissa, erectis signis procedunt castris, numero quasi octo legionum. Ducitur exercitus per aspera et difficilia loca, ne daretur hostibus copia turbandi sagittis agmina, quibus utuntur acerrime, arbustis ea protegentibus. Primam et secundam tertiamque legionem direxerunt Boioarii, quibus prefuerunt prefecti ducis Heinrici. Nam ipse bello interim

Gruppen aufgeteilt in dein Gebiet ein und haben sich vorgenommen, sich mit dir in eine Schlacht einzulassen.« Sobald der König dies hörte, brach er sofort gegen die Feinde auf, als hätte er im vergangenen Krieg noch keine Anstrengung auszuhalten gehabt, und nahm sehr wenig Sachsen mit, weil ihnen schon der Krieg mit den Slawen zu schaffen machte. Im Bereich von Augsburg schlug er sein Lager auf, und hier stieß zu ihm das Aufgebot der Franken und Bayern. Mit seinem starken Reiterheer kam auch Herzog Konrad ins Lager; und durch seine Ankunft ermutigt, wünschten die Krieger nunmehr den Kampf nicht länger aufzuschieben. Denn er war von Natur aus ein Draufgänger und, was bei kühnen Männern selten ist, tüchtig im Rat; mochte er zu Pferd oder zu Fuß den Feind angehen, er war im Kampf unbesiegbar und von seinen Gefährten in Krieg und Frieden geschätzt. Nun wurde von den Streifposten beider Heere angezeigt, dass sie nicht mehr weit voneinander entfernt seien. Im Lager wurde ein Fasten ausgerufen und an alle der Befehl ausgegeben, sich für den nächsten Tag zum Kampf bereitzuhalten. Im ersten Dämmerlicht standen sie auf, machten untereinander Frieden und gelobten dann zuerst ihrem Anführer eidlich ihre Unterstützung, und darauf ein jeder dem anderen; dann rückten sie mit aufgerichteten Feldzeichen aus dem Lager, etwa acht Legionen an der Zahl. Das Heer wurde durch unwegsames und schwieriges Gelände geführt, um den Feinden keine Gelegenheit zu geben, die Züge in Unordnung zu bringen, mit ihren Pfeilen, die sie gekonnt einzusetzen verstehen, wenn Gebüsch sie deckt. Die erste, zweite und dritte Legion bildeten die Bayern, an ihrer Spitze standen die Befehlshaber des Herzogs Heinrich. Er selbst war inzwischen nicht mehr auf dem

aberat, eo quod valitudine corporis laborasset, qua et mortuus est. Quartam ordinavere Franci, quorum rector ac procurator dux Cuonradus. In quinta, quae erat maxima, quae et dicebatur regia, ipse prin-[125]ceps vallatus lectis ex omnibus militum milibus alacrique iuventute, coramque eo angelus, penes quem victoria, denso agmine circumseptus. Sextam et septimam construxerunt Suavi, quibus prefuit Burchardus, cui nupserat filia fratris regis. In octava erant Boemi, electi milites mille, armis potius instructi quam fortuna; in qua et sarcinae omnes ac inpedimenta quaeque, quasi ipsa esset tutissima, quae esset novissima. Sed aliter res acta est ac arbitrabatur. Nam Ungarii nichil cunctantes Lech fluvium transierunt circumeuntesque exercitum extremam legionem sagittis lascessere coeperunt; et inpetu cum ingenti vociferatione facto, aliis caesis vel captis, sarcinis omnibus potiti, caeteros legionis illius armatos fugere compulerunt. Similiter septimam ac sextam aggressi, plurimis ex eis fusis, in fugam verterunt. Rex autem cum intellexisset bellum ex adverso esse et post tergum novissima agmina periclitari, misso duce cum quarta legione captivos eripuit, predam excussit latrocinantiaque hostium agmina proturbavit. Fusis latrocinantibus undique adversariorum agminibus, signis victricibus dux Cuonradus ad regem revertitur. Mirumque in modum, cunctantibus veteranis mi-

Kampfplatz, weil er an einer Krankheit litt, an der er dann auch starb. Die vierte bildeten die Franken unter der Leitung und Obhut des Herzogs Konrad. In der fünften, der stärksten, die auch die königliche genannt wurde, war der Fürst selbst, umgeben von den Auserlesenen aus allen Tausenden von Kriegern und mutigen jungen Männern, und vor ihm der siegbringende Engel, von einer dichten Mannschaft umgeben. Die sechste und siebte bestand aus Schwaben, die Burchard befehligte, der die Tochter vom Bruder des Königs geheiratet hatte. In der achten waren tausend ausgesuchte böhmische Streiter, besser mit Waffen als mit Glück versehen; hier waren auch alles Gepäck und der ganze Tross – als ob am sichersten sei, was sich am hintersten Ende befindet. Aber die Sache kam anders, als man glaubte. Denn die Ungarn durchquerten ohne Zögern den Lech, umgingen das Heer, begannen, die letzte Legion mit Pfeilschüssen herauszufordern; darauf unternahmen sie mit ungeheurem Geschrei einen Angriff, bemächtigten sich, nachdem sie die einen getötet oder gefangen genommen hatten, des ganzen Gepäcks und trieben die übrigen Bewaffneten dieser Legion in die Flucht. Ähnlich wurde die siebte und sechste angegriffen; nachdem eine Menge von ihnen getötet war, rannten die anderen auf und davon. Als der König aber bemerkte, dass der Kampf unglücklich verlief und in seinem Rücken die hintersten Heeresteile in Gefahr geraten waren, schickte er den Herzog [Konrad] mit der vierten Legion los, der die Gefangenen befreite, die Beute wieder zurückholte und die plündernden Haufen der Feinde verjagte. Nachdem die ringsumher plündernden feindlichen Scharen vernichtet waren, kehrte Herzog Konrad mit siegreichen Fahnen zum König zurück. Und erstaunli-

litibus gloria victoriae assuetis, cum novo milite et fere bellandi ignaro triumphum peregit. [126]

45 Dum ea geruntur in Boioaria, varie pugnatum est a preside Thiadrico adversus barbaros. Cum capere nisus esset quandam urbem illorum, usque ad introitum portae persecutus est adversarios, cogens illos intra murum, oppido potito et incenso et omnibus quae foras murum erant captis vel interfectis; cum iam incendio extincto reverteretur, et paludem, quae erat urbi adiacens, medietas militum transisset, Sclavi videntes nostros in arto sitos ob difficultatem loci nec copiam habere pugnandi nec locum adeo fugiendi, insequebantur a tergo revertentes clamore magno; peremerunt ex eis ad quinquaginta viros, foeda fuga nostrorum facta.

46 Ingens interea pavor omnem Saxoniam trepidam pro rege et exercitu eius pro hac re adversa invasit. [127] Terrebant nos preterea portenta inusitata. Templa denique plerisque in locis tempestate valida concussa visentibus et audientibus horrorem nimium incussere; utriusque sexus sacerdotes ictu fulminis interierunt, et alia multa illo tempore contigerunt dictu horrenda et propterea nobis pretereunda.

Totum pondus prelii ex adverso iam adesse conspiciens rex exhortandi gratia allocutus est socios hoc modo: ›Opus esse nobis bonorum animorum in hac tanta necessitate,

cherweise, während alte, an den Ruhm des Sieges gewohnte Kämpfer zögerten, schaffte er mit jungen, im Kampf fast unerfahrenen Kriegern den triumphalen Erfolg.[13]

45 Während dies in Bayern geschah, kämpfte Markgraf Thiadrich mit wechselndem Glück gegen die Barbaren. Als er sich einmal bemühte, eine ihrer Burgen zu nehmen, verfolgte er die Gegner bis an den Eingang des Tores, drängte sie hinter die Mauer, eroberte die Vorburg und brannte sie nieder, und alles, was sich außerhalb der Mauer befand, wurde erbeutet oder niedergehauen; als er nun nach Verlöschen des Brandes zurückkehrte und die Hälfte der Krieger einen Sumpf durchschritten hatte, der an die Burg stieß, erkannten die Slawen, dass die Unsrigen wegen des schwierigen Geländes in Bedrängnis waren sowie weder Platz zum Kämpfen noch selbst Gelegenheit zur Flucht hatten, und verfolgten die Zurückkehrenden von hinten mit großem Geschrei; sie machten von ihnen an die fünfzig Mann nieder, und die Unsrigen ergriffen jämmerlich die Flucht.

46 Mittlerweile packte wegen dieses Unglücks eine riesige Furcht ganz Sachsen, das sich um den König und sein Heer ängstigte. Es erschreckten uns außerdem ungewöhnliche Zeichen. Vielerorts wurden die Kirchen durch ein gewaltiges Unwetter erschüttert, und alle, die es sahen und hörten, brachen in größtes Entsetzen aus; Priester und Nonnen kamen vom Blitz getroffen um, und vieles andere ereignete sich zu jener Zeit, was schrecklich zu sagen ist und von uns deswegen übergangen werden soll.

Als der König erkannte, dass nun der Kampf in seiner ganzen Wucht unter ungünstigen Umständen bevorstehe, sagte er seinen Gefährten zur Aufmunterung Folgendes: »Dass wir in dieser großen Bedrängnis tapfer sein müssen,

milites mei, vos ipsi videtis, qui hostem non longe, sed coram positum toleratis. Hactenus enim inpigris manibus vestris ac armis semper invictis gloriose usus extra solum et imperium meum ubique vici, et nunc in terra mea et regno meo terga vertam? Superamur, scio, multitudine, sed non virtute, sed non armis. Maxima enim ex parte nudos illos armis omnibus penitus cognovimus et, quod maximi est nobis solatii, auxilio Dei. Illis est sola pro muro audatia, nobis spes et protectio divina. Pudeat iam nunc dominos pene totius Europae inimicis manus dare. Melius bello, si finis adiacet, milites mei, gloriose moriamur, quam subiecti hostibus vitam serviliter ducamus aut certe more malarum bestiarum strangulo deficiamus. Plura loquerer, milites mei, si nossem verbis virtutem vel audatiam animis vestris augeri. Modo melius gladiis quam linguis colloquium incipiamus.‹ Et his dictis, arrepto clipeo ac sacra lancea, ipse primus equum in [128] hostes vertit, fortissimi militis ac optimi imperatoris officium gerens. Hostium audaciores primum resistere, deinde, ut socios viderunt terga vertere, obstupefacti nostrisque intermixti extinguuntur. Caeterorum vero alii equis fatigatis villas proximas intrant, circumfusique armatis cum moeniis pariter concremantur; alii flumen contiguum transnatantes, dum ripa ulterior ascen-

meine Krieger, das seht ihr selbst, die ihr den Feind nicht weit weg, sondern vor uns aufgestellt wisst. Bis hierher habe ich mit euren rastlosen Armen und stets siegreichen Waffen glorreich gekämpft und außerhalb meines Bodens und Reichs überall gesiegt, und jetzt sollte ich in meinem eigenen Land und Reich den Rücken zeigen? Sie übertreffen uns, ich weiß, an Zahl, aber nicht an Tapferkeit, nicht an Rüstung. Es ist uns doch hinreichend bekannt, dass sie zum größten Teil ohne jede Rüstung sind und, was für uns der größte Trost ist, ohne die Hilfe Gottes. Ihnen dient als Schirm lediglich ihre Verwegenheit, uns dagegen die Hoffnung auf göttlichen Schutz. Schämen müssten wir uns als Herren fast ganz Europas, wenn wir uns jetzt den Feinden ergäben. Lieber wollen wir im Kampf, wenn unser Ende bevorsteht, ruhmvoll sterben, meine Krieger, als den Feinden unterworfen in Knechtschaft leben oder gar wie böse Tiere durch den Strick enden. Ich würde mehr sagen, meine Krieger, wenn ich wüsste, dass durch Worte die Tapferkeit oder die Kühnheit in euren Herzen gesteigert wird. Lasst uns jetzt aber lieber mit Schwertern als mit Worten die Verhandlung beginnen.« Und nachdem er das gesagt hatte, ergriff er den Schild und die heilige Lanze und richtete selbst als Erster sein Pferd gegen die Feinde, wobei er seine Pflicht als tapferster Krieger und als bester Feldherr erfüllte. Die Mutigeren unter den Feinden leisteten anfangs Widerstand, dann aber, als sie ihre Gefährten fliehen sahen, erschraken sie, gerieten zwischen unsere Leute und wurden niedergemacht. Von den Übrigen indes zogen die, deren Pferde erschöpft waren, in die nächsten Dörfer ab, wurden dort von Bewaffneten umringt und samt den Gebäuden verbrannt; die anderen schwammen durch den nahen

dentes non sustinet, flumine obvolvuntur et pereunt. Eo die castra invasa captivique omnes erepti, secundo die ac tertio a vicinis urbibus reliqua multitudo in tantum consumpta est, ut nullus aut rarus evaderet; sed non adeo incruenta victoria fuit de tam saeva gente.

47 Cuonradus quippe dux fortiter pugnans, animi fervore solisque ardore, qui eo die nimius erat, accensus aestuat, vinclisque [loricae] solutis dum auram captat, vulnere sagittae adverso gutturis defixae cadit. Cuius corpus iuxta regis imperium honorifice collectum transportatur Wormatiam ibique sepelitur, vir omni virtute animi et corporis magnus atque famosus, cum fletu et planctu omnium Francorum.

48 Tres duces gentis Ungariae capti ducique Heinrico presentati mala morte, ut digni erant, multati sunt, suspendio namque crepuerunt.

49 Triumpho celebri rex factus gloriosus ab exercitu pater patriae imperatorque appellatus est; decretis [129] proinde honoribus et dignis laudibus summae divinitati per singulas ecclesias, et hoc idem sanctae matri eius per nuntios demandans, cum tripudio ac summa laetitia Saxoniam victor reversus a populo suo libentissime suscipitur. Neque enim tanta victoria quisquam regum intra ducentos annos

Fluss, aber da das jenseitige Ufer beim Hochklettern keinen Halt bot, wurden sie vom Strom verschlungen und kamen um. An diesem Tag nahm man das Lager; alle Gefangenen wurden befreit; am zweiten und dritten Tag wurde von den benachbarten Burgen aus der Masse der Übrigen so sehr der Garaus gemacht, dass keiner oder doch nur sehr wenige entkamen. Aber nicht gerade unblutig war der Sieg über ein so wildes Volk.

47 Herzog Konrad nämlich, der tapfer kämpfte, wurde im Eifer des Gefechts und durch die Sonnenglut, die an diesem Tag enorm war, gewaltig heiß, und als er die Bänder des Panzers löste und Luft schnappte, fiel er, von einem Pfeil durch die Kehle getroffen. Sein Körper wurde auf königlichen Befehl hin ehrenvoll hergerichtet und nach Worms überführt; und dort wurde dieser Mann, groß und berühmt wegen all seiner geistigen und körperlichen Vorzüge, unter den Tränen und Klagen aller Franken beigesetzt.

48 Drei Anführer des Volks der Ungarn wurden gefangen genommen, Herzog Heinrich vorgeführt und zu einem schändlichen Tod verurteilt, wie sie ihn verdienten; sie krepierten nämlich durch den Strick.

49 Durch den herrlichen Sieg mit Ruhm beladen, wurde der König von seinem Heer als Vater des Vaterlands und Kaiser begrüßt; darauf ordnete er für die höchste Gottheit Ehrungen und würdige Lobgesänge in allen Kirchen an, trug dasselbe durch Boten seiner ehrwürdigen Mutter auf und kehrte, von Jubelstürmen und höchster Freude begleitet, als Sieger nach Sachsen heim, wo er von seinem Volk herzlichst empfangen wurde. Denn eines solchen Sieges hatte sich kein König vor ihm in zweihundert Jahren erfreut. Seine Leute selbst waren nämlich im Ungarnkrieg

ante eum laetatus est. [Nam ipsi bello Ungarico aberant, Sclavanico certamini reservati.]

50 Igitur, ut supra retulimus, cum deficeret in ratione reddenda contra suum patruum Wichmannus, intra palatium custoditur. Cum vero rex in Boioariam proficisci vellet, simulata infirmitate ipse iter negavit; unde monitus ab imperatore, quia destitutus a patre et matre loco filiorum eum assumpserit liberaliterque educaverit, honore paterno promoverit, rogatque, ne ei molestiam inferret, cum alia plura gravaretur. Ad haec nichil utile audiens imperator discessit, [130] commendato eo Iboni comiti. Aliquantis diebus cum eo degens, petit post haec venandi gratia silvam ire liceret. Ibi absconditos socios secum sumens perrexit in patriam et, occupatis aliquibus urbibus, iuncto sibi Ecberhto arma sumit contra imperatorem. Industria autem ducis Herimanni facile eos obpressit trans Albiamque coegit. Illi cum se sensissent duci resistere non posse, sociaverunt sibi duos subregulos barbarorum, Saxonibus iam olim infestos, Naconem et fratrem eius.

51 Ductus exercitus a duce, reperti sunt in urbe quae dicitur Suithleiscranne. Et pene erat, ut cum urbe cape-[131]rentur, nisi clamore cuiusdam citarentur et ad arma prosilirent; caesis tamen ante portam urbis ad quadraginta armatis caesorumque spoliis potitus, dux Herimannus discedit.

nicht mit dabei, sie wurden für den Kampf gegen die Slawen zurückgehalten.

50 Es befand sich also, wie wir oben berichteten, Wichmann, da er sich gegenüber seinem Onkel nicht rechtfertigen konnte, in der Pfalz in Haft. Da der König aber nach Bayern ziehen wollte, schützte er eine Krankheit vor und weigerte sich, mitzuziehen; deshalb wurde er vom Kaiser daran erinnert, dass er ihn, den Vater- und Mutterlosen, an Sohnes statt angenommen und bestens erzogen, mit der väterlichen Würde bekleidet habe, und bat ihn, ihm doch nicht zur Last zu fallen, wo ihn schon so viele andere Sorgen bedrückten. Als hierauf der Kaiser nichts Brauchbares zur Antwort erhielt, zog er weg und stellte ihn unter die Aufsicht des Grafen Ibo. Einige Tage brachte Wichmann bei diesem zu, danach bat er ihn um die Erlaubnis, in den Wald jagen zu gehen. Er verband sich mit seinen Kumpanen, die sich dort versteckt hatten, und zog in die Heimat, wo er sich, nachdem er einige Burgen besetzt hatte, mit Ekbert zusammentat und die Waffen gegen den Kaiser erhob. Aber die Tatkraft Herzog Hermanns warf sie leicht nieder und drängte sie über die Elbe. Da sie nun merkten, dass sie dem Herzog nicht widerstehen könnten, verbanden sie sich mit zwei den Sachsen schon längst feindlich gesinnten Kleinkönigen der Barbaren, mit Naco und seinem Bruder.[14]

51 Der Herzog führte ein Heer gegen sie, und man fand sie in der Burg, die Suitleiscranne genannt wird. Und fast geschah es, dass sie samt der Burg dem Herzog in die Hände gefallen wären, wenn sie nicht jemand durch Geschrei gewarnt und zu den Waffen gerufen hätte; trotzdem tötete Herzog Hermann vor dem Burgtor vierzig Bewaffnete und zog mit den erbeuteten Rüstungen der Gefallenen ab. Es

Erant autem qui eum adiuvarent Heinricus preses cum fratre Sigifrido, viri eminentes et fortes, domi militiaque optimi. Facta sunt autem haec initio quadragesimalis ieiunii.

52 Barbari vero post proximum pascha irruunt in regionem, ducem habentes Wichmannum ad facinus tantum, non ad imperium. Nullam moram agens sed et ipse dux Herimannus cum presidio militari adest; vidensque exercitum hostium gravem sibique parvas admodum belli copias affore civili bello urgente, arbitratus est consultius differre certamen in dubiis rebus constitutis, multitudinique imperare, quae maxima in unam urbem confluxerat, dum caeteris diffiderent, quoquo pacto possent, pacem expostularent. Quod tamen consilium milites aegre valde tulerunt, et maxime Sigifridus, qui erat bellator acerrimus. Faciunt tamen cives Cocarescemiorum, ut dux imperarat, pacemque eo pacto obtinent, [132] quo liberi cum uxoribus et natis supra murum inermes ascenderent, conditione servili et omni suppellectili in medio urbis hostibus relicta. Cum intra urbem irruerent barbari, quidam illorum suum mancipium agnoscit in cuiusdam liberti uxore; quam cum rapere de manu viri niteretur, ictum pugne accipit, irritumque pactum ex parte Saxonum proclamitat. Unde fit, ut omnes ad caedem verterentur nullumque relinquerent, sed omnes perfectae aetatis neci darent, matres cum natis captivos ducerent.

halfen ihm aber auf diesem Zug Markgraf Heinrich mit seinem Bruder Siegfried, dazu vornehme und tapfere Männer, zu Hause wie im Feld ausgezeichnet.

52 Die Barbaren aber fielen nach dem nächsten Osterfest in das Land ein; als Anführer hatten sie Wichmann, freilich nur zu diesem Raubzug, nicht als ihren Fürsten. Aber auch Herzog Hermann zögerte keinen Augenblick, sondern war unverzüglich mit kriegerischer Unterstützung zur Stelle; als er indes sah, dass das feindliche Heer stark war, während seine eigene Streitmacht wegen des damals noch andauernden Bürgerkriegs nur gering sein würde, hielt er es für geratener, die Entscheidung bei dem zweifelhaften Stand der Dinge zu verschieben und der Menge, die in großer Zahl in einer Burg zusammengeströmt war, weil sie den Übrigen nicht trauten, zu befehlen, sich, zu welchen Bedingungen auch immer, um Frieden zu bemühen. Diesen Beschluss nahmen die Krieger jedoch sehr übel auf, und besonders Siegfried, der ein überaus tapferer Kriegsmann war. Trotzdem taten die Cocarescemier, wie der Herzog befohlen hatte, und erhielten unter der Bedingung Frieden, dass die Freien mit Frauen und Kindern unbewaffnet auf die Mauer hinaufsteigen, alle Knechte aber mit dem ganzen Hausrat in der Mitte der Burg den Feinden überlassen werden sollten. Als die Barbaren nun in die Burg stürmten, erkannte einer von ihnen seine Magd in der Frau eines Freigelassenen; und als er diese der Hand ihres Mannes zu entreißen versuchte, erhielt er einen Faustschlag und schrie, der Vertrag sei vonseiten der Sachsen gebrochen worden. Daher kam es, dass alle sich ans Morden machten und keinen übrig ließen, sondern alle Volljährigen töteten, die Mütter aber samt den Kindern gefangen wegführten.

53 Quod scelus imperator ulcisci gestiens, victoria iam de Ungariis patrata, regiones barbarorum hostiliter intravit. Consultum de Saxonibus, qui cum Sclavis conspiraverant, iudicatum est Wichmannum et Ecberhtum pro hostibus publicis habere oportere, caeteris vero parcere, siquidem remeare voluissent ad suos. Aderat et legatio barbarorum tributa socios ex more velle persolvere nuntians, caeterum dominationem regionis velle tenere; hoc pacto pacem velle, alioquin pro libertate armis certare. Imperator ad haec respondit: pacem quidem eis nequaquam negare, sed omnimodis dare non posse, nisi iniuriam perpetratam digno honore ac emendatione purgarent. Omniaque vastando et incendendo per illas regiones duxit exercitum, donec tandem castris positis super Raxam fluvium ad transmeandum paludibus [133] difficillimum ab hostibus circumfunditur. A tergo namque [via] arborum robore obstruitur, eademque armatorum manu vallatur. Ex adverso fluvius fluvioque contigua palus et cum ingenti exercitu Sclavus bellatores et ab opere et ab itinere prohibens. Vexatur autem et aliis incommodis exercitus, morbo pariter ac fame. Dum talia agerentur per plures dies, mittitur ad principem barbarorum, qui dicebatur Stoinef, Gero comes, quatinus

53 Mit dem Wunsch, dieses Verbrechen zu rächen, betrat er [Kaiser Otto], nachdem er bereits den Sieg über die Ungarn davongetragen hatte, in feindlicher Absicht das Land der Barbaren. Man beriet über die Sachsen, die sich mit den Slawen verschworen hatten, und das Urteil lautete, dass Wichmann und Ekbert als Landesfeinde anzusehen, die Übrigen aber zu schonen seien, falls sie zu ihren Leuten zurückkehren wollten. Es erschien auch eine Gesandtschaft der Barbaren mit der Botschaft, die Bundesgenossen wollten ihren Zins wie üblich entrichten, im Übrigen aber die Herrschaft über ihr Gebiet behalten; unter dieser Bedingung wollten sie Frieden, andernfalls würden sie für ihre Freiheit mit den Waffen kämpfen. Der Kaiser erwiderte darauf: Er verweigere ihnen zwar keineswegs den Frieden, aber er könne ihnen überhaupt nichts gewähren, wenn sie das begangene Unrecht nicht durch angemessene Ehrenbezeigung und Wiedergutmachung sühnten. Und so führte er sein Heer, wobei er alles verwüstete und brandschatzte, durch jene Gebiete, bis er schließlich an dem Fluss Raxa, der wegen der Sümpfe schwierig zu überschreiten ist, ein Lager aufschlug und von den Feinden umringt wurde. In seinem Rücken wurde der Weg nämlich durch einen Verhau aus Baumstämmen versperrt und mit einer Handvoll Bewaffneter besetzt. Vorne waren der Fluss und ein sich an den Fluss anschließender Sumpf sowie der Slawe mit einem gewaltigen Heer, die die Krieger an ihrem Handwerk bzw. Marsch hinderten. Aber auch unter anderen Nöten litt das Heer, an Krankheit genauso wie an Hunger. Als dies viele Tage lang so zuging, wurde zu dem Anführer der Barbaren, Stoinef mit Namen, Graf Gero geschickt, auf dass sich jener dem Kaiser ergäbe: Er werde ihn

imperatori se dedat: amicum per id adepturum, non hostem experturum.

54 Erant quippe in Gerone multae artes bonae, bellandi peritia, in rebus civilibus bona consilia, satis eloquentiae, multum scientiae, et qui prudentiam suam opere ostenderet quam ore; in adquirendo strennuitas, in dando largitas et, quod optimum erat, ad cultum divinum bonum studium. Igitur preses super paludem et flumen, cui palus adiacens erat, barbarum salutabat. Cui Sclavus aequalia respondit. Ad quem preses: ›Satis tibi esset, si bellum gereres contra unum nostrum de servis domini mei, et non etiam contra dominum meum regem. Quis tibi exercitus, quae arma, ut talia presumas? Si aliqua vobis virtus adsit, si artes, si audatia, date nobis locum ad vos transeundi, sive nos vobis huc veniendi, et aequato loco fortitudo appareat pugnatoris.‹ [134] Sclavus barbarico more frendens et multa convicia evomens irrisit Geronem imperatoremque et omnem exercitum, sciens eum multis molestiis aggravatum. Gero ad haec commotus, ut erat animi ardentissimi: ›Crastinus‹, inquit, ›dies declarabit, tu et populus tuus fortes viribus sitis an non. Cras enim nos vobiscum congredientes procul dubio videbitis.‹ Gero denique, olim licet multis gestis insigniis clarus haberetur, iam tamen magnus ac celebris ubique predicabatur, eo quod Sclavos qui dicuntur Uchri cum

dadurch zum Freund bekommen und ihn nicht als Feind kennenlernen.

54 Natürlich steckten in Gero viele gute Eigenschaften, Kriegserfahrung, Sachverstand in öffentlichen Angelegenheiten, einige Beredsamkeit und hohes Wissen; er war einer, der seine Klugheit lieber durch die Tat als mit dem Mund bewies. Beim Erwerben zeigte er Tatkraft, im Schenken Freigebigkeit und, was das Beste war, erklecklichen Eifer für den Gottesdienst. Der Markgraf also begrüßte über Sumpf und Fluss, der an den Sumpf anstieß, hinweg den Barbaren; und der Slawe erwiderte in ähnlicher Weise. Der Markgraf sagte ihm: »Es würde dir eigentlich reichen, wenn du gegen einen der Unsrigen von den Dienern meines Herrn Krieg führtest und nicht auch noch gegen meinen Herrn, den König. Was hast du für ein Heer, was für Waffen, dass du so etwas wagst? Wenn ihr etwas Tapferkeit habt, Geschicklichkeit und etwas Mumm, dann lasst uns zu euch hinüberkommen, oder wir lassen euch zu uns herüberkommen, und an ein und demselben Ort dürfte sich die Tapferkeit des Kriegers dann zeigen.« Der Slawe knirschte nach Barbarenart mit den Zähnen und spie zahlreiche Unflätigkeiten aus; so verspottete er Gero und den Kaiser sowie das ganze Heer, da er wusste, dass es von vielen Schwierigkeiten bedrängt war. Gero, der darüber in Wut geriet, wie er überhaupt sehr heißblütig war, sagte: »Der morgige Tag wird offenbaren, ob ihr, du und dein Volk, stark seid oder nicht. Morgen nämlich werdet ihr uns ohne Zweifel mit euch zusammenstoßen sehen.« Gero aber, wenn auch längst aufgrund vieler prächtiger Taten berühmt, wurde damals gerade überall außerordentlich gepriesen, weil er die Slawen, die Ukrer genannt werden, so

magna gloria cepisset. Gero reversus in castra retulit quae audierat. Imperator vero de nocte consurgens iubet sagittis et aliis machinis ad pugnam provocare, et quasi vi flumen paludemque transcendere velle. Sclavi autem hesterna comminatione nichil aliud arbitrati ad pugnam pariter conspiravere, iter totis viribus defendentes. At Gero cum amicis Rúanis miliario ferme uno a castris descendens hoste ignorante tres pontes celeriter construxit et misso nuntio ad imperatorem totum exercitum revocavit. Quo viso barbari et ipsi obviare legionibus contendunt. Pedites barbarorum dum longiorem viam currunt et certamen ineunt, fatigatione dissoluti militibus citius cedunt; nec mora, dum fugae presidium quaerunt, obtruncantur.

55 Stoinef autem colle eminenti cum equitibus eventum rei expectabat. Socios inire fugam cernens fugit et ipse, lucoque quodam cum duobus satellitibus repertus a viro militari, cuius vocabulum erat Hosed, certamine fatigatus [135] armisque nudatus capite caesus est. Satellitum alius vivus captus imperatorique cum capite et spoliis reguli ab eodem milite presentatus est. Ex hoc Hosed clarus et insignis habitus. Merces tam famosi gesti donativum imperiale cum reditu viginti mansuum. Eo die castra hostium invasa, et multi mortales interfecti vel capti, caedesque in multam

rühmlich überwunden hatte. Gero kehrte also in das Lager zurück und berichtete, was er gehört hatte. Der Kaiser aber stand vor Tagesanbruch auf und gab Befehl, mit Pfeilen und anderen Geschossen zum Kampf zu provozieren und eine Überquerung des Flusses wie des Sumpfes vorzutäuschen. Die Slawen aber, die nach der gestrigen Drohung nichts anderes vermuteten, waren gleichzeitig zum Kampf bereit und verteidigten den Übergang mit allen Kräften. Doch Gero zog mit befreundeten Rugiern etwa eine Meile vom Lager abwärts und schlug in aller Eile, ohne dass der Feind es merkte, drei Brücken; dann schickte er einen Boten an den Kaiser und rief das ganze Heer herbei. Als die Barbaren das sahen, beeilten sie sich selbst, um sich den Legionen entgegenzustellen. Das Fußvolk der Barbaren legte derweil aber einen längeren Weg zurück, bis es in den Kampf ging, und wich bald erschöpft vor den Kriegern zurück; ohne Zögern wurden sie nun, da sie in der Flucht Schutz suchten, niedergemacht.

55 Stoinef indes erwartete auf einem hoch aufragenden Hügel mit seinen Reitern den Ausgang der Schlacht. Als er seine Gefährten zur Flucht ansetzen sah, floh er selbst auch; in einem Hain wurde er mit zwei Begleitern von einem Kriegsmann, den man Hosed nannte, entdeckt, im Kampf zermürbt, der Waffen entledigt und enthauptet. Einer der Begleiter wurde lebend festgenommen und mitsamt dem Kopf und der Rüstung des Kleinkönigs von jenem Krieger dem Kaiser vorgeführt. Das trug Hosed Ruhm und Auszeichnungen ein. Der Lohn für die so herrliche Tat war eine kaiserliche Schenkung mit den Einkünften aus zwanzig Hufen. An diesem Tag auch wurde das Lager der Feinde gestürmt, und viele Sterbliche wurden getötet oder gefangen

noctem protrahebatur. Postera luce caput sub reguli in campo positum, circaque illud septingenti captivorum capite caesi, eiusque consiliarius oculis erutis lingua est privatus in medioque cadaverum inutilis relictus. Wichmannus vero et Ecberhtus scelerum conscii in Galliam profecti, ad Hugonem ducem fuga elapsi sunt.

56 Crebris victoriis imperator gloriosus factus atque famosus multorum regum ac gentium timorem pariter et favorem promeruit. Unde plurimos legatos suscipit, Romanorum scilicet et Graecorum Sarracenorumque, per eosque diversi generis munera, vasa aurea et argentea, aerea quoque et mira varietate operis distincta, vitrea vasa, eburnea etiam et omni genere modificata stramenta, balsamum et totius generis pigmenta, animalia Saxonibus antea invisa, leones et camelos, simias et strutiones; omniumque circumquaque Christianorum in illo res atque spes sitae.

57 Liudulfus autem filius imperatoris, cum fidem vult servare amicis, patria cessit Italiamque cum eis adiit; quo agente annum fere totum, diem extremum obiit, toto Francorum imperio relinquens suo vulnere vulnus durum. Funus autem eius a militibus debito honore curatum, et ab Italia Mogontiae corpus translatum, in basilica Albani martyris sepultum est cum luctu et planctu multorum popu- [136]
lorum. Reliquit post se filium patris vocabulo insignitum.

genommen, und das Morden hielt an bis tief in die Nacht. Am nächsten Morgen wurde der Kopf des Kleinkönigs auf dem Feld ausgestellt, und um diesen herum wurden siebenhundert Gefangene enthauptet; Stoinefs Berater wurden die Augen ausgestochen und die Zunge abgeschnitten, dann ließ man ihn hilflos mitten unter den Leichnamen zurück. Wichmann jedoch und Ekbert setzten sich schuldbewusst nach Gallien ab und entwischten auf der Flucht zu Herzog Hugo.

56 Durch die häufigen Siege berühmt geworden und angesehen, hat der Kaiser bei vielen Königen und Völkern Furcht wie Entgegenkommen hervorgerufen. So empfing er zahlreiche Gesandte, nämlich von den Römern, den Griechen und den Sarazenen, und durch diese Geschenke aller Art, Gefäße aus Gold und Silber, auch eherne und kunstvoll gearbeitete von wunderbarer Vielfältigkeit, Gefäße aus Glas, auch aus Elfenbein und alle möglichen Arten von Teppichen, Balsam und Gewürze jeder Sorte, Tiere, die die Sachsen zuvor nie gesehen hatten, Löwen und Kamele, Affen und Strauße; und die ganze Christenheit ringsumher schaute und hoffte auf ihn.

57 Liudolf aber, der Sohn des Kaisers, verließ sein Vaterland, weil er seinen Freunden treu bleiben wollte, und ging mit ihnen nach Italien; dort brachte er beinahe ein ganzes Jahr zu, starb schließlich[15] und fügte dem ganzen Frankenreich durch seinen Verlust eine schwere Wunde zu. Seine Bestattung aber wurde von den Kriegern mit gebührender Ehre vorgenommen, und sein Leichnam wurde von Italien nach Mainz überführt und in der Basilika des Märtyrers Albanus begraben unter dem Klagen und Trauern vieler Leute. Er hinterließ einen Sohn, der den Namen des Vaters trug.

58 Litterae autem obitus eius allatae sunt imperatori, cum esset in militia, qua militavit contra Redarios; quapropter satis plurimum lacrimarum pro filii interitu fudit; de caetero, qui adhuc ordinavit imperium suum, rectori omnium Deo fideliter commisit.

59 Eodem tempore Wichmannus sciens Saxoniam bellatoribus vacuam, a Gallia profectus Saxoniam occulte intravit, domum coniugemque revisit, inde se iterum alienigenis inmersit. Ecberhtus vero interventu magni pontificis Brunonis in gratiam recipitur.

60 Ductus exercitus contra Wichmannum tertia vice vix obtinuit, ut in fide Geronis filiique sui susciperetur, ipsique apud imperatorem obtinerent, quo patria coniugisque patrimonio cum gratia imperiali frueretur. Iniussus sacramentum terribile dedit se contra imperatorem imperatorisque regnum numquam aliquid inique consilio aut actu facturum. Ita fide data in pace est dimissus et bonis promissionibus ab imperatore erectus.

61 Peracta caede barbarorum eo anno prodigiosae res apparuere, notae scilicet crucis in vestimentis plurimorum. Quibus visis plurimi salubri timore perculsi adversa [137] formidabant, idemque vitia multa ex parte emendaverunt. Fuerunt et qui lepras vestium interpretarentur, eo quod subsequens lepra multos mortales corrumperet. Sapientio-

58 Der Brief aber von seinem Tod wurde dem Kaiser überbracht, als er sich auf dem Kriegszug befand, auf dem er die Redarier bekämpfte. Viele, viele Tränen vergoss er über das Ende seines Sohns; im Übrigen vertraute er sich zuversichtlich Gott an, dem Lenker aller Dinge, der bisher sein Reich in Ordnung gehalten hat.

59 Zu dieser Zeit zog Wichmann, der Sachsen leer von Kriegern wusste, aus Gallien weg, kam heimlich nach Sachsen herein, schaute wieder nach seinem Haus und seiner Frau und tauchte von hier erneut in der Fremde unter. Ekbert aber wurde auf Fürsprache des mächtigen Bischofs Brun in Gnaden aufgenommen.

60 Als zum dritten Mal ein Heer gegen Wichmann geführt wurde, erreichte er gerade noch, dass Gero und sein Sohn für ihn bürgten und beim Kaiser bewirkten, dass er von seiner Heimat und dem Erbgut seiner Frau aufgrund kaiserlichen Großmutes wieder Gebrauch machen konnte. Aus freien Stücken leistete er den schaudererregenden Eid, dass er niemals mehr, weder durch Rat noch durch Tat, etwas Ungerechtes gegen den Kaiser oder des Kaisers Reich unternehmen werde. Nachdem er somit Treue geschworen hatte, wurde er in Frieden entlassen und mit gutklingenden Zusagen vom Kaiser aufgerichtet.

61 Nachdem das Schlachten unter den Barbaren ein Ende hatte, erschienen in diesem Jahr seltsame Dinge, so etwa Kreuzzeichen an den Kleidern sehr vieler Leute. Bei ihrem Anblick wurden die meisten von heilsamer Furcht gepackt; sie befürchteten Unheil und taten so großenteils für ihre Sünden Buße. Es gab auch welche, die es für einen Krankheitsbefall der Kleider hielten, weil ein anschließender Aussatz viele Sterbliche dahingerafft hat. Die Klügeren aber

res autem signum crucis salutem victoriamque prefigurasse predicabant, quibus et nos fidelem assensum prebemus.

62 Eo tempore imperator et ipse aegrotare coepit, sed meritis sanctorum, quibus fidele iugiter obsequium prebet, maximeque patrocinio incliti martyris Viti, cui aperuit os suum, de infirmitate convalescit et mundo ut sol lucidissimus post tenebras ad omnem decorem et delicias condonatur.

63 Rebus igitur rite compositis per omnem Franciam Saxoniamque et vicinos circumquaque gentes, Romam statuens proficisci, Longobardiam perrexit. Ergo qualiter regem Longobardorum Bernharium, duobus annis obsessum, cum coniuge et filiis captum in exilium destinaverit, Romanos duobus preliis vicerit Romamque expugnaverit, duces [138] Beneventorum subiecerit, Graecos in Calabria Apuliaque superaverit, terra Saxonia venas argenti aperuerit, imperiumque cum filio quam magnifice dilataverit, nostrae tenuitatis non est edicere, sed, ut initio historiae predixi, in tantum fideli devotione elaborasse sufficiat. Caeterum erga [139] tuam claritatem serenitatemque, quam patris fratrisque celsitudo patriae ad omnem honorem nobisque ad solatium reliquit, magna devotio opus humile magnificet.

At finis civilis belli terminus sit libelli.

verkündeten, dass das Kreuzzeichen Wohlergehen und Sieg bedeutet habe, und diesen stimmen auch wir getreulich zu.

62 Zu dieser Zeit erkrankte auch der Kaiser selbst, aber durch den Einfluss der Heiligen, denen er stets treuen Gehorsam erweist, und in erster Linie durch den Schutz des berühmten Märtyrers Vitus, dem er seinen Mund öffnete,[16] genas er von seiner Krankheit und wurde der Welt wie die strahlendste Sonne nach der Finsternis allemal zur Zier und Freude wiedergeschenkt.

63 Nachdem die Dinge in gewohnter Manier in ganz Franken und Sachsen sowie bei den benachbarten Völkern ringsumher in Ordnung gebracht waren, beschloss er, nach Rom zu ziehen, und brach ins Langobardische auf. Also, wie er den Langobardenkönig Berengar, nachdem er ihn zwei Jahre lang belagert hatte, samt Frau und Töchtern gefangen genommen und in die Verbannung geschickt, die Römer in zwei Schlachten besiegt und Rom erobert hat, wie er die Herzöge der Beneventaner unterworfen, die Griechen in Kalabrien und Apulien überwunden, wie er in Sachsen die Silberadern erschlossen und wie großartig er das Reich mit seinem Sohn ausgedehnt hat, das zu erzählen vermögen wir nicht; es muss vielmehr, wie ich am Anfang dieser Geschichte gesagt habe, genügen, dass ich mich so weit in treuer Ergebenheit bemüht habe. Im Übrigen möge die große Ergebenheit gegenüber deiner Hoheit und Herrlichkeit, die die Hoheit von Vater und Bruder dem Vaterland ganz zur Ehre und uns zum Trost hinterlassen hat, dieses geringe Werk aufwerten.

Indes, an das Ende des Kriegs im Innern möge der Schluss des Büchleins erinnern.

64 Enimvero donatus patriae Wichmannus aequanimiter se continuit, donec imperatoris adventum speravit. Cum autem eius reversio differretur, ad aquilonales partes se contulit, quasi cum rege Danorum Haraldo bellum ab integro machinaturus. At ille mandavit ei, si ducem necasset vel alium quemlibet principum, nosset sine dolo eum sibi sociare velle, aliter rem fraudulenter agitasse non dubitaret. Interea ab emptore pretereunte latrocinia eius produntur, sociorumque aliqui comprehensi et tamquam contra publicam rem agentes a duce dampnati strangulo vitam perdiderunt. Ipse autem cum fratre vix evasit. [140]

65 Dani antiquitus erant Christiani, sed nichilominus idolis ritu gentili servientes. Contigit autem altercationem super cultura deorum fieri in quodam convivio rege presente, Danis affirmantibus Christum quidem esse deum, sed alios eo fore maiores deos, quippe qui potiora mortalibus signa et prodigia per se ostenderent. Contra haec clericus quidam, nunc vero religiosam vitam ducens episcopus nomine Poppa, unum verum deum patrem cum filio unigenito domino nostro Iesu Christo et spiritu sancto, simulacra vero daemonia esse et non deos testatus est. Haraldus autem rex, utpote qui velox traditur fore ad audiendum, tardus ad loquendum, interrogat, si hanc fidem per semet ipsum declarare velit. Ille incunctanter velle respondit. Rex vero custodire clericum usque in crastinum iubet. Mane facto ingentis pon-[141]deris ferrum igne succendi iubet,

64 Wichmann war wieder in seine Heimat zurückgekehrt und blieb ruhig, solange er mit der Ankunft des Kaisers rechnete. Als sich aber dessen Rückkehr verzögerte, begab sich Wichmann in die nördlichen Gebiete, um erneut Krieg mit dem Dänenkönig Harald[17] zu beginnen. Aber dieser ließ ihm melden, er glaube, wenn er den Herzog oder einen anderen Fürsten getötet hätte, dass er sich mit ihm ohne Hintergedanken verbünden wolle. Andernfalls zweifle er nicht, dass Wichmann die ganze Angelegenheit unehrlich betrieben habe. Inzwischen wurden seine Räubereien durch einen reisenden Kaufmann bekannt und einige seiner Gefährten ergriffen, die vom Herzog als Landesfeinde verdammt wurden und ihr Leben durch den Strang verloren. Er selbst entkam gemeinsam mit seinem Bruder nur mit knapper Not.

65 Von alters her waren die Dänen Christen, dienten aber trotzdem den Götzen mit heidnischem Ritus. Einmal brach bei einem Gastmahl unter Anwesenheit des Königs ein Streit über die Verehrung der Götter aus, bei dem die Dänen zwar versicherten, Christus sei ein Gott, aber es müsste noch größere Götter geben, die sich den Sterblichen durch machtvollere Zeichen und Wunder kundtäten. Dagegen bezeugte ein Geistlicher namens Poppa, der jetzt als Bischof ein frommes Leben führt, es gebe nur einen wahren Gott, den Vater mit dem eingeborenen Sohn, unserem Herrn Jesus Christus, und dem Heiligen Geist, die Götzen aber seien Dämonen und keine Götter. König Harald, der angeblich eifrig zuhörte und langsam sprach, fragte ihn, ob er diesen Glauben durch seine eigene Person bezeugen wolle. Ohne Zögern erklärte sich Poppa bereit. Der König befahl, den Geistlichen bis zum nächsten Tag zu bewachen. Am Morgen ließ er eine schwere Eisenmasse mit Feuer erhitzen und be-

clericumque ob fidem catholicam candens ferrum portare iussit. Confessor Christi indubitanter ferrum rapit tamdiuque deportat, quo ipse rex decernit. Manum incolumem cunctis ostendit, fidem catholicam omnibus probabilem reddit. Ad haec rex conversus Christum deum solum colendum decrevit, idola respuenda subiectis gentibus imperat, Dei sacerdotibus et ministris honorem debitum deinde prestitit. Sed et haec virtutibus merito patris tui adscribuntur, cuius industria in illis regionibus ecclesiae sacerdotumque ordines in tantum fulsere.

66 Gero igitur comes non inmemor iuramenti, cum Wichmannum accusari vidisset reumque cognovisset, barbaris, a quibus eum assumpsit, restituit. Ab eis libenter susceptus longius degentes barbaros crebris preliis contrivit. Misacam regem, cuius potestatis erant Sclavi qui dicuntur Licicaviki, duabus vicibus superavit fratremque ipsius interfecit, predam magnam ab eo extorsit.

67 Eo quoque tempore Gero preses Sclavos qui dicuntur Lusiki potentissime vicit et ad ultimam servi-[142]tutem coegit, non sine sui tamen gravi vulnere nepotisque optimi viri casu, caeterorum quoque quam plurimorum nobilium virorum.

68 Erant duo subreguli Herimanno duci, inimicitiae a patribus vicariae relicti; alter vocabatur Selibur, alter Mistav. Selibur preerat Waaris, Mistav Abdritis. Dum invicem quam saepe accusantur, victus tandem ratione Selibur con-

fahl dem Geistlichen, das glühende Eisen für den katholischen Glauben zu tragen. Ohne zu zögern, ergriff der Bekenner Christi das Eisen und trug es so lange, wie es der König bestimmte. Allen zeigte er dann die unverletzte Hand und bewies ihnen die Wahrhaftigkeit des katholischen Glaubens. Daraufhin bekehrte sich der König, beschloss, Christus als einzigen Gott zu verehren, befahl den ihm untergebenen Völkern, ihre Götzen zu verwerfen, und erwies fortan den Priestern und Dienern Gottes die schuldige Ehre. Aber auch das wird zu Recht den Tugenden deines Vaters zugeschrieben, durch dessen Anstrengung die Kirchen und der Priesterstand in jenen Gebieten so sehr gedeihen.

66 Markgraf Gero dachte nun an jenen Schwur und gab Wichmann, als er ihn angeklagt sah und ihn als schuldig erkannt hatte, den Barbaren wieder zurück, von denen er ihn erhalten hatte. Von diesen wurde er freudig aufgenommen und bedrängte die weiter entfernt wohnenden Barbaren in häufigen Kämpfen. Den König Mieszko, unter dessen Gewalt die Licicawiki genannten Slawen standen, besiegte er zweimal, tötete seinen Bruder und erzwang von ihm reiche Beute.

67 Damals besiegte Markgraf Gero mit gewaltiger Kraft die Lusiki genannten Slawen[18] und zwang sie in eine totale Knechtschaft, aber nicht ohne eigene schwere Verletzung und Verlust seines Neffen, eines hervorragenden Mannes, und vieler anderer Adliger.

68 Dem Herzog Hermann waren zwei Kleinkönige unterstellt, die von ihren Vätern gegenseitige Feindschaft geerbt hatten; der eine hieß Selibur, der andere Mistav. Selibur beherrschte die Wagrier, Mistav die Abodriten. Da sie sich gegenseitig häufig anklagten, wurde Selibur schließlich

dempnatus est quindecim talentis argenti a duce. Eam dampnationem graviter ferens arma sumere contra ducem cogitavit. Sed cum ei belli copiae non sufficerent, missa legatione postulat presidium ab Wichmanno contra ducem. Ille nichil iocundius ducens, quam aliquam molestiam inferre posset patruo, cito cum sociis adest Sclavo. Ut autem suscipitur in urbem Wichmannus, statim urbs obsidione vallatur ab inimico. Ductus quoque exercitus a duce urbem obsedit. Interim, casu nescio an prudenti consilio, Wichmannus cum paucis urbem est egressus, quasi ad extra-[143]henda sibi de Danis auxilia. Pauci dies intererant, dum victus bellatoribus et pabulum iumentis defecerat. Fuerunt etiam qui dicerent Sclavum speciem quidem belli gessisse, non verum bellum. Incredibile omnimodis fore hominem a puero bellis assuetum bellicas res tam male preparatas habuisse; sed id consilii machinatum ducem, ut quoquo pacto posset nepotem vinceret, ut saltem in patria salutem recuperaret, quam inter paganos penitus perdidisset. Fame itaque urbani ac foetore pecorum aggravati urbe egredi sunt coacti. Dux Sclavum austerius alloquens de perfidia et nequam eius actibus arguit, hocque ab eo responsi accepit: ›Quid me‹, inquit, ›de perfidia arguis? Ecce, quos nec tu nec dominus tuus imperator vincere potuistis, mea perfidia inermes assistunt.‹ Ad haec dux conticuit, eum suae ditionis

vom Herzog bei einer Untersuchung zur Buße von fünfzehn Pfund Silber verurteilt. Über diese Verurteilung verärgert, wollte er die Waffen gegen den Herzog erheben. Da ihm aber die Streitkräfte nicht ausreichten, schickte er eine Gesandtschaft und forderte von Wichmann Hilfe gegen den Herzog. Der konnte sich nichts Schöneres denken, als seinem Onkel irgendeinen Schaden anzurichten, und kam mit seinen Gefährten schnell dem Slawen zu Hilfe. Kaum war Wichmann in der Burg aufgenommen, wurde diese sofort vom Feind umzingelt und belagert. Auch ein vom Herzog herangeführtes Heer belagerte die Burg. Unterdessen verließ Wichmann mit einigen wenigen Männern die Burg – ob durch Zufall oder Vorsicht weiß ich nicht –, als wollte er von den Dänen Hilfe holen. Wenige Tage vergingen, bis den Kriegern die Nahrung und den Tieren das Futter ausging. Auch meinten einige, der Slawe habe nur einen Scheinkrieg geführt, nicht einen wahren Krieg. Es sei völlig undenkbar, dass ein von Kindheit an Krieg gewöhnter Mann die Kriegführung so schlecht vorbereitet habe; der Herzog habe sich diesen Plan ausgedacht, um seinen Neffen irgendwie zu besiegen, damit er wenigstens in der Heimat das Ansehen zurückgewinne, das er unter den Heiden völlig verloren hatte. So wurde die Burgbesatzung durch Hunger und Viehgestank zum Verlassen der Burg gezwungen. Der Herzog sprach den Slawen wegen der Treulosigkeit recht streng an und warf ihm seine Handlungen vor. Darauf erhielt er von ihm diese Antwort: »Was wirfst du mir meine Treulosigkeit vor? Schau, durch meine Treulosigkeit stehen diejenigen vor dir, die weder du noch dein Herr, der Kaiser, besiegen konnten.« Darauf schwieg der Herzog, nahm ihm das unter seiner Herrschaft stehende

regione privans, filio ipsius, quem antea obsidem accepit, omni ipsius potestate tradita. Milites Wichmanni variis poenis afflixit, urbis predam suis militibus donavit, simulacro Saturni ex aere fuso, quod ibi inter alia urbis spolia repperit, magnum spectaculum populo prebuit victorque in patriam remeavit.

69 Audiens autem Wichmannus urbem captam sociosque afflictos ad orientem versus iterum se paganis inmersit, egitque cum Sclavis qui dicuntur Vuloini, quo-[144]modo Misacam amicum imperatoris bello lascesserent; quod eum minime latuit. Qui misit ad Bolizlavum regem Boemiorum – gener enim ipsius erat – accepitque ab eo equitum duas acies. Cumque contra eum Wichmannus duxisset exercitum, pedites primum ei inmisit. Cumque ex iussu ducis paulatim coram Wichmanno fugerent, a castris longius protrahitur, equitibus a tergo inmissis, signo fugientes ad reversionem hostium monet. Cum ex adverso et post tergum premeretur, Wichmannus fugam inire temptavit. A sociis igitur arguitur sceleris, quia ipse eos ad pugnam instigaverit fidensque equo, cum necesse fuerit, fugam facile inierit. Coactus itaque equo cessit, pedestris cum sociis certamen [145] iniit, eoque die viriliter pugnans armis defenditur. Ieiunio autem et longiori via, qua per totam noctem armatus incessit, mane cum paucis admodum aream

Gebiet weg und übergab es mit aller Herrschaftsgewalt dessen Sohn, den er früher als Geisel bekommen hatte. Über die Krieger Wichmanns verhängte er verschiedene Strafen, gab die Beute der Burg seinen Kriegern, bereitete dem Volk mit der aus Erz gegossenen Figur des Saturn, die man hier unter anderen Beutestücken der Burg fand, ein großes Schauspiel und kehrte als Sieger in die Heimat zurück.

69 Als aber Wichmann hörte, die Burg sei erobert und seine Gefährten gefangen genommen, wandte er sich erneut nach Osten und reiste zu den Heiden, beriet sich mit den Slawen, die Vuloini[19] heißen, als sie Mieszko, der Freund des Kaisers, bekriegen wollte, was diesem aber nicht verborgen blieb. Er schickte zum Böhmenkönig Boleslaw – denn dieser war sein Schwiegervater – und erhielt von ihm zwei Reiterabteilungen. Als nun Wichmann gegen ihn ein Heer führte, stellte dieser ihm zunächst Fußkrieger entgegen. Da sie vom Herzog den Befehl hatten, langsam vor Wichmann zurückzuweichen, wurde dieser von seinem Lager weggezogen; dann befahl er seinen Reitern den Angriff von hinten und gab den Zurückweichenden ein Zeichen, sich wieder den Feinden entgegenzustellen. Als Wichmann von vorne und von hinten bedrängt wurde, versuchte er zu fliehen. Von seinen Gefährten wurde er deswegen des Verrats beschuldigt, weil er sie zuerst zur Schlacht aufgestachelt habe, in der Not aber nur auf sein Pferd vertraue und sich schnell auf die Flucht mache. Gezwungenermaßen ließ er sein Pferd zurück und begann zu Fuß mit seinen Gefährten den Kampf; tapfer schlug er sich den ganzen Tag, von seiner Rüstung geschützt. Die ganze Nacht hindurch legte er bewaffnet und hungrig einen weiten Weg zurück, und ermattet kam er morgens mit wenigen Beglei-

cuiusdam iam fessus intravit. Optimates autem hostium cum eum repperissent, ex armis agnoscunt, quia vir eminens esset. Interrogatusque ab eis, quisnam esset, Wichmannum se fore professus est. At illi arma deponere exhortati sunt. Fidem deinde spondent salvum eum domino suo presentari hocque apud ipsum obtinere, quatinus incolumem imperatori restituat. Ille, licet in ultima necessitate sit constitutus, non inmemor pristinae nobilitatis ac virtutis, dedignatus est talibus manum dare, petit tamen, ut Misaco de eo adnuntient: illi velle arma deponere, illi manus dare. Dum ad Misacam ipsi pergunt, vulgus innumerabile eum circumdat eumque acriter inpugnat. Ipse autem, quamvis fessus, multis ex eis fusis, tandem gladium sumit et potiori hostium cum his verbis tradidit: ›Accipe‹, inquit, ›hunc gladium et defer domino tuo, quo pro signo victoriae illum teneat imperatorique amico transmittat, quo sciat aut hostem occisum irridere vel certe propinquum deflere.‹ Et his dictis conversus ad orientem, ut potuit, patria voce Dominum exoravit animamque multis miseriis et in commodis repletam pietati creatoris omnium effudit. Is finis Wichmanno, talisque omnibus fere, qui contra imperatorem arma sumpserunt [patrem tuum]. [146]

70 Imperator itaque acceptis armis Wichmanni de nece eius iam certus factus scripsit epistolam ad duces et prefectos Saxoniae in hunc modum:

›Oddo divino nutu imperator augustus Herimanno et

tern zu einem Gehöft. Als ihn die Führer der Feinde aber fanden, erkannten sie an seinen Waffen, dass er ein vornehmer Mann sei. Von ihnen nach seinem Namen gefragt, erklärte er, er sei Wichmann. Jene aber forderten ihn auf, seine Waffen abzulegen, und versicherten ihm dann, ihn unversehrt ihrem Herrn auszuliefern und diesen dazu zu gewinnen, dass er ihn unangetastet dem Kaiser zurückgebe. Obwohl sich Wichmann in höchster Not sah, vergaß er doch nicht seinen früheren Adel und seine Tapferkeit und weigerte sich, sich solchen Leuten zu ergeben, bat aber, sie sollten Mieszko von ihm melden: Vor ihm wolle er seine Waffen strecken, ihm wolle er sich ergeben. Während sie zu Mieszko eilten, umringte ihn eine riesige Menge und attackierte ihn heftig. Trotz seiner Erschöpfung tötete er viele von diesen, nahm schließlich sein Schwert und übergab es dem Vornehmsten der Feinde mit folgenden Worten: »Empfange dieses Schwert und überbringe es deinem Herrn, damit er es als Siegeszeichen nehme und es dem Kaiser, seinem Freund, schicke, auf dass dieser wisse, er könne einen toten Feind verlachen oder einen Verwandten beweinen.« Und nach diesen Worten wandte er sich nach Osten, betete, so gut er konnte, in seiner Muttersprache zu Gott und hauchte seine mit viel Elend und Jammer belastete Seele in die Barmherzigkeit des Schöpfers aller aus. Ein solches Ende fand Wichmann, und ähnlich ging es fast allen, die gegen den Kaiser (deinen Vater)[20] die Waffen erhoben.

70 Nachdem der Kaiser die Waffen Wichmanns erhalten und von seinem Tod sicher erfahren hatte, schrieb er den Herzögen und Befehlshabern Sachsens folgendermaßen einen Brief:[21]

»Otto, durch Gottes Willen erhabener Kaiser, übermit-

Thiadrico ducibus caeterisque publicae rei nostrae prefectis omnia amabilia. Deo volente salus omniaque prospera plane succedunt. Caeterum nuntii Constantinopolitani regis dignitate satis insignes nos adeunt, pacem, ut intelleximus, admodum quaerentes. Quoquo modo tamen res agatur, bello Deo volente nullo modo nos temptare audebunt. Apuliam et Calabriam [147] provincias, quas hactenus tenuere, nisi conveniamus, dabunt. Si vero voluntati nostrae paruerint, ut presenti aestate coniugem cum aequivoco nostro in Franciam dirigentes, per Fraxanetum ad destruendos Sarracenos Deo comite iter arripiemus, et sic ad vos, disponimus. Preterea volumus, ut, si Redares, sicut audivimus, tantam stragem passi sunt – scitis enim, quam saepe fidem fregerint, quas iniurias attulerint –, nullam vobiscum pacem habeant. Unde haec cum Herimanno duce ventilantes totis viribus instate, ut in destructione eorum finem operi inponatis. Ipsi, si necesse fuerit, ad eos ibimus. Filius noster in nativitate Domini coronam a beato apostolico in imperii dignitatem suscepit. Scripta XV. Kal. Febr. in Campania iuxta Capuam.‹

His litteris lectis in conventu populi in loco qui dicitur Werla coram principibus et frequentia plebis, visum est pacem [148] iam datam Redariis oportere stare, eo quod tunc bellum adversum Danos urgeret, et quia copiae minus sufficerent ad duo bella pariter conficienda.

telt den Herzögen Hermann und Thiadrich und den übrigen Befehlshabern unseres Lands alle guten Wünsche. Nach Gottes Willen steht es um unser Wohl und alle anderen Angelegenheiten sehr gut. Außerdem kommen sehr vornehme Gesandte des Königs von Konstantinopel zu uns und bitten, wie wir gehört haben, inständig um Frieden. Auf welche Art die Sache sich auch entwickeln mag, sie werden mit Gottes Willen uns niemals kriegerisch anzugreifen wagen. Die Provinzen Apulien und Kalabrien, die sie bisher besaßen, werden sie uns geben, wenn wir nicht einig werden. Falls sie aber unserem Wunsch gehorchen, werden wir in diesem Sommer unsere Gemahlin und unseren gleichnamigen Sohn nach Franken schicken und selbst, um die Sarazenen zu vertilgen, über Fraînet mit Gottes Geleit den Weg antreten und hoffen, dann zu euch zu kommen. Außerdem wollen wir, dass die Redarier, wenn sie, wie wir hörten, eine solche Niederlage erlitten haben, keinen Frieden von euch erhalten, denn ihr wisst, wie oft sie die Treue gebrochen und welches Unrecht sie begangen haben. Darum überlegt es mit Herzog Hermann und strengt euch mit allen Kräften an, durch ihre Vernichtung euer Werk zu vollenden. Falls nötig, werden wir selbst gegen sie ziehen. Unser Sohn hat an Weihnachten vom heiligen apostolischen Vater die Krone kaiserlicher Würde empfangen. Geschrieben am 18. Januar zu Capua in Kampanien.«

Als dieser Brief auf einer Volksversammlung in Werla vor den Fürsten und der Volksmenge vorgelesen worden war, hielt man es für nötig, den Frieden, der den Redariern schon gewährt war, weiterbestehen zu lassen, weil damals der Krieg gegen die Dänen drängte und die Streitkräfte nicht ausreichten, zwei Kriege gleichzeitig zu führen.

71 Graecorum itaque legatis imperator satis credens partem exercitus cum plerisque principalibus viris direxit ad condictum locum, quo eis secus sponsionem legatorum puella traderetur et cum honore filio adduceretur. Graeci vero ad artes paternas conversi – nam erant ab exordio fere mundi plurimarum gentium domini, et quos virtute nequibant, artibus superabant – subito super inprovisos et nichil adversi suspicantes irruunt, castra diripiunt, plures occidunt, plures capiunt, quos et Constantinopolim imperatori suo presentant. Qui vero effugere poterant, reversi ad imperatorem quae acta sunt nuntiabant.

72 At ille super his commotus ad hoc dedecus diluendum cum gravi manu viros eminentes, domesticis et externis rebus iam saepe claros factos, Guntharium et Sigi-[149]fridum mittit in Calabriam. Graeci autem preterita victoria elati et minus cauti ceciderunt in manus eorum; ex quibus innumera multitudine caesa, quos supererant capientes, obtruncatis navibus Novam Romam remeare permiserunt. Tributum in Calabria et Apulia a Graecis extorserunt, talique victoria illustres facti et spoliis hostium ditati ad imperatorem reversi sunt.

73 Populus autem Constantinopolitanus audiens a suis male pugnatum, consurrexerunt adversus imperatorem suum et machinatione coniugis propriae cuiusdam militis in-

71 Der Kaiser glaubte den griechischen Gesandten vollständig und schickte einen Teil des Heeres mit vielen vornehmen Männern zum verabredeten Platz, wo ihnen – der Versicherung der Gesandten gemäß – das Mädchen übergeben und seinem Sohn ehrenvoll zugeführt werden sollte. Aber die Griechen benutzten die Schliche ihrer Väter, denn fast seit der Erschaffung der Welt waren sie Herren der meisten Völker, und wo ihre Tapferkeit nicht genügte, hatten sie durch List gesiegt. Plötzlich stürzten sie über die unvorbereiteten und nichts Böses ahnenden Leute her, plünderten das Lager, töteten viele und nahmen viele gefangen, die sie ihrem Kaiser nach Konstantinopel schickten. Die aber fliehen konnten, kehrten zum Kaiser zurück und berichteten das Geschehene.

72 Darüber erbost, schickte der Kaiser, um diese Schande zu rächen, mit einem starken Heer zwei ausgezeichnete Männer, die sich in inneren und auswärtigen Auseinandersetzungen schon oft Ruhm erworben hatten, Gunther und Siegfried,[22] nach Kalabrien. Die Griechen aber, durch den vergangenen Sieg überheblich und sorglos, fielen in ihre Hände. Eine riesige Menge von ihnen wurde getötet, die Überlebenden nahmen sie gefangen und erlaubten ihnen, mit abgeschnittenen Nasen ins Neue Rom[23] zurückzukehren. In Kalabrien und Apulien erzwangen sie von den Griechen Tributzahlung; durch diesen Sieg berühmt geworden, kehrten sie mit der bei den Feinden gemachten Beute zum Kaiser zurück.

73 Als aber die Leute in Konstantinopel von der misslungenen Schlacht ihrer Truppen hörten, erhoben sie sich gegen ihren Kaiser, erschlugen ihn auf Betreiben seiner eigenen Gemahlin durch den Hinterhalt eines Kriegsmanns

sidiis occiderunt, locoque domini militem imperio designantes. Constitutus autem rex continuo captivos absolvit, puellam cum magno exercitu et claris muneribus ad [150] imperatorem destinavit. Quam ipse statim filio tradidit, celebratisque magnifice nuptiis omnem Italiam super hoc et Germaniam laetiores reddidit. Eo tempore, quo haec intra Italiam gerebantur, summus pontifex Wilhelmus, vir sapiens et prudens, pius et cunctis affabilis, a patre sibi commendatum regebat Francorum imperium.

74 Cuius mater, licet peregrina, nobili tamen erat genere procreata. Hic cum audisset aegrotare coepisse matrem imperatoris, mirae sanctitatis feminam, nomine Mahthildam, dumque eius expectat funus, proprio funere ipsius funus precedit. De cuius laude si aliquid dicere cupimus, deficimus, quia omne argumentum ingenioli nostri superat virtus tantae feminae. Quis enim digne possit explicare eius vigilantiam erga cultum divinum? Omnis nox omnibus modis et omni genere cellulam suam divinorum carminum melodia inplebat. Erat enim ei cellula ecclesiae proxima, in qua modice requiescebat, de qua omnibus noctibus consurgens intrat ecclesiam, nichilominus cantoribus et cantatricibus intra cellulam et pro foribus et in via triformiter constitutis, qui divinam clementiam laudarent atque benedicerent; ipsa intra ecclesiam in vigiliis et orationibus perseverans missarum sollempnia expectabat. Deinde infirmos ubicumque audivit in vicino visitavit, necessaria prebuit; deinde pauperibus manum porrexit; deinde hospites,

und übergaben diesem anstelle seines Herrn die Herrschaft. Zum König geworden, ließ er sofort die Gefangenen frei und sandte das Mädchen[24] mit einem großen Heer und vorzüglichen Geschenken zum Kaiser. Jener übergab sie sofort seinem Sohn; als die Hochzeit prächtig gefeiert wurde, versetzte er dadurch ganz Italien und Germanien in große Freude. In der Zeit, in der dies in Italien geschah, verwaltete Erzbischof Wilhelm[25], ein weiser und kluger Mann, fromm und zu jedem freundlich, das ihm von seinem Vater anvertraute Frankenreich.

74 Seine Mutter war zwar eine Fremde, aber stammte aus adligem Geschlecht. Als er hörte, die Mutter des Kaisers, eine Frau von wunderbarer Heiligkeit namens Mathilde, sei erkrankt und dass er deren Begräbnis erwarte, kam seine eigene Totenfeier der Mathildes zuvor. Wenn wir zu ihrem Lob etwas sagen wollen, fühlen wir uns dazu kaum imstande, weil die Tugend dieser Frau die Argumentationsgabe unseres schwachen Geistes überragt. Denn wer könnte ihre Hingabe an den Gottesdienst angemessen beschreiben? Jede Nacht erfüllte sie ihre Zelle mit dem Gesang göttlicher Lieder von jeder Art und Mannigfaltigkeit. Denn ihre Zelle, in der sie ein bisschen ausruhte, lag nahe der Kirche; hier erhob sie sich jede Nacht und ging in die Kirche, während Sänger und Sängerinnen in der Zelle, vor der Tür und auf dem Weg in drei Abteilungen standen, die die göttliche Gnade lobten und priesen. Sie selbst blieb in der Kirche in Wachen und Beten und erwartete die Messfeier. Dann besuchte sie Kranke in der Nachbarschaft, von denen sie gehört hatte, und reichte ihnen, was sie brauchten. Auch öffnete sie ihre Hand den Armen und empfing Gäste, von denen es immer welche gab, mit aller Freigebigkeit. Nie-

qui semper aderant, cum omni largitate suscepit; neminem sine affatu blando dimisit, nullum fere sine munusculis vel necessariis adiumentis vacuum reliquit. Saepe viatoribus, quos longius [151] de cella prospexit, necessaria transmisit. Talia opera licet valde humiliter diebus ac noctibus exerceret, tamen nichil de honore regio minuebat; et sicut scriptum est, quamvis sederet tamquam regina circumstante populo, semper et ubique tamen erat moerentium consolatrix. Domesticos omnes famulos et ancillas variis artibus, litteris quoque instituit; nam et ipsa litteras novit, quas post mortem regis lucide satis didicit. Ergo si omnes virtutes eius velim narrare, hora deficeret; facundia Homeri vel Maronis michi si adesset, non sufficeret. Igitur plena dierum, plena omni honore, plena operibus bonis et elemosinis, cunctis divitiis regalibus distributis servis Dei et ancillis ac pauperibus, secundo Idus Martias animam Christo reddidit. Illo quoque tempore Bernhardus, ut ab omni populo predicabatur, suis temporibus sacerdotio dignissimus, diem funxit extremum. Piam famam super his nemo nos vituperet prodidisse, dum veri periculo non subcumbimus. Audivimus enim a quodam solitario, in spiritu nescio an manifesta visione, animam reginae et episcopi infinita multitudine angelorum cum gloria ineffabili caelos deferre vidisse.

75 Igitur imperator, audita morte matris et filii caeterorumque principalium virorum – nam et Gero, vir magnus et potens, iam antea defunctus est –, iudicavit ab [152] expe-

manden entließ sie ohne ein freundliches Wort und fast keinen ohne kleine Geschenke oder die Unterstützung, die er brauchte. Oft übersandte sie Wanderern, die sie weit draußen von ihrer Zelle aus sah, das Notwendigste. Obwohl sie solche Werke Tag und Nacht sehr demütig vollbrachte, vergab sie dennoch der königlichen Würde nichts, wie geschrieben steht: »Obwohl sie wie eine Königin unter ihrem Volk saß, war sie trotzdem und überall Trösterin der Trauernden.« Dienern und Mägden im Haus lehrte sie verschiedene Künste und auch das Lesen und Schreiben. Denn sie konnte dies, weil sie es nach dem Tod des Königs recht gut gelernt hatte. Falls ich nun alle ihre Tugenden erzählen wollte, würde die Zeit nicht ausreichen. Hätte ich die Beredsamkeit Homers oder Maros,[26] sie würde nicht genügen. Sie gab nun, reich an Alter, an aller Ehre, guten Werken und Almosen, ihre Seele am 14. März Christus zurück, nachdem sie ihre ganzen königlichen Reichtümer unter die Diener und Mägde Gottes und die Armen verteilt hatte. Damals starb auch Bernhard[27], den alles Volk als den würdigsten Priester seiner Zeit rühmte. Es werfe uns niemand vor, über die beiden ein frommes Gerücht zu verbreiten, solange wir nicht einer Gefahr im Umgang mit der Wahrheit erliegen. Wir haben nämlich von einem Einsiedler gehört, er habe, ich weiß nicht, ob im Geist oder in einer tatsächlichen Erscheinung, die Seelen der Königin und des Bischofs gesehen, wie sie von einer unendlichen Menge von Engeln unter unsäglichem Rühmen in den Himmel getragen wurden.

75 Als der Kaiser nun vom Tod seiner Mutter, seines Sohns und weiterer vornehmer Männer – denn auch Gero, der große und mächtige Mann, war schon vorher gestorben[28] – gehört hatte, entschloss er sich, vom Feldzug nach

ditione Fraxanetis abstinere et dispositis in Italia rebus patriam remeare. Pulsavit quoque fama eum, quasi plerique Saxonum rebellare voluissent; quod quia inutile erat, nec relatione dignum arbitramur. Egressus est itaque de Italia cum magna gloria, capto rege Longobardorum, superatis Graecis victisque Sarracenis, cum victricibus alis Galliam ingressus est, inde Germaniam transiturus et proximum pascha loco celebri Quidilingaburg celebraturus; ubi diversarum gentium multitudo conveniens, restitutum patriae cum filio cum magno gaudio celebrabant. Manens autem ibi decem et septem non amplius diebus, descendit inde, ascensionem Domini apud Mesburg celebraturus. Tristis autem illa loca perambulat obitu optimi viri ducis Herimanni, qui prudentiae ac iustitiae miraeque vigilantiae in rebus civilibus et externis cunctis retro mortalibus aeternam reliquit memoriam. Post susceptos ab Africa legatos eum regio honore et munere visitantes secum fecit manere. Tertia autem feria ante pentecosten locum devenit qui dicitur Miminlevu. Proxima nocte iuxta morem diluculo de lecto consurgens nocturnis et matutinis laudibus intererat. Post haec paululum requievit; missarum deinde officiis celebratis, pauperibus iuxta morem manus porrexit, paululum gustavit iterumque in lecto requievit. Cum autem hora esset, processit, laetus et hilaris ad mensam resedit. Peracto ministerio vespertinis laudibus interfuit; peracto cantico evangelii aestuari atque [153] fatigari iam coepit. Quod cum

Fraînet abzusehen und nach Regelung aller Angelegenheiten in Italien in die Heimat zurückzukehren. Außerdem beunruhigte ihn das Gerücht, dass viele Sachsen rebellieren wollten; dies halten wir aber nicht für berichtenswert, weil es bedeutungslos war. Darum verließ er Italien mit großem Ruhm, da er den Langobardenkönig gefangen genommen, die Griechen überwunden und die Sarazenen besiegt hatte. Mit seinen siegreichen Truppen zog er nach Gallien und von hier nach Germanien, um das nächste Osterfest im berühmten Ort Quedlinburg zu feiern. Dort kam eine Menge aus zahlreichen Völkern zusammen und feierte seine Rückkehr in die Heimat wie die seines Sohns mit großer Freude. Er blieb aber nicht länger als siebzehn Tage und zog weiter, um Christi Himmelfahrt in Merseburg zu feiern. Diese Orte durchzog er jedoch traurig wegen des Todes des hervorragenden Herzogs Hermann[29], der allen Sterblichen ein ewiges Andenken an seine Weisheit, Gerechtigkeit und wunderbare Umsicht in inneren und auswärtigen Dingen hinterlassen hat. Dann empfing er Gesandte aus Afrika, die ihn mit königlicher Ehrerbietung und Geschenken besuchten, und ließ sie bei sich bleiben. Am Dienstag vor Pfingsten kam er aber an einen Ort namens Memleben. In der nächsten Nacht stand er wie üblich mit der Dämmerung von seinem Bett auf und war bei den nächtlichen und morgendlichen Lobgesängen anwesend. Dann ruhte er ein bisschen. Nachdem später der Messgottesdienst gefeiert worden war, spendete er gewohnheitsgemäß den Armen, aß ein wenig und ruhte wieder in seinem Bett. Als es aber Zeit war, stand er auf und setzte sich fröhlich an den Mittagstisch. Nach dem Dienst nahm er an der Vesper teil. Beim Evangeliengesang fühlte er sich schon fiebrig und erschöpft.

intellexissent principes circumstantes, sedili eum inposuerunt. Inclinantem autem caput, quasi iam defecisset, refocillaverunt; expetitoque sacramento divini corporis ac sanguinis et accepto, sine gemitu cum magna tranquillitate ultimum spiritum cum divinis officiis pietati creatoris omnium tradidit. Transportatur inde in cubiculum; et cum esset iam sero, nuntiatur populo mors eius. Populus autem pro eius laude et gratiarum actione multa locutus memoravit eum paterna subiectos rexisse pietate, ab hostibus eos liberasse, superbos hostes Avares, Sarracenos, Danos, Sclavos armis vicisse, Italiam subiugasse, delubra deorum in vicinis gentibus destruxisse, templa ministrorumque ordines constituisse; multaque alia bona invicem conferentes regali funeri insistebant.

76 Mane autem iam facto, licet iam olim unctus esset in regem et a beato apostolico designatus in imperatorem, spei unicae totius ecclesiae, imperatoris filio, ut initio certatim manus dabant, fidem pollicentes et operam suam contra omnes adversarios sacramentis militaribus confirmantes. Igitur ab integro ab omni populo electus in principem [154] transtulit corpus patris in civitatem, quam ipse magnifice construxit, vocabulo Magathaburg. Itaque defunctus est Nonis Maii, quarta feria ante pentecosten, imperator Romanorum, rex gentium, divinarum humanarumque rerum multa ac gloriosa saeculis relinquens monimenta.

Explicit liber III. rerum gestarum Saxonicarum.

Wie die umstehenden Fürsten das bemerkten, setzten sie ihn auf einen Stuhl. Als er aber seinen Kopf senkte, als wäre er schon tot, weckten sie ihn wieder. Er verlangte das Sakrament des göttlichen Leibs und Bluts, empfing es und übergab ohne Seufzer mit großer Ruhe unter den liturgischen Sterbegesängen seinen letzten Atemzug dem barmherzigen Schöpfer aller. Von hier wurde er in sein Schlafzimmer gebracht und, als es schon spät war, sein Tod dem Volk verkündet. Das Volk aber sagte viel zu seinem Lob in dankbarer Erinnerung, wie er mit väterlicher Barmherzigkeit seine Untertanen regiert und sie von ihren Feinden befreit, die überheblichen Feinde wie Awaren, Sarazenen, Dänen und Slawen mit Waffengewalt besiegt, Italien unterworfen, die Götzentempel benachbarter Völker zerstört und Kirchen und geistliche Stände eingerichtet habe. Während sie untereinander noch vieles andere Gute erzählten, nahmen sie an der königlichen Leichenfeier teil.

76 Am nächsten Morgen reichten sie der einzigen Hoffnung der Kirche, dem Sohn des Kaisers, wie anfangs nochmals die Hände um die Wette, obwohl er schon längst zum König gesalbt und vom seligen Papst[30] zum Kaiser bestimmt worden war, gelobten ihre Treue und bekräftigten durch ihren Vasalleneid ihre Hilfe gegen alle Feinde. So wurde er erneut vom ganzen Volk zum Herrscher gewählt und überführte die Leiche des Vaters in die Stadt Magdeburg, die dieser selbst herrlich hatte erbauen lassen. So starb am 7. Mai, am Mittwoch vor Pfingsten, der Kaiser der Römer und König der Völker und hinterließ aus kirchlichen und weltlichen Bereichen viele berühmte Denkmäler der Nachwelt.

Es endet das dritte Buch von den Taten der Sachsen.

Anhang

Zu dieser Ausgabe

Der lateinische Text folgt – mit wenigen Abweichungen in der Zeichensetzung – der kritischen Edition in den *Monumenta Germaniae Historica*, die 1935 von Hans-Eberhard Lohmann und Paul Hirsch für die Reihe der »Scriptores rerum Germanicarum in usum scholarum« besorgt wurde. Die Zahlen in eckigen Klammern im lateinischen Text verweisen auf die Seitenzählung dieser Ausgabe. Wo diese Seitenangabe zwischen zwei Kapiteln steht, wurde sie aus optischen Gründen am Ende des vorigen Kapitels platziert. Für die Übersetzung wurden ältere Übertragungen herangezogen – so diejenige von Reinhold Schottin, Wilhelm Wattenbach und Paul Hirsch (zuletzt 1931) sowie die von Albert Bauer und Reinhold Rau (1971).

Die ANMERKUNGEN (S. 264 ff.) sollen das Textverständnis erleichtern, liefern jedoch nur knappe Sachangaben, die den wissenschaftlichen Anmerkungsapparat der kritischen Edition nicht ersetzen können. Das REGISTER (S. 294 ff.), in dem zu einigen Personen Regierungszeiten angegeben werden, verweist auf einzelne dieser Anmerkungen – innerhalb des Anmerkungsteils wurde daher weitgehend auf Querverweise verzichtet. Für Orte siehe die KARTEN auf S. 278 f. Für den zeitlichen Kontext siehe die ZEITTAFEL auf S. 274 f., die STAMMTAFEL auf S. 276 f. sowie das NACHWORT (S. 280 ff.).

Die Ausgabe von 1981 wurde für diese Neuauflage durchgesehen. Die Rechtschreibung wurde angepasst, die Übersetzung sprachlich etwas geglättet, die Bibliographie aktualisiert.

Unser Dank gilt Elke Habicht, die in Frankfurt am Main das Manuskript der Erstausgabe von 1981 ins Reine schrieb, sowie in Heidelberg Patrick Leiske, Bastian Schmitz und Gabriele Schneidmüller, die bei der Digitalisierung und Korrektur älterer Vorlagen halfen.

Anmerkungen

Vorrede zum ersten Buch

1 Mathilde war die Tochter Ottos I. und Adelheids. Sie wurde 954/955 geboren, trat in jugendlichem Alter als Äbtissin ins Quedlinburger Stift ein und starb 999.

Erstes Buch

1 Das *genus* Widukinds meint wohl seinen weltlichen Stand innerhalb des Volks (*gens*).
2 Alexander der Große (356–323 v. Chr.), Makedone, der in einem gewaltigen Feldzug unter anderem das Perserreich unterwarf.
3 Das Alter und die Vornehmheit der Sachsen dienen als besondere Legitimierung ihrer außerordentlichen Stellung. Vgl. das Nachwort.
4 Tatsächlich werden die Sachsen bei den römischen Autoren *nicht* genannt. – Flavius Josephus (gest. um 100) schrieb eine Geschichte des Jüdischen Kriegs (66–70) sowie eine Geschichte des jüdischen Volks; Agrippa regierte 41–44 als römischer Klientelkönig Judäa. – Der Dichter Lukan (39–69) schrieb u. a. ein Epos über den Bürgerkrieg zwischen Caesar und Pompeius (49–45 v. Chr.).
5 Vespasian (69–79 römischer Kaiser) sorgte für die endgültige Eroberung Britanniens.
6 Der Name Martial ist wohl falsch; es könnte sich allenfalls um den oströmischen Kaiser Marcianus (450–457) gehandelt haben, der zwar eines natürlichen Todes starb, einer besonderen Überlieferung zufolge aber durch eine Verschwörung ums Leben kam.
7 Gemeint ist der »Hadrianswall«.
8 In den Kapiteln 9–13 führt Widukind eine auch an anderer Stelle (Quedlinburger Annalen) überlieferte Sage aus: das Iringlied. Er fügt es in die fortlaufende Geschichtserzählung ein.
9 Gemeint ist der erste Frankenkönig Chlodwig (gest. 511), der frei-

lich von seinen vier Söhnen überlebt wurde; der älteste von ihnen wurde in der Überlieferung der Quedlinburger Annalen Hugo Theodoricus genannt; vielleicht bezog sich Widukind auf diesen.

10 Amalberga war Nichte oder Schwester des Ostgotenkönigs Theoderich.

11 Die uneheliche Geburt Theuderichs ist auch von Gregor von Tours überliefert; der hier genannte Thiadrich folgte allerdings mit dreien seiner Brüder auf den Vater.

12 Die Lokalisierung des Ortes ist umstritten; in der Forschung werden Ronnenberg bei Hannover, die Gegend um Eisenach, die Ronneberge bei Nebra an der Unstrut und Ruhnsburg an der westlichen Hainleite als Platz für die wohl 531 stattgefundene Schlacht genannt.

13 Sonst gebraucht Widukind die Bezeichnung *barbari* nur für die Slawen, hier aber meint er die Sachsen (vor ihrer Christianisierung).

14 Es handelt sich um das dreißigste Jahr des Kriegs und um das fünfunddreißigste des Königtums Karls.

15 König Ludwig IV. das Kind (900–911).

16 Lothar war 954–986 westfränkischer König. Der von Widukind genannte Karl (III., der Dicke, 876–887, gest. 888) war jedoch nicht der Urgroßvater dieses Lothars. Widukind verwechselt den zunächst in Ostfranken, dann im gesamten Karolingerreich herrschenden Kaiser mit Kaiser Karl II. dem Kahlen, der 840–877 in Westfranken regierte; dieser war Ururgroßvater Lothars.

17 Ludwig IV. das Kind starb 911 unverheiratet. Die genannte Liudgard hatte in Wirklichkeit den ostfränkischen König Ludwig III. den Jüngeren (876–882) geheiratet. Ihr Grab befindet sich in der Stiftskirche zu Aschaffenburg.

18 Konrad I., 911–918 ostfränkischer König.

19 Die Dalminzier bewohnten die Gegend des heutigen Meißen beiderseits der Elbe.

20 Bei Jordanes (gest. nach 552) heißt die Insel Scandza oder Scandzia.

21 Kaiser Arnulf (von Kärnten) regierte 887–899.

22 Swatopluk oder Zwentibold war 870–894 Herzog von Mähren.

23 Otto starb 912.

24 Kap. 22, das den Verrat des Mainzer Erzbischofs Hatto schildert, ist in mehreren Fassungen (A, B und C) erhalten. Die Fassungen A und B werden im Textteil übersetzt, C in Anm. 28 und 30. Bei der ersten Lektüre halte man sich an die ausführlichere Fassung B, die sogenannte Klosterfassung, in der Widukind keinerlei politische Rücksichten nehmen musste und den Mainzer Erzbischof unbesorgt tadeln konnte. – In der für die Kaisertochter bestimmten Fassung A nahm er seine Kritik zurück und verschweigt den für den Mainzer wenig rühmlichen Bericht; er tat dies wohl mit Rücksicht auf den Mainzer Erzstuhl, der natürlich über eine negative Berichterstattung über einen früheren Erzbischof nicht erbaut sein konnte. Mit Wilhelm, dem bis 968 regierenden Erzbischof von Mainz, saß zudem ein Halbbruder Mathildes und Sohn Ottos I. auf dem Erzstuhl, so dass doppelte Vorsicht angebracht schien.

25 Hatto I., 891–913 Erzbischof von Mainz; die im hier Folgenden angesprochene unsichere Herkunft Hattos ist wohl ein Irrtum oder eine bewusste Abqualifizierung durch Widukind; gewöhnlich stammten solch bedeutende Kirchenfürsten aus dem hohen Adel.

26 Adalbert hatte zwei Brüder; Heinrich fiel 903 im Kampf mit den Konradinern (der Familie des späteren Königs Konrad I.), Adalhard wurde von diesen gefangen genommen und hingerichtet.

27 Wohl die Burg Theres am Main.

28 An dieser Stelle kommt die Fassung C mit B zusammen. Alles Bisherige lautet in C wie folgt: *[32] Erat autem ea tempestate Magontiacae se-[33]dis antistes nomine Hattho, acutus consilio, acer ingenio, et qui varietate sibi consueta multos mortales precederet. Hic volens placere regi Conrado Francorumque simul populo, arte solita ...* – »In dieser Zeit war Hatto Bischof von Mainz, scharfsinnig in seinem Ratschlag, durchdringend mit seinem Verstand und durch seine spezielle Wendigkeit vielen Menschen überlegen. Er wollte König Konrad und der fränkischen Führungsschicht gefallen, und in der gewohnten Handlungsweise ...«. – Auch hier ist die Kritik an Hatto zurückgenommen, vgl. Anm. 24.

29 Nach Meinung der Zeitgenossen sollten sich solche Ketten verengen und ihr Opfer erdrosseln können.

30 In Fassung C wurde hier nachträglich folgender Satz eingeschoben: *[35] Is, ut ferunt, Adelberhtus, ab ipso quondam pontifice in fide susceptus, eius est consilio deceptus; quod quia non probamus, numquam adfirmamus, sed vulgi rumore magis fictum credimus.* – »Wie berichtet, wurde dieser Adalbert von demselben Bischof zunächst treu empfangen und durch seinen Rat getäuscht. Wir bekräftigen das nicht, da wir es nicht beweisen können, sondern eher für ein Volksmärchen halten.« – Dieser Zusatz steht in der kritischen Ausgabe in den *Monumenta Germaniae Historica* auf S. 35 in eckigen Klammern im Text, gehört unserer Meinung nach aber nur in den kritischen Apparat.

31 Eine Zuordnung fällt schwer: Es könnte sich um Söhne Burkhards von der Sorbenmark handeln, wobei nicht sicher ist, wer Schwager des Königs war.

32 Obermarsberg an der Diemel.

33 Wahrscheinlich ein Graf des Nordthüringgaus.

34 Arnulf, Herzog von Bayern (gest. 937).

35 Die heilige Lanze wurde nicht von Konrad I. an Heinrich I. übergeben, sondern von Letzterem erst während seiner Königsherrschaft erworben. Die heilige Lanze war fortan eines der wichtigsten Insignien der ostfränkischen und später der römisch-deutschen Herrscher.

36 Widukind meint Weilburg an der Lahn, Konrad wurde aber wohl in Fulda beigesetzt.

37 Heriger, 913–927 Erzbischof von Mainz.

38 Herzog Burchard von Schwaben (gest. 926).

39 Vgl. Anm. 34.

40 Es ist auffällig, dass Widukind das Herzogtum Bayern als *regnum* (Königreich) kennzeichnet; dies verdeutlicht die besondere Stellung, die Bayern bereits seit der Karolingerzeit im fränkischen Reichsverband innehatte.

41 Kaiser Ludwig der Fromme (814–840) hatte sein Reich in drei Teile geteilt und seinen drei Söhnen übergeben. In der Kaiserwürde folgte der älteste, Lothar (gest. 855).

42 Karl II. der Kahle (840–877) war seit 875 Kaiser, was Widukind verschweigt. Karl herrschte in Westfranken, der Schwerpunkt

seiner Herrschaft lag in der weiteren Île-de-France, was Widukind ebenfalls unerwähnt lässt.

43 Ludwig II. der Deutsche (gest. 876), ostfränkischer König.

44 Entweder mit Eider (wahrscheinlicher!) oder mit Oder zu identifizieren.

45 Fontenoy, Dép. Yonne, im Jahr 841.

46 Gemeint ist Karl III. der Dicke, der das karolingische Großreich 885 unter seiner Herrschaft vereinigte. Bereits 887/888 brach es aber wieder auseinander. Erneut bezeichnet Widukind Karl III. den Dicken fälschlich als Urgroßvater Lothars von Westfranken, vgl. Anm. 16.

47 Der Bericht in diesem Kapitel ist vielfach sagenhaft ausgeschmückt. Mit Odo ist der westfränkische König (888–898) gemeint, der als Graf von Paris in der Regierungszeit Karls III. des Dicken die Normannen besiegte. Dieser Odo stammte aus dem ostfränkischen Geschlecht der Rupertiner/Robertiner.

48 Diese Meldung ist unsicher, obwohl bekannt ist, dass Odo Kontakte zu Arnulf hatte; die Einordnung Karls III. des Einfältigen (westfränkischer König, 893–923, gest. 929) ist falsch. Karl wurde zwar erst nach dem Tod seines Vaters Ludwig II. (877–879) geboren, aber nicht von Odo erzogen, sondern in Reims vom dortigen Erzbischof.

49 Wie häufig, so ist Widukind auch hier über westfränkische Angelegenheiten schlecht unterrichtet. Odo hatte keinen Sohn hinterlassen, seine Ländereien erhielt der Bruder Robert, der spätere König Robert I. (922–923), der sich gegen Odos Nachfolger Karl III. den Einfältigen empörte. Roberts Sohn war Hugo der Ältere (gest. 956), der als Herzog in Franzien eine bedeutende Stellung erringen sollte; gemeint ist hier Graf Heribert von Vermandois.

50 Der Bericht von der Gefangennahme Karls III. des Einfältigen stimmt zwar, der König wurde jedoch nicht von Hugo dem Älteren, sondern von Graf Heribert von Vermandois gefangen genommen; Karl starb 929 in Peronne.

51 Giselbert hatte die Ländereien seines Vaters Reginar 915 geerbt. Er heiratete Gerberga, die Schwester Ottos I., und wurde in Lothringen als Herzog anerkannt (gest. 939).

52 Mathilde aus der Familie des Sachsenherzogs Widukind (gest. 968).
53 Brun war Erzbischof von Köln und Herzog von Lothringen (gest. 965).
54 Hathui oder Hadwig (gest. nach 965), verheiratet mit Hugo dem Älteren (vgl. Anm. 49).
55 Seit 925 gehörte Lothringen zum ostfränkischen Reich, nachdem es 911 an den westfränkischen Herrscher gefallen war.
56 Gemeint ist Karl III. der Einfältige (vgl. Anm. 49).
57 Die Gebeine des hl. Vitus wurden 836 nach Corvey überführt.
58 Anfang des 4. Jahrhunderts.
59 Diokletian, 284–305 römischer Kaiser.
60 Abt Fulrad von Saint-Denis (gest. 784).
61 Gemeint ist Herzog Wenzel (gest. 935).
62 Die Grafen Liuthar von Walbeck und Liuthar von Stade.
63 Edith (gest. 946), die erste Gemahlin Ottos I.
64 Liudolf (930–957).
65 Liudgard (gest. 953), verheiratet mit Herzog Konrad dem Roten (gest. 955).
66 Historisch nicht zu bestimmen.
67 Nicht sicher zu identifizieren, eventuell Ritteburg, Ortsteil von Kalbsrieth (Kyffhäuserkreis).
68 Vgl. zu diesem Titel das Nachwort.
69 Graf Heribert II. von Vermandois (gest. 943).
70 Herzog Hugo der Ältere (gest. 956; vgl. Anm. 49).
71 Rudolf von Burgund (923–936), westfränkischer König, war gegen den Karolinger Karl III. den Einfältigen 923 König geworden, nachdem Robert I. (922/923) in der Schlacht vor Soissons gefallen war.
72 Selbständiger Kleinkönig im Südosten Jütlands, Beherrscher von Haithabu.
73 In Wirklichkeit regierte Heinrich über siebzehn Jahre.
74 Die Grabanlage befindet sich in der Stiftskirche St. Servatius zu Quedlinburg.

Zweites Buch

1 Gemeint ist der berühmte Feldherr und spätere Alleinherrscher Gaius Iulius Caesar (100–44 v. Chr.). Diese Ableitung ist etymologisch falsch. Sie findet aber ihren Sinn im Bestreben, das ottonische Königtum von römischen Vorbildern abzuleiten.

2 Erzbischof Hildebert von Mainz (927–937).

3 Hier dienen die drei Herzöge des Reichs, Eberhard von Franken (gest. 939), Hermann von Schwaben (gest. 949) und Arnulf von Bayern (gest. 937).

4 Im Osten des Eggegebirges, Ortsteil von Willebadessen (Kreis Höxter).

5 Bei Essen an der Ruhr; die Versammlung fand 938 statt.

6 An der Möhne, südlich von Lippstadt.

7 Es handelt sich entweder um Laer bei Meschede oder um Laer bei Herford in Westfalen.

8 Birten liegt nahe Xanten.

9 Bei Wolfenbüttel.

10 Zwischen Aller und Ohre bei Helmstedt.

11 Graf in der Umgebung von Merseburg, der in III,16 auch Dadanus genannt wird.

12 Südöstlich von Lüttich.

13 Gemeint sind Erzbischof Friedrich von Mainz (937–954) und Bischof Ruodhard von Straßburg (933–950).

14 Herzog Hermann von Schwaben (gest. 949).

15 Arnold.

16 Gemeint ist Heinrich I.

17 Nach Arnulfs Tod 937 wurde Berchtold Herzog von Bayern und besiegte 943 die Ungarn bei Wels.

18 König Konrad von Burgund (gest. 991).

19 In Corvey.

20 Herzog Berthold von Bayern (937–947).

21 Judith, Tochter des 937 gestorbenen Herzogs Arnulf.

22 Die Zuordnung ist problematisch, da Widukind hier wohl verschiedene Berichte vermischt; infrage käme der Tessin.

23 Gemeint ist hier Graf Burkhard, wohl Markgraf der Ostmark.

24 Brun, Erzbischof von Köln, war 953–965 gleichzeitig lothringischer Herzog; er erhielt in der zeitgenössischen Chronistik den Titel *archidux* (Erzherzog).
25 Abt Hadamar von Fulda (927–956).
26 Gerberga (gest. 969). Sie war in erster Ehe mit Giselbert von Lothringen verheiratet und wurde, kurz nachdem dieser 939 im Aufstand gegen seinen Schwager Otto I. den Tod gefunden hatte, Gemahlin des westfränkischen Königs Ludwig IV. (936–954).
27 Lothar war der Älteste (geb. 941) und folgte seinem Vater 954 in der Herrschaft (gest. 986). Sein Bruder Karl fand in den Kämpfen gegen die ersten kapetingischen Könige Hugo Capet und Robert II. wohl zwischen 991 und 994 den Tod; er war vorher von Otto II. zum Herzog von Niederlothringen erhoben worden. Über Karlmann ist historisch sonst nichts bekannt.
28 Edith starb 946; es war das zehnte Regierungsjahr Ottos I. und das achtzehnte seit ihrer Ankunft in Sachsen.

Drittes Buch

1 Die Bemerkungen über den Corveyer Abt sind in der Fassung für die Kaisertochter (A) gestrichen; die Fassung C ersetzt wie folgt: *non est inventus, qui huiuscemodi non uteretur tegumento, nisi rarissimus quisque. Certus autem factus de adventu regis Huga, timore perterritus, dimisit Luthuvicum.* – »Es gab niemanden, der keine derartige Kopfbedeckung trug, nur wenige ausgenommen. Als aber Hugo von der Ankunft des Königs erfuhr, ergriff ihn Furcht, und er ließ Ludwig [IV.] frei.«
2 Graf Heribert von Vermandois hatte seinen kleinen Sohn Hugo gegen Erzbischof Artold zum Erzbischof gemacht; die Absetzung des noch minderjährigen Hugo wurde 948 auf der Ingelheimer Synode unter Vorsitz des päpstlichen Legaten Marinus betrieben, konnte jedoch nur mit ostfränkischer Gewalt erreicht werden.
3 König Berengar II. (950–963).
4 Der 950 gestorbene König Lothar von Italien hatte seine Witwe Adelheid zurückgelassen.

5 Mathilde, geboren 955.
6 Andere Übersetzung: »So wurde er von seiner Mutter freudig und gebührend aufgenommen und erhob das königliche Ansehen, das er in Franken fast verloren hätte, in seiner Heimat wieder zur alten Größe.«
7 Siehe Anm. 8, Zweites Buch.
8 Grafen im Hassegau und im Südthüringgau.
9 Ekbert und Wichmann waren eigentlich Neffen der Königin Mathilde.
10 Herzog Heinrich von Bayern.
11 Herzog Hermann (gest. 973).
12 Eventuell Saufeld, heute Thangelstedt am Ilm.
13 Fortsetzung der Schlachtenerzählung: Kap. 46 ff.
14 Naco und Stoinef waren Kleinkönige der Abodriten.
15 Am 6. September 957.
16 Alttestamentlicher Ausdruck (Jes 53,7; Apg 8,32).
17 Harald Blauzahn (etwa 936–985).
18 Einwohner der Niederlausitz.
19 Vgl. die Insel Wollin in der Odermündung.
20 Das Eingeklammerte steht nur in Fassung A, die der Kaisertochter gewidmet war und an dieser Stelle endet.
21 Dieser Brief, der auch als Urkunde Ottos I. erhalten ist (ediert in der Urkundenedition für Otto I.: *Monumenta Germaniae Historica. Diplomatum regum et imperatorum Germaniae*, hrsg. von Theodor Sickel, Bd. 1, Berlin 1879 [Nachdr. Zürich 1956], Nr. 355), wurde von Widukind stark überarbeitet.
22 Der eine Markgraf von Merseburg, der andere Graf des Hassegaus (?).
23 So der Name für Konstantinopel/Byzanz.
24 Es handelt sich um die spätere Kaiserin Theophanu, wohl eine Nichte des Kaisers Johannes I. Tzimiskes (969–976).
25 Seit 954 war Wilhelm, der Sohn Ottos I., Erzbischof von Mainz.
26 Homer (8./7. Jahrhundert v. Chr.), der Dichter von *Ilias* und *Odyssee*, und Publius Vergilius Maro (70–19 v. Chr.), der Dichter des römischen Epos *Aeneis*.
27 Bernhard, 924–968 Bischof von Halberstadt.

28 Markgraf Gero (gest. 965).
29 Herzog Hermann (gest. 973).
30 Otto II. wurde schon 961 Mitkönig und am 25. Dezember 967 von Papst Johannes XIII. (965–972) zum Mitkaiser gekrönt.

Zeittafel

772–804 Versuch des fränkischen Königtums unter Karl I. (dem Großen), die Sachsen zu unterwerfen. Die Kriege werden mit großer Härte geführt.

782 Tag von Verden an der Aller. Angeblich werden 4500 Sachsen von den Franken hingerichtet.

785 Friedensschluss zwischen dem Sachsenherzog Widukind und Karl dem Großen. Doch es gibt neue Aufstände.

804 Endgültige Befriedung Sachsens und Eingliederung ins Frankenreich, vor allem durch die Gründung von Missionsbistümern in Bremen, Verden, Minden, Münster, Paderborn und Osnabrück.

822 Gründung des Klosters Corvey an der Weser vom westfränkischen Kloster Corbie aus.

843 Endgültige Teilung des Reichs Ludwigs des Frommen unter seinen Söhnen Karl dem Kahlen (Westfranken), Ludwig dem Deutschen (Ostfranken) und Lothar (Mittelreich und Kaiserwürde).

911 Nach dem Tod des letzten Karolingers Ludwig IV. (das Kind), Sohn Arnulfs von Kärnten, wird der Franke Konrad I. ostfränkischer König. Nach Widukind hatte der Sachsenherzog Otto der Erlauchte vorher die Herrscherwürde abgelehnt.

918 Tod Konrads I.

919 Erhebung Heinrichs I. Fortan stellen die sogenannten Liudolfinger den ostfränkischen König (bis 1024). Heinrich nimmt die Bekämpfung der süddeutschen Herzöge auf und unterwirft 921 Arnulf von Bayern.

925 Heinrich erwirbt Lothringen, seit 911 Bestandteil des westfränkischen Reichs, für das Ostreich.

928/929 Kampf gegen die Slawen, Waffenstillstand mit den Ungarn; Bau zahlreicher Burgen zur Ungarnabwehr.

933 Sieg über die Ungarn bei Riade.

936 Tod Heinrichs I. und Erhebung seines Sohns Otto I. (des Großen). Krönung in Aachen.

939 Aufstand der Herzöge Eberhard von Franken (Bruder König Konrads I.) und Giselbert von Lothringen sowie Heinrich (Ottos Bruder). Der Aufstand wird bei Andernach niedergeschlagen; beide Herzöge kommen um. Der Aufbau eines auf die Familie bezogenen Herrschaftssystems, bereits unter Heinrich I. begonnen, scheint gescheitert, worauf Otto I. Teile der Reichsgüter an die Kirche übergibt (»ottonisch-salische Reichskirche«).

946 Am 29. Januar stirbt Edith (Edgith), die erste Gemahlin Ottos I.

951/952 Erster Italienzug Ottos I. (nach Pavia). Er heiratet die italienische Königin Adelheid. Otto nennt sich König der Franken und Langobarden.

953/954 Erneuter Aufstand gegen Otto, dieses Mal getragen von Ottos Sohn Liudolf und Ottos Schwiegersohn Konrad dem Roten. Sieg Ottos.

955 Am 10. August schlägt Otto die erneut ins Reich eingedrungenen Ungarn auf dem Lechfeld vernichtend. Vorher unternahm der König große Anstrengungen zur Slawenmission und gründete zu diesem Zweck einige Bistümer (Schleswig, Oldenburg, Havelberg, Brandenburg, Meißen, Merseburg, Zeitz). Die östlichen Bistümer werden 968 dem Erzbistum Magdeburg, einem bevorzugten Aufenthaltsort des Herrschers, unterstellt.

961–965 Zweiter Italienzug Ottos.

962 Am 2. Februar wird Otto in Rom von Papst Johannes XII. zum Kaiser gekrönt. Nach der Rückkehr vom Romzug schlägt Otto zahlreiche Aufstände in Sachsen nieder.

966–972 Dritter Italienzug Ottos.

973 Tod Ottos I. Sein Sohn Otto II. folgt ihm als Herrscher nach.

Stammtafel der Ottonen

(nach Widukind)

Liudolf
Graf in Sachse
†866

Liudgard
†885

Brun
Hg. in Sachsen
†880

Otto
Hg. in Sachse
†912

(Oda)

Heinrich I.
Kg. 919–936
⚭
1. Hatheburg
2. Mathilde

Thankmar
† vor 912

(Heinrich)
†903

Adalbert

Thankmar (1)

Gerberga (2
⚭
1. Giselbert v
Lothringen
2. Ludwig IV
von Frankrei

Lothar
Kg. von
Frankreich
954–986

Karl
Hg. von
Nieder-
lothringen
†992

Karlmann

Liudolf (1)
Hg. von
Schwaben
†957
⚭
Ida von
Schwaben

Liudgard
†953
⚭
Konrad d
Rote vor
Lothringe

Liudolf
† vor 912

Otto I. (2)
Kg. 936–962
Ks. 962–973
⚭
1. Edgitha
2. Adelheid

Heinrich (2)
Hg. von Bayern
† 955
⚭
Judith von Bayern

Brun (2)
Hg. von Lothringen
Eb. von Köln
† 965

Hadwig (2)
⚭
Hugo d. Ä. von Franzien

Heinrich (2)
† um 954

Brun (2)
† 957

Otto II. (2)
Ks. 973–983
⚭
Theophanu

Mathilde (2)
† 999

Hadwig
† 994
⚭
Burchard III. von Schwaben

Karten

Die ostfränkisch-deutschen Herzogtümer im 10. Jahrhundert

Orte bei Widukind

Nachwort

Widukind von Corvey teilt das Schicksal zahlreicher wichtiger Geschichtsschreiber des Mittelalters: Über seine Person wissen wir fast nur das, was er uns selbst in seiner Sachsengeschichte, den *Rerum gestarum Saxonicarum libri tres*, erzählt und was aus seinem historischen und geistigen Umfeld über ihn erschlossen werden kann. Dass dies freilich sehr spärlich ist, hat zu zahlreichen Spekulationen Anlass geboten.

Widukind trat noch vor 942, dem Sterbedatum des Abtes Volkmar, in das Kloster Corvey an der Weser (heute ein Ortsteil von Höxter) ein. Das Geburtsjahr ist ebenso unbekannt wie das Sterbejahr. Die Gedenküberlieferung des Klosters St. Michael in Lüneburg nennt den 3. Februar als Todestag eines Priesters und Mönchs *Widikind*. Wegen der Seltenheit dieses Namens könnte es sich um den Geschichtsschreiber handeln. Da sein Werk bis zum Tod Ottos des Großen am 7. Mai 973 reicht, könnte man den 3. Februar 974 oder den eines Folgejahres als Todestag annehmen.

Corvey wurde im Jahr 822 von Corbie aus, einem alten und berühmten Kloster in Westfranken, gegründet (darum auch *Nova Corbeia* genannt). Dieser Neubeginn erfolgte im Rahmen der karolingischen Sachsenpolitik, die sich nach der endgültigen Niederwerfung der Sachsen durch Karl den Großen (768–814) darauf ausrichtete, das sächsische Gebiet in das Frankenreich zu integrieren. Zu diesem Zweck gründeten Karl und sein Sohn Ludwig der Fromme (814–840) mehrere Bistümer, da sie sich durch eine rasche Christianisierung der Sachsen eine Einbindung der Missionsbistümer in die fränkische Reichskirche und damit in die

fränkische Reichsverwaltung erhofften. Corvey war das erste und für lange Zeit einzige Benediktinerkloster in Sachsen. Erst im Lauf der Zeit traten auch Männer aus Sachsen in das Kloster ein. Aus den Mauern der Abtei gingen mehrere Bischöfe hervor. So war Ansgar (gest. 865), der sich als Erzbischof von Hamburg-Bremen um die Missionierung Nordeuropas bemühte, vormals Mönch in Corvey.

War Corvey zunächst als weit vorgeschobenes Bollwerk des Christentums gegründet worden, so wurde es nach der endgültigen Durchsetzung des christlichen Glaubens in Sachsen mehr und mehr zu einem Zentrum des neuen kirchlichen Lebens. Seit der späten Karolingerzeit, vor allem aber im 10. Jahrhundert brachte der hohe sächsische Adel seine jüngeren Söhne als Mönche in Corvey unter, so dass wir in Widukind einen Angehörigen dieses Adels sehen dürfen, der in irgendeiner Form in näherem Kontakt zum König und Kaiser Otto I. stand. Aus Widukinds Interesse für die Gemahlin Heinrichs I., Mathilde, die von dem legendären Sachsenherzog Widukind abstammte, der einst den sächsischen Widerstand gegen Karl den Großen anstachelte, und aus seinem seltenen Namen hat man eine Verwandtschaft des Geschichtsschreibers mit den Königen seines Volks und eine Zugehörigkeit zur Familie Widukinds gefolgert. Dies ist wahrscheinlich, aber keinesfalls sicher. Die enge Bindung Widukinds an die ottonische Monarchie wird durch seine Geschichtsschreibung unterstrichen.

Die Liudolfinger, wie das spätere Königsgeschlecht wegen des früheren Leitnamens Liudolf auch genannt wurde, gelangten in der späten Karolingerzeit zu großen Besitzungen in Sachsen. Führende Vertreter nahmen dort eine herzogsgleiche Stellung ein und gelten als Angehörige einer

der mächtigsten Dynastien Ostfrankens um 900. Der Sachsenherzog Heinrich wurde als erster Nichtfranke nach dem Aussterben der ostfränkischen Karolinger 911 und nach dem Königtum des Frankenherzogs Konrad I. (911–918) im Jahr 919 König in Ostfranken. Dadurch verlagerte sich der politische Schwerpunkt des ostfränkischen Reichs, der sich bisher im fränkischen und bayerischen Gebiet befunden hatte, entscheidend nach Norden. Die liudolfingischen Herrscher setzten seit Heinrich I. (919–936), von ihren sächsischen Besitzungen ausgehend, ihre Herrschaftsansprüche auch in Süddeutschland und in Franken durch. So trat der sächsische Raum, bisher an der Peripherie der Ereignisse gelegen, in den Brennpunkt europäischer Geschichte.

Nicht von ungefähr wurde im Kloster Corvey eine Sachsengeschichte geschrieben. Das neue Königtum hatte sich nicht nur auf die politischen Traditionen der Franken und ihrer Herrscher, sondern auch auf seine eigene Vergangenheit zu konzentrieren, die zu weiten Teilen im Dunkel sagenhafter Überlieferung lag. Widukind stellt sich mit seinem Vorhaben in eine Reihe mit anderen bedeutenden frühmittelalterlichen Geschichtsschreibern, die ebenfalls die Geschichte ihres Volks aufgeschrieben hatten. So kennt unser Autor Bedas Geschichte der Angeln (8. Jahrhundert), die Langobardengeschichte des Paulus Diaconus (8. Jahrhundert), die Gotengeschichte des Jordanes (6. Jahrhundert) und eine fränkische Geschichte, die wahrscheinlich von Einhart (9. Jahrhundert) stammt.

Profane Geschichtsschreibung verstand sich im Mittelalter allerdings nicht von selbst. Auch Widukind glaubt sich gleich zu Beginn für sein Vorhaben entschuldigen zu müs-

sen, indem er ausführt, er habe pflichtgemäß zunächst Heiligenlegenden verfasst – die geziemende Aufgabe für einen Mann Gottes. Diese Schriften sind uns nicht überliefert. Freilich kennen wir eine Fülle ähnlicher Werke aus dem Mittelalter, welche die Masse der lateinischen Literatur der Zeit ausmachten. Geschichtsschreibung im weltlichen Bezugsrahmen litt unter dem kirchlichen Verdikt eines Sulpicius Severus (dessen Martinsvita auch Widukind bekannt war), man dürfe nach der Christianisierung keine heidnische Historiographie mehr betreiben. Literatur solle zum Lob Gottes und zur Verherrlichung seiner Heiligen dienen. Die aus einer solchen Geisteshaltung entstandene Hagiographie wurde von den Zeitgenossen freilich als regelrechte Geschichtsschreibung verstanden, deren vornehmstes Ziel die Ausrichtung auf den göttlichen Heilsplan war. Hatte man als Mönch die Absicht, weltliche Geschichte zu schreiben (und nur Geistliche waren in jener Zeit von den geistigen Voraussetzungen her hierzu in der Lage), musste man dies zunächst ausführlich begründen. Widukind tut dies ähnlich, wie es Einhart formuliert hatte. Nachdem er seinen geistlichen Aufgaben nachgekommen sei, müsse er nun einer Verpflichtung entsprechen, die er als Angehöriger seines Standes und seines Volks fühle, und darum eine bis dahin nicht vorhandene Geschichte des sächsischen Volks verfassen.

Schon gleich zu Beginn dieser Quelle wird das historische Defizit des Sachsenvolks offenkundig. Widukind weiß von der uralten Abkunft der Sachsen in einer sagenhaften Überlieferung zu berichten, dass die ersten Sachsen vom Heer Alexanders des Großen (356–323 v. Chr.) hergekommen seien. So unwahrscheinlich und unsinnig diese

universalhistorische Filiation uns heute auch erscheinen mag, so notwendig war die historische Tradition für die Zeit Widukinds, da man es den Franken gleichtun wollte, die in ihren Ursprüngen trojanische Vorfahren vermuteten. Die Sachsen des 10. Jahrhunderts hatten nicht nur das fränkische Königtum an sich gerissen, sie hatten auch schon in der Antike als Makedonen unter Alexander ein Großreich begründet. In solch unkritischer Form konnte Geschichte im Mittelalter eingesetzt werden!

Zur Legitimation der politischen Vormachtstellung der Sachsen im ostfränkischen Reich, ja sogar seit der Kaiserkrönung Ottos I. 962 in ganz Europa, musste Widukind nun allerlei Sagenhaftes, Mythisches und auch Historisches zusammentragen und in ein lateinisches Gewand kleiden. Diese verschiedenen Quellen machen den Reiz der Darstellung aus, denn in den fortlaufenden Gang der Ereignisse mischt unser Autor zahlreiche Anekdoten, Exkurse über einzelne Probleme und Sagen ein und lockert die Erzählung durch häufige Dialoge auf. Er weiß sich in manchem seinem wichtigsten Vorbild, dem römischen Geschichtsschreiber Sallust (86–35/34 v. Chr.), verpflichtet. Aus dessen Werken fügt er zahlreiche Zitate in seine Arbeit ein; von Sallust kennt er auch wichtige Darstellungsprinzipien wie Dialoge, Exkurse, Reden. Die Sachsengeschichte ist schon darum keine im heutigen Sinne abstrahierende historische Untersuchung, sondern besitzt regelrecht literarische Qualitäten, die durch epische Elemente und Versatzstücke aus der frühmittelalterlichen Heldendichtung bestimmt werden.

Widukinds Stil, seine Stoffauswahl und seine Akzentsetzung sind zudem engagiert und durchaus parteiisch. Die Geschichte seines Volks und seiner Fürsten, der *principes*,

steht im Vordergrund. Eingekleidet ist sie freilich in einen christlichen Rahmen, der die gesamte lateinische Geschichtsschreibung des Mittelalters prägte: Geschichte wird als Wirken Gottes verstanden – in der Geschichte offenbart sich Gott seiner Gemeinde.

Karl der Große wird bei Widukind zum Missionar der Sachsen, durch den christlichen Glauben werden die Franken und die Sachsen wie ein Volk, trennende Unterschiede sind beseitigt. Mit der Übersendung der Gebeine des heiligen Vitus aus Saint-Denis bei Paris nach Corvey im Jahr 836 beginnt für Widukind der Niedergang der Franken und der Aufstieg der Sachsen. Mussten zunächst die christlichen Franken als Heilsbringer herhalten, so vollzieht sich Heilsgeschichte fortan im Rahmen der Geschichte der Sachsen, die einen rasanten Aufschwung nehmen und sich schließlich im Kaisertum Ottos I. verwirklichen wird. Verfolgt die moderne Geschichtswissenschaft diesen Aufstieg zielgerichtet bis zur Kaiserkrönung 962 in der Peterskirche in Rom, so verschweigt uns Widukind ausgerechnet diese letzte Begebenheit. Er gehörte vielleicht zu den Kritikern der ottonischen Italienpolitik, die durch die königlichen und kaiserlichen Aktionen in Italien die Interessen des Volks, das seinen Herrschern die Monarchie überhaupt erst ermöglicht hatte, gefährdet sahen. Folgerichtig werden auch die Kontakte des Kaisers zum Papst verschwiegen. Widukind nennt zwar an drei Stellen frühere Päpste (*papa*), die Päpste seiner Zeit aber erwähnt er nur im Zusammenhang mit Kaiser Otto II. (*apostolicus*). Für Widukind ist der höchste Priester (*summus pontifex*) nicht der römische Bischof, sondern der Erzbischof von Mainz, einmal Erzbischof Brun von Köln.

Dennoch kennt auch Widukind eine Kaiseridee, deren Kern freilich altrömischen Vorbildern verpflichtet ist: Kaiser wird man nicht durch die päpstliche Krönung in Rom, sondern als strahlender Schlachtensieger aufgrund der Ausrufung durch das Heer. Konsequent ist Heinrich I. nach dem Ungarnsieg bei Riade 933 Kaiser (*imperator*), wie auch Otto I. nach seinem Ungarnsieg auf dem Lechfeld 955. Erneut spricht das Überlegenheitsgefühl des sächsischen Adligen zu uns, der den Sprung zur vornehmsten Würde der mittelalterlichen Christenheit ohne römische Vermittlung erreicht zu haben glaubt.

Das Verschweigen der Rompolitik Ottos lässt die Kritik des Adels erahnen und wirft ein interessantes Schlaglicht auf Widukinds Geschichtsschreibung, die eben nicht Herrschergeschichte sein will wie die Kaiserbiographien Suetons (gest. nach 122 n. Chr.), sondern den Taten der Fürsten seines Volks als Gruppe gilt. Andererseits wertet Widukind aber wiederum manche Aufstände sächsischer Adliger gegen ihren König ab, um den Herrscher in größerem Glanz erscheinen zu lassen. Die hieraus resultierende Spannung zwischen Volksgeschichte und Herrscherbiographien, in deren Handeln die Überwindung sächsischer Bindungen heraustritt, zwischen Interessen des Adels und der Faszination des Kaisertums macht den politischen Reiz der Quelle aus. Ihr Erkenntniswert für die Geschichte des ostfränkischen Reichs ist nicht hoch genug einzuschätzen.

Das Werk entstand in mehreren Phasen, die wir aus verschiedenen Handschriftenklassen rekonstruieren können, da uns das Original nicht erhalten ist. Den größten Teil der Sachsengeschichte könnte Widukind vielleicht 967/968 fertiggestellt haben (bis Buch III, Kap. 69). Eine ursprüng-

liche Fassung, für den internen Gebrauch im Kloster Corvey bestimmt (sogenannte »Klosterfassung«), wird durch die Handschriftengruppe B repräsentiert. Im Jahr 968 entschloss sich Widukind, sein Werk zu überarbeiten und der Äbtissin Mathilde von Quedlinburg, der Tochter Kaiser Ottos I., zu widmen; hierzu schrieb er Vorreden und wandte sich auch im Text wiederholt an die Prinzessin. Diese sogenannte Widmungsfassung reicht bis zum Tod Graf Wichmanns im September 967 (bis Buch III, Kap. 69) und hat sich in der Handschrift A niedergeschlagen. Nach dem Tod Ottos I. 973 nahm Widukind seine Arbeit erneut auf und führte sein Exemplar (Klasse B) bis zum Tod des Kaisers. Diese »Klosterfassung« wurde erneut überarbeitet (Klasse C); die Überarbeitung könnte als abschließende Ausgabe gelten. Die verschiedenen Stufen überschneiden sich freilich, so dass wir die Widmungen an die Prinzessin in allen drei Klassen vorfinden. In aller Regel bieten die Fassungen den gleichen lateinischen Text, doch an manchen Stellen unterscheiden sie sich. Die unterschiedlichen Redaktionen verraten zum einen politische Absichten des Autors, zum anderen aber potentielle Leserinnen und Leser. Ein Beispiel:

In Buch I, Kap. 22 berichtet Widukind von der Verschwörung Hattos von Mainz gegen Heinrich I., die ein wenig rühmliches Licht auf den Mainzer Erzstuhl wirft. In der Widmungsfassung A nahm der Autor die Kritik weitgehend zurück, nicht zuletzt wohl wegen der guten Kontakte des ottonischen Kaiserhauses zum Mainzer Erzbistum, das gerade zu jener Zeit Wilhelm (gest. 968) innehatte, ein Sohn Ottos des Großen und Bruder der Äbtissin Mathilde. Wollte man die Kaisertochter gewinnen, war Zurückhaltung in der Bewertung eines Vorgängers im Mainzer Erz-

bistum vonnöten. Solche Feinfühligkeit war im Kloster Corvey nicht erforderlich, zumal man sich dort mit dem Mainzer Erzbischof als oberstem Herrn der Erzdiözese herumzuschlagen hatte. Die Fassung B dokumentiert uns also kritische Gedanken aus dem monastischen Bereich. (In dieser Ausgabe werden beide Fassungen abgedruckt; vgl. die entsprechenden Anmerkungen.) Solche Sprünge zwischen den Fassungen, die unterschiedliche Auffassungen zwischen Herrscherhaus und sächsischem Adel aufzudecken vermögen, sind auch an anderer Stelle zu belegen.

Widukinds Sachsengeschichte wurde wiederholt übersetzt. Als erste wichtigere kann die noch vielfach benutzte Übersetzung durch Reinhold Schottin von 1852 gelten. Sie erfuhr einige Neuauflagen und liegt noch der Übertragung von Reinhold Rau zugrunde, welche dieser 1971 für seine Sammlung »Quellen zur Geschichte der sächsischen Kaiserzeit« (siehe Literaturhinweise) anfertigte. Wir haben uns um eine Neuübersetzung auf der Basis vorhandener Übersetzungen bemüht, um so eine wohlfeile Taschenbuchausgabe dieser Quelle – einer der wichtigsten für die Geschichte des 10. Jahrhunderts – vorzulegen und eine leichtere Beschäftigung im Schul- und Universitätsunterricht zu ermöglichen. Zudem darf sich auch der landes- und heimatkundlich Interessierte wichtige Aufschlüsse aus Widukinds Werk erhoffen. Der Kenner wird sehen, wo wir Vorbildern verpflichtet sind und wo wir neue Wege zu gehen versuchten. Für die Übertragung stellten sich die für eine Übersetzung älterer Texte üblichen Probleme, die hier nicht im Einzelnen erörtert werden können. Wir haben uns vor allem um eine Vereinheitlichung bestimmter Begriffe aus dem politischen Bereich bemüht. So wurde bei-

spielsweise der *imperator*-Titel schon für 933 mit »Kaiser« übersetzt und der Begriff *gens* mit »Volk«. Da in der Übertragung solcher Termini in unsere Vorstellungswelt immer ein Stück Interpretation steckt, sei auf die in den Literaturhinweisen aufgeführten Werke zur Interpretation Widukinds und seiner Zeit verwiesen. Sie bieten den Interessierten erste Zugänge zu den Problemen jener Epoche und zur Geschichtsschreibung des 10. Jahrhunderts.

Literaturhinweise

Diese Aufstellung will Hinweise auf die neuere Forschung zu Widukind von Corvey, seinem Werk und seiner Zeit geben. Die genannten Werke ermöglichen mit ihren Bibliographien vertieftes Weiterarbeiten.

Textausgaben

Widukind von Corvey: Res gestae Saxonicae. Hrsg. von Hans-Eberhard Lohmann und Paul Hirsch. Hannover [5]1935. (Monumenta Germaniae Historica. Scriptores rerum Germanicarum in usum scholarum 60.)

Quellen zur Geschichte der sächsischen Kaiserzeit. Widukinds Sachsengeschichte. Lateinisch/Deutsch. Neu bearb. von Albert Bauer und Reinhold Rau. Darmstadt 1971. S. 1–183. (Freiherr-vom-Stein-Gedächtnisausgabe. Ausgewählte Quellen zur deutschen Geschichte des Mittelalters 8).

Widukind: Sächsische Geschichten. Nach der Übers. von Reinhold Schottin und Wilhelm Wattenbach neu übertr. und bearb. von Paul Hirsch. (Die Geschichtschreiber der deutschen Vorzeit 33.) Leipzig [5]1931.

Zur Geschichte der Sachsen im früheren Mittelalter

Ehlers, Caspar: Die Integration Sachsens in das fränkische Reich (751–1024). Göttingen 2007.

Ludowici, Babette (Hrsg.): Saxones. Darmstadt 2019.

Röckelein, Hedwig: Reliquientranslationen nach Sachsen im 9. Jahrhundert. Über Kommunikation, Mobilität und Öffentlichkeit im Frühmittelalter. Stuttgart 2002.

Springer, Matthias: Die Sachsen. Stuttgart 2004.

– Sachsen. In: Reallexikon der Germanischen Altertumskunde. Bd. 26. Berlin / New York 2004. S. 24–53.

Zur Geschichte des 10. Jahrhunderts

Althoff, Gerd: Die Ottonen. Königsherrschaft ohne Staat. Stuttgart ^{3}2013.

Althoff, Gerd / Schubert, Ernst: Herrschaftsrepräsentation im ottonischen Sachsen. Sigmaringen 1998.

Becher, Matthias: Rex, Dux und Gens. Untersuchungen zur Entstehung des sächsischen Herzogtums im 9. und 10. Jahrhundert. Husum 1996.

– Otto der Große, Kaiser und Reich. Eine Biographie. München 2012.

Groth, Simon: *In regnum successit.* ›Karolinger‹ und ›Ottonen‹ oder das ›Ostfränkische Reich‹? Frankfurt a. M. 2017.

Keller, Hagen: Die Ottonen. München ^{6}2021.

Leyser, Karl J.: Rule and Conflict in an Early Medieval Society. Ottonian Saxony. London 1979.

MacLean, Simon: Ottonian Queenship. Oxford 2017.

Meller, Philipp: Kulturkontakt im Frühmittelalter. Das ostfränkische Reich 936–973 in globalhistorischer Perspektive. Berlin/Boston 2021.

Puhle, Matthias (Hrsg.): Otto der Große. Magdeburg und Europa. 2 Bde. Mainz 2001.

Puhle, Matthias / Köster, Gabriele (Hrsg.): Otto der Große und das Römische Reich. Kaisertum von der Antike zum Mittelalter. Ausstellungskatalog. Regensburg 2012.

Schneidmüller, Bernd: Heinrich I. (919–936). In: Schneidmüller, Bernd / Weinfurter, Stefan (Hrsg.): Die deutschen Herrscher des Mittelalters. Historische Portraits von Heinrich I. bis Maximilian I. (919–1519). München ^{2}2018. S. 15–34.

– Otto I. der Große (936–973). In: Schneidmüller, Bernd / Weinfurter, Stefan (Hrsg.): Die deutschen Herrscher des Mittelalters. Historische Portraits von Heinrich I. bis Maximilian I. (919–1519). München ^{2}2018. S. 35–61.

Schneidmüller, Bernd / Weinfurter, Stefan (Hrsg.): Ottonische Neuanfänge. Symposion zur Ausstellung »Otto der Große. Magdeburg und Europa«. Mainz 2001.

Schubert, Ernst (Hrsg.): Geschichte Niedersachsens. Bd. 2/1: Politik,

Verfassung, Wirtschaft vom 9. bis zum ausgehenden 15. Jahrhundert. Hannover 1997.

Zum Kloster Corvey

Gai, Sveva / Krüger, Karl Heinrich / Thier, Bernd: Die Klosterkirche Corvey. Geschichte und Archäologie. Darmstadt 2012.

Seng, Eva-Maria (Hrsg.): Tausend Jahre Wissen. Die Rekonstruktion der Bibliothek der Reichsabtei Corvey. Paderborn 2011.

Stüwer, Wilhelm: Corvey. In: Die Benediktinerklöster in Nordrhein-Westfalen. Bearb. von Rhaban Haacke. St. Ottilien 1980. S. 236–293.

Zu Widukind von Corvey und seinem Werk

Althoff, Gerd: Adels- und Königsfamilien im Spiegel ihrer Memorialüberlieferung. Studien zum Totengedenken der Billunger und Ottonen. München 1984.

– Widukind von Corvey. Kronzeuge und Herausforderung. In: Frühmittelalterliche Studien 27 (1993) S. 253–272.

Becher, Matthias: *Totius orbis caput*. Widukind von Corvey und die Machtfülle Ottos des Großen. In: Glasner, Peter / Karin, Anna / Müller, Jens / Winkelsträter, Sebastian / Zacke, Birgit (Hrsg.): Ästhetiken der Fülle. Berlin 2021. S. 39–56.

Berschin, Walter: Biographie und Epochenstil im lateinischen Mittelalter. Bd. 4/1. Stuttgart 1999.

Beumann, Helmut: Widukind von Korvei. Untersuchungen zur Geschichtsschreibung und Ideengeschichte des 10. Jahrhunderts. Weimar 1950.

– Wissenschaft vom Mittelalter. Ausgewählte Aufsätze. Köln/Wien 1972.

– Ausgewählte Aufsätze aus den Jahren 1966–1986. Festgabe zu seinem 75. Geburtstag. Hrsg. von Jürgen Petersohn und Roderich Schmidt. Sigmaringen 1987.

Brakhman, Anastasia: Außenseiter und ›Insider‹. Kommunikation

und Historiographie im Umfeld des ottonischen Herrscherhofes. Husum 2016.
Brunhölzl, Franz: Geschichte der lateinischen Literatur des Mittelalters. Bd. 2. München 1991.
Eggert, Wolfgang / Pätzold, Barbara: Wir-Gefühl und Regnum Saxonum bei frühmittelalterlichen Geschichtsschreibern. Weimar 1984.
Fried, Johannes: ›… vor fünfzig und mehr Jahren‹. Das Gedächtnis der Zeugen in Prozeßurkunden und in familiären Memorialtexten. In: Meier, Christel [u. a.] (Hrsg.): Pragmatische Dimensionen mittelalterlicher Schriftkultur. München 2002. S. 23–61.
Karpf, Ernst: Herrscherlegitimation und Reichsbegriff in der ottonischen Geschichtsschreibung des 10. Jahrhunderts. Stuttgart 1985.
Keller, Hagen: Widukinds Bericht über die Aachener Wahl und Krönung Ottos I. In: Frühmittelalterliche Studien 29 (1995) S. 390–453.
Laudage, Johannes: Widukind von Corvey und die deutsche Geschichtswissenschaft. In: Ders. (Hrsg.): Von Fakten und Fiktionen. Mittelalterliche Geschichtsdarstellungen und ihre kritische Aufarbeitung. Köln/Weimar/Wien 2003. S. 193–224.
Naß, Klaus: Widukind von Corvey OSB. In: Die deutsche Literatur des Mittelalters. Verfasserlexikon 10. Berlin [u. a.] 1998. Sp. 1000–1006.
Plassmann, Alheydis: *Origo gentis*. Identitäts- und Legitimationsstiftung in früh- und hochmittelalterlichen Herkunftserzählungen. Berlin 2006.
Robbie, Stephen: Can silence speak volumes? Widukind's *Res gestae Saxonicae* and the coronation of Otto I reconsidered. In: Early Medieval Europe 20 (2012) S. 333–362.
Schneidmüller, Bernd: Widukind von Corvey. Richer von Reims und der Wandel politischen Bewußtseins im 10. Jahrhundert. In: Brühl, Carlrichard / Schneidmüller, Bernd (Hrsg.): Beiträge zur mittelalterlichen Reichs- und Nationsbildung in Deutschland und Frankreich. München 1997. S. 83–102.
Vaerst, Katharina: *Laus inimicorum* oder Wie sag ich's dem König? Erzählstrukturen der ottonischen Historiographie und ihr Kommunikationspotential. Münster 2010.

Register

1. Personen und Gruppen

(Aufgenommen sind nur ausdrückliche Nennungen in Widukinds *Sachsengeschichte*, nicht hingegen Anspielungen auf Personen oder Gruppen. Die Seitenzahlen beziehen sich auf die deutsche Übersetzung und auf Erwähnungen der von Widukind genannten Namen im Anhang. Für die Jahrhunderte, um die es in diesem Werk geht, lassen sich Lebenszeiten oft nicht eindeutig bestimmen. Deshalb werden zur Orientierung nur die gesicherten Regierungs- oder Sterbedaten von mittelalterlichen Amtsträgern (Kaiser, Könige, Herzöge, Päpste, Erzbischöfe, Bischöfe, Äbte) sowie die Todesjahre der engeren Angehörigen der ottonischen Herrscherfamilie angegeben. Personen mit gleichem Taufnamen sind gemäß den eingeführten Regeln des *Lexikons des Mittelalters* nach Rang und nicht nach Alphabet angeordnet.)

2. Orte und Länder

Inhalt